中国地方志的形成与发展

THE FORMATION AND DEVELOPMENT OF
CHINESE LOCAL CHRONICLES

刘玉宏 ◎ 著

中国社会科学出版社

图书在版编目（CIP）数据

中国地方志的形成与发展／刘玉宏著．—北京：中国社会科学出版社，2023.5
ISBN 978-7-5227-1936-8

Ⅰ.①中… Ⅱ.①刘… Ⅲ.①方志学—研究—中国 Ⅳ.①K290

中国国家版本馆 CIP 数据核字（2023）第 088209 号

出 版 人	赵剑英
责任编辑	郭晓鸿
特约编辑	杜若佳
责任校对	王佳玉
责任印制	戴　宽

出　版	中国社会科学出版社
社　址	北京鼓楼西大街甲 158 号
邮　编	100720
网　址	http://www.csspw.cn
发 行 部	010-84083685
门 市 部	010-84029450
经　销	新华书店及其他书店
印　刷	北京明恒达印务有限公司
装　订	廊坊市广阳区广增装订厂
版　次	2023 年 5 月第 1 版
印　次	2023 年 5 月第 1 次印刷
开　本	710×1000　1/16
印　张	18
插　页	2
字　数	253 千字
定　价	99.00 元

凡购买中国社会科学出版社图书，如有质量问题请与本社营销中心联系调换
电话：010-84083683
版权所有　侵权必究

序

赓续不断地编修地方志是中华民族的优秀文化传统。梁启超曾有"最古之史，实为方志"[1]之说，追本溯源，一般认为地方志起源于春秋战国时期。此后，历经秦汉、魏晋南北朝、隋唐时期的发展演变，至南宋时期，地方志作为一种著述形式基本定型。后经元、明、清不断发展，于清代达到鼎盛。民国时期，随着中国社会的发展变迁，地方志开始向近代转型。据统计，我国现存民国以前各类方志8000多种、10万余卷，约占我国现存古籍数量的十分之一，可谓卷帙浩繁，蔚为大观。方志与国史通过不同的编纂体例，成为记录中华民族生生不息、文明演进的重要文化载体。

明代杨宗气曾在《山西通志》的序言中写道："治天下者以史为鉴，治郡国者以志为鉴。"[2] 方志之所以能够成为我国传统文化的重要组成部分，延绵不衰，除其特有的体例之外，也与其重要功能密不可分。方志一向被视为"存史、资治、教化"之书，故而被历代官员视为主政一方不可须臾或缺之典籍，例如南宋理学家朱熹出任江西南康知军，留下了"下车伊始，他务未遑，先问志书"[3]之佳话。

改革开放以来，特别是党的十八大以来，在党中央、国务院的高

---

[1] 梁启超：《中国近三百年学术史》，商务印书馆2011年版，第324页。
[2] （明）杨宗气：《山西通志》，嘉靖四十三年（1564年）刻本。
[3] 吴宗慈：《庐山志》十二卷，民国二十二年（1933年）刻本。

序

度重视下，全国地方志工作在法治化建设、志鉴编修、信息化与方志馆建设、理论研究与学科建设、志鉴开发与利用、人才队伍建设等各方面实现了跨越式发展，并在全国范围内将推进地方志从一项工作转型升级为一项事业。全国各地坚持"党委领导，政府主持"的工作体制，遵循"一纳入，八到位"的要求，秉持"修志问道，直笔著史"的方志人精神，青灯黄卷，笔耕不辍，成绩斐然。自20世纪70年代末、80年代初以来，全国已经开展了两轮大规模修志工作。其中，第一轮修志于2014年年底全部完成；第二轮修志目前正在继续向前推进。据统计，截至2020年，共编纂出版首轮、第二轮省市县三级志书10000多部，省市县三级地方综合年鉴30000多部，部门志、行业志、专业志约25000部，乡镇村、街道、社区志6000多部，地情书13000多部，整理历代旧志3600多部，累计出版方志学教材、理论作品1300多部，发表论文近10万篇。① 蔚为壮观的志鉴成果群，构成了一座以国情、地情为主要内容并不断丰富的地方志资源宝库。更值得修志人引以为自豪的是，2006年5月，国务院颁布施行《地方志工作条例》，我国地方志工作实现了有法可依；2015年8月，国务院办公厅颁布《全国地方志事业发展规划纲要（2015—2020年）》，标志着地方志事业开始由依法修志向依法治志推进的重要转变。

为了更好地普及方志知识，传播方志文化，2016年5月13日，国家方志馆成功举办了"方志中国"主题展览。该展览分为"历代方志编修"和"新中国方志事业"两部分，采用纵横结合的形式，集中展示了我国方志编修的发展轨迹、地方志事业的发展和成就，凸显了方志文化的悠久历史及其在中华文明发展史中的重要地位和独特魅力。该项目由刘玉宏同志主持，在此基础上，他有了撰写《中国地方志的形成与发展》的动议，以期能够依托"方志中国"展览取得的相关成果，进一步通过大家易于普遍接触，更易于系统了解的文本形式，将

---

① 以上数据来自中国地方志指导小组办公室历年统计资料，具体参见中国方志网，http://difangzhi.cn。

《中国地方志的形成与发展》与"方志中国"展览深度结合，从而推动以往被认为是"阳春白雪"的方志文化真正进入寻常百姓家，让人们能把握一个比较简洁、清晰的方志发展的历史脉络。

收到《中国地方志的形成与发展》书稿，翻阅之后，感觉此书虽然属于学术普及读物，但是结构严谨，图文并茂，要而不繁，简而不疏，文风朴实，耐读易懂，实为大众了解方志历史、走进方志文化的案头必备之作。最后需要指出的是，方志馆研究与方志馆建设是一个新生事物，其中有很多问题和难题需要进行深入研究。近几年来，玉宏同志带领中国地方志指导小组办公室、国家方志馆的业务骨干，通过举办展览、开展学术研究、编纂学术著作等形式，推动国家方志馆以及地方各级方志馆建设，进行诸多创新和探索，取得了实实在在的成果，值得肯定。

是为序。

秦其明

2023 年 5 月

目 录

上篇　历代方志编修

第一章　方志起源 （3）
第一节　先秦时期 （4）
第二节　秦汉时期 （8）
第三节　魏晋南北朝时期 （11）
第四节　隋唐五代时期 （15）

第二章　方志定型 （21）
第一节　宋代方志编修 （21）
第二节　宋代方志理论 （35）
第三节　元代方志编修 （39）
第四节　元代方志理论 （45）

第三章　方志发展 （49）
第一节　明代方志编修 （49）
第二节　明代方志理论 （55）
第三节　清代方志编修 （58）
第四节　清代方志理论 （66）

目 录

第四章 方志转型 ·· (71)
  第一节 民国时期方志编修概况 ······················· (71)
  第二节 民国时期方志的类型及特点 ················ (81)
  第三节 民国时期的方志理论 ··························· (90)

下篇 中华人民共和国方志事业

第五章 组织指导 ·· (99)
  第一节 中华人民共和国成立初期修志 ············ (99)
  第二节 中国地方史志协会的成立与作用 ········ (105)
  第三节 中国地方志指导小组恢复重建过程 ···· (109)
  第四节 修志格局初步形成 ··························· (112)
  第五节 第三届中国地方志指导小组工作情况 ·· (115)
  第六节 第四届中国地方志指导小组工作情况 ·· (119)
  第七节 第五届中国地方志指导小组工作情况 ·· (122)
  第八节 各省、自治区、直辖市地方志工作机构组建情况 ····· (126)

第六章 辉煌成果 ··· (134)
  第一节 新编地方志发端 ······························ (134)
  第二节 首轮新编地方志 ······························ (136)
  第三节 第二轮新编地方志 ··························· (147)
  第四节 旧志整理 ··· (151)

第七章 开发利用 ··· (156)
  第一节 资政存史 ··· (156)
  第二节 培育情怀 ··· (160)
  第三节 提供资料 ··· (161)
  第四节 促进两岸交流 ·································· (165)
  第五节 加强中外联系 ·································· (167)

第六节　服务经济建设 …………………………………………（171）

第八章　馆网并举 ……………………………………………………（176）
　　第一节　全国方志馆建设概况 …………………………………（176）
　　第二节　各级方志馆选介 ………………………………………（181）
　　第三节　各级数字方志馆选介 …………………………………（189）
　　第四节　方志(地情)网建设 ……………………………………（191）

第九章　依法治志 ……………………………………………………（202）
　　第一节　全国地方志事业法治化进程 …………………………（202）
　　第二节　各地法治化建设 ………………………………………（209）

第十章　方志人物 ……………………………………………………（213）

论文辑存 ………………………………………………………………（228）
　　中国地方志事业发展的经验、问题及对策 ……………………（228）
　　新时代弘扬方志文化的历史依托和现实意义 …………………（246）

附　录 …………………………………………………………………（260）
　　国务院《地方志工作条例》……………………………………（260）
　　全国地方志事业发展规划纲要(2015—2020年) ……………（264）

参考书目 ………………………………………………………………（271）

后　记 …………………………………………………………………（277）

上 篇

历代方志编修

第一章　方志起源

中国方志源远流长，究竟起源于何时，历代学者众说纷纭。宋元时期形成了三种主要观点：一种认为《周礼》记述的古方国史是方志源头，代表者有宋代司马光、李宗谔、史能之等人；一种认为《禹贡》《山海经》等古代地理书是方志源头，代表者有宋代王存、程大昌、王象之等人；还有一种起源多元说，代表者有唐代魏征、宋代欧阳忞以及元代黄溍等。明清以来，众多学者强调《周礼》记述的古方国史为方志之源，此说法在清代尤为盛行。相应地，很多清代学者如李绂、陆心源等认为方志出自史官，系古代诸侯国国史。清代史学家章学诚是方志属史论的集大成者。他以东汉郑玄《周礼》注释为依据，认为方志源出《周礼》小史、外史之职掌，乃一方之全史。另一个主张方志属史论的是清代文学家洪亮吉，他认为《越绝书》《华阳国志》等史书为最早的方志。当代学者对方志起源的认识也未达成一致，但多数学者认为，方志的产生应有多个源头。[①] 总之，由于其内容丰富，方志的源头很难确定为单一的某一种。梁启超曾在《清代学者整理旧学之总成绩——方志学》一文中列出组成志书的七大部分内容，即图经、政记、人物传、风土记、古迹、谱牒、文征[②]。这些内

[①] 黄燕生：《中国历代方志概述》，来新夏主编《中国地方志综览（1949—1987）》，黄山书社1988年版。

[②] 梁启超：《中国近三百年学术史》，东方出版社2004年版。

容类别在唐宋之前就已出现，有些表现为独立的体裁，它们都对方志的发展演变与定型产生了重大影响，与方志有着直接或间接的渊源关系。

第一节　先秦时期

先秦时期，类似方志的表述形式或记载部分内容的著述已经出现，并对后世方志的编纂及志书的内容产生重要影响，如经常被方志编纂者举列的《周礼》诵训掌道方志，小史掌邦国之志，外史掌四方之志，土训掌道地图，职方氏掌天下之图，以及地理书《禹贡》《山海经》，均与定型方志有着渊源关系，可谓方志的渊源。

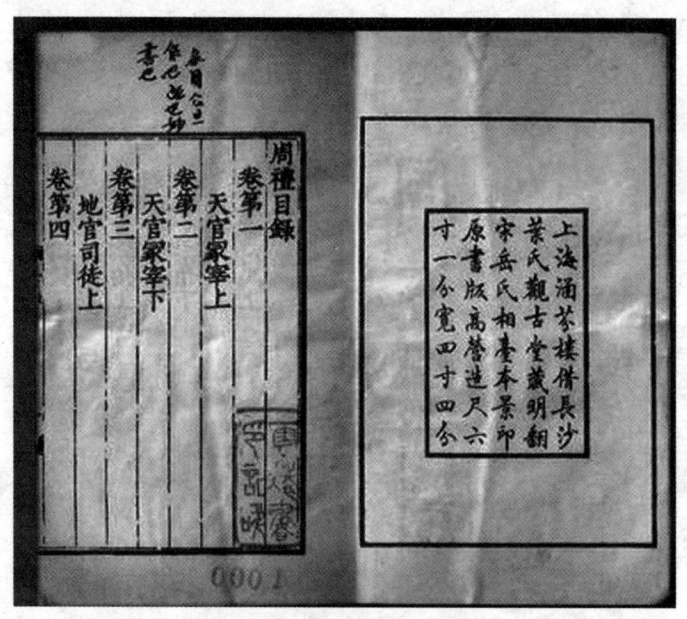

《周礼》，即《周官》，约成书于战国时期，是一部记述周代官制的经典著作。"方志"一词最早就出现于《周礼》中。《周礼·地官·司徒》载："诵训，掌道方志，以诏观事。"东汉郑玄对此注释为："说四方所识久远之事，以告王观博古所识。"同书《春官·宗伯》

第一章 方志起源

载:"小史,掌邦国之志""外史,掌书外令,掌四方之志"。郑玄注释为:志就是记,"方志"就是"四方之事的记述",也就是周代诸侯国的史书,或者叫诸侯国史,如鲁国的《春秋》、晋国的《乘》、楚国的《梼杌》。由于《周礼》首次提及"方志"一词,所以又被郑玄称为"古国史",且其表述的其他职官所掌职守,如土训掌道地图,训方氏掌诵四方之传道等,均与后代方志有着密切关系。所以,无论后来的方志学家将方志的源头追溯到史书还是地理书,或是认为方志乃是图志的融合,都与《周礼》的记述有直接关联。这也是众多方志序跋评论均祖述《周礼》的原因所在,可以说,《周礼》对方志的起源产生了极为重要的影响。

作为儒家经典《尚书》的一部分,《禹贡》名为夏禹时代的作品,实则成书于战国、秦汉间。全书共约1200字,由"九州""导山""导水""五服"等几部分组成。《禹贡》假借大禹之名,根据山川形势,分天下为九州,即冀州、兖州、青州、徐州、扬州、荆州、豫州、梁州、雍州。各州之下简要记载了川泽、物产、田土、贡赋以及贡道

· 5 ·

的情况，目的是为统治者列举各地应贡物品及贡道。另外，《禹贡》也是中国古代最早系统记载地理沿革的作品。以其记载内容言，《禹贡》与方志存在相合之处；以其体例而言，《禹贡》是后来正史地理志的先导；以其范围而言，《禹贡》所载为整个天下之区域，具有全国总志性质。因此，《禹贡》不仅被后世学者视为古代地理书的重要源头，更被视作全国区域志的发端。实际上，《禹贡》反映的是春秋战国时期的地理与地域观念，最具代表性的就是划分天下区域的"九州"观念。《禹贡》以明确的行政区划作为纲领，对川泽、物产、贡赋、贡道等加以叙述，记述较实，怪谈较少，对后世方志的编撰，尤其是总志类志书的编纂影响很大。

《山海经》之名始见于《史记·大宛列传》，包括"山经""海经""大荒经"三部分。据刘歆《上〈山海经〉表》，《山海经》为益所作，记载"皆圣贤之遗事，古文之著名者也"。[1]东汉王充《论衡·别通篇》也记载《山海经》为益所作："禹主治水，益主记异物，海外山表，无远不至，以所见闻作《山海经》。"[2]今人考证，此书作者属于假托，其成书年代约在战国至汉初。《山海经》内容驳杂，包括古代天文、历法、地理、历史、文学、神话、物产、医学、民俗等。《隋书·经籍志》、唐宋艺文志都将其列在史部地理类，《四库全书总目提要》则以其所记"道里山川，率难考据，案以耳目所及，百不一真"[3]，将之归入子部小说家类。从地方志的形成与发展来看，两汉魏晋南北朝时期一些与后来方志形成关联密切的著述，如地志、家传、神异记、异物记等，在内容记载上明显受到《山海经》影响。宋代《九域志》《舆地广记》等全国性总志的编纂也曾参考《山海经》。

《山海经》与方志另一重要关联之处在于地图。先秦时期，地图应用十分广泛。《周礼》职方氏掌天下之图，司险掌九州之图，土训

---

[1] 见上海古籍出版社1986年《二十二子》本《山海经》。
[2] （东汉）王充：《论衡·别通篇》，岳麓书社2006年版。
[3] 《四库全书总目提要》，中华书局影印浙刻本1965年版。

掌道地图。《史记》《管子》《孙子》《战国策》都有关于古地图的记载。由于流传佚失，这些古地图已经很难见到真面目了。《隋书·经籍志》及唐宋艺文志除载有《山海经》外，还载有《山海经图赞》二卷。可见，《山海经》不仅有文字记述，还绘有地图。汉唐舆地之书多有参照、借用《山海经》之处。南齐陆澄、南梁任昉、南陈顾野王曾抄撰《山海经》以来诸家地理书，分别编出《地理书》《地记》《舆地志》。这些舆地之书属于尚未完全定型之方志，《山海经》在内容记载，以及体例设置上对方志形成之影响可见一斑。

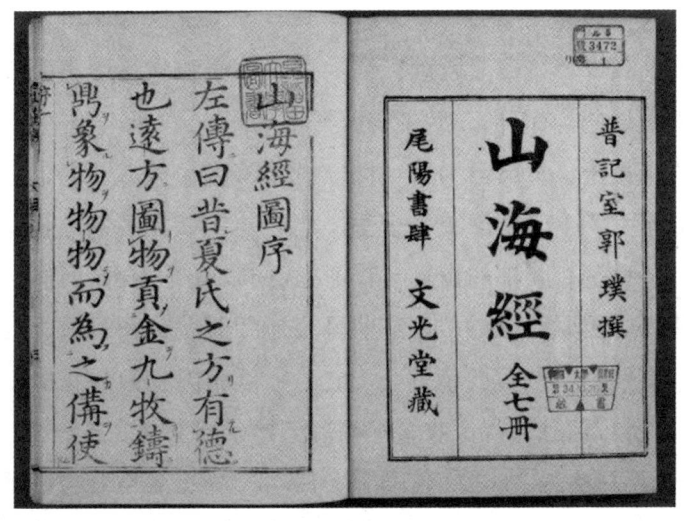

除上述诸书外，与地方志形成有一定关联的还有《诗经·国风》，其采集编纂模式对志书艺文类编纂有一定影响。

《周礼》《禹贡》《山海经》为先秦时期有关地理的重要文献，后世言地理者每每征引。经过今天的科学研究与实地考察，人们发现，即使是比较征实的《周礼》《禹贡》，其所述所载也有很多不合实际之处，不足全信。《四库全书总目提要》于其对方志的影响与作用总结得比较全面、客观。《四库全书总目提要》道："古之地志，载方域、山川、风俗、物产而已，其书今不可见。然《禹贡》《周礼·职方氏》，其大较矣。《元和郡县志》颇涉古迹，盖用《山海经》例。《太平寰宇记》增以人物，又偶及艺文，于是为州县志书之滥觞。"①

总之，这一时期，由于认识世界能力的局限，人们关于地理、地域的观念更多地体现在全域性的认识上，如九州概念，以及《禹贡》关于全国区域的记载等。区域性的记述还没有出现，方志尚处于萌芽时期。《周礼》《禹贡》《山海经》等启发乃至助推了后代方志的编纂与形成。因此简单地以其中任何一部书为方志唯一源头都失之偏颇。

第二节　秦汉时期

公元前221年，秦灭六国，统一天下。秦朝施行中央集权的郡县制，将天下划分为36郡，后来增加到40多个。汉承秦制并加以发展。汉武帝开疆拓土，分天下为13州，州各置刺史。至汉平帝时，天下郡县已扩充至103个。秦汉统一全国，建立与发展郡县制，强化中央政府对地方的控制。州郡的设置与管理，要求地方官详细了解各地疆域、户口、物产、贡赋、风俗，并定期呈报地图版籍，图籍成为控制该地区并施行有效统治的重要依据。《史记·萧相国世家》记载，刘邦入咸阳，"（萧）何独先入，收秦丞相御史律令图书藏之。……具知天下厄塞，户口多少，强弱之处，民所疾苦"。②魏晋名臣裴秀所著《禹贡地域图·序》记载："暨汉祖屠咸阳，丞相萧何尽收秦之图籍。"③可见秦朝建立之后，便将统治区域内的图籍集中于咸阳，后来为汉所用。

西汉时期，经过文景之治的恢复与积淀，国力充实强盛的同时，社会文化得到极大的发展，社会制度更趋完备，关于国情、地情的记载也更全面、规范。据《隋书·经籍志》："武帝时，计书既上太史。郡国地志，固亦在焉，而史迁所记，但述河渠而已。"④ 所谓"上计"，

---

① 《四库全书总目提要》，中华书局影印浙刻本1965年版。
② 《史记》，中华书局二十四史点校本1973年版。
③ 《晋书》，中华书局二十四史点校本1973年版。
④ 《隋书》，中华书局二十四史点校本1973年版。

即各郡每岁之末，向上报送该郡治民、进贤、劝功、决讼、检奸等方面的情况。这在先秦时期已为各国采用，汉代则更趋完备，汉律中甚至有《上计律》，专门处置上计事务。这些计簿与相关地记资料一起归朝廷档案机构保存，以备史官查阅、使用。计簿的内容与后世志书颇有关联，志书所载的户口、垦田、租赋、选举等可能源于此。此时期关于地情的记载以及制度化上报一直传承至明清，这无疑影响并推动了后代关于地方情况的上报、保存，乃至编纂。此外，自汉武帝"罢黜百家，独尊儒术"后，朝廷上下非常重视儒家人伦道德的"风教"，重视"移风易俗"，认为对所谓"风俗"，也就是地方民风的记载是一件意义重大的事。汉成帝时，丞相张禹令其下属朱赣根据刘向划分的地域，记述各地地气差异、风俗由来等，编成《地理书》。朱赣《地理书》载之《汉书·地理志》，成为历代正史地理志的范本，其对地方民情风俗的记载影响到后代志书的内容构成。

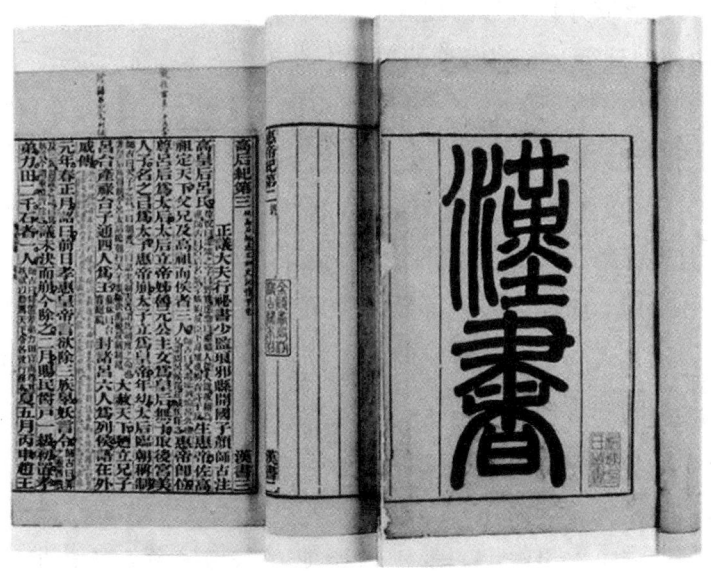

东汉时期在方志发展史上具有比较重要的地位。此时出现了对方志形成具有重要意义的《汉书·地理志》。《汉书·地理志》是《汉书》诸"志"之一，可以说是当时的全国地理总志。该志主要由两部分组成。第一部分按时间顺序，以郡国为单位叙述各郡国建制由来、所属州史、户籍人数、下属各县等。第二部分辑自朱赣《地理书》，叙述各地分野、建制沿革，分析其不同民性与风俗。全志载述内容的具体详细程度已远非先秦典籍可比。《后汉书·郡国志》称赞其"记天下郡县本末，及山川奇异，风俗所由，至矣"。[1] 而这些内容正是后来地方文献，乃至地方志书所专力记载的。清代学者郭嵩焘认为《汉书·地理志》开创了后代州郡志书的撰写。他在《湘阴县图志》序中说："自班氏创为《地理志》，下逮北宋之世，乃遍及一州一县，其名多曰图经。"[2] 另外，《汉书》第一次将"志"这种体裁纳入正史。其后，"志"体逐渐从史书扩展到志书，成为记载区域地情的图书名称。东晋常璩的《华阳国志》，即以"志"命名。隋唐时期则出现以"志"命名的全国性图志《区宇图志》《元和郡县图志》等。到了北宋时期，以"志"命名的地方志书普遍出现，而志书也从此脱开正史、史书，形成并具有自己独立的特点与地位。《汉书·地理志》在"志"由体裁演变为专书名称的过程中发挥了发轫、造始的作用。

除了《汉书·地理志》，此时的全国总志性撰述还有东汉学者应劭《十三州记》。区域性地"记"也已出现，如《九江寿春记》《临海水土记》《冀州风土记》《哀牢传》《三秦记》等。其中，《三秦记》虽佚，但现存条目不少，据此可知，此书乃区域地记，且主要记载一地一域的山川、城池、殿宇等及相关历史人物、故事，但所记更偏重地理，而不是人物，也没有专门的人物传载。这些区域地记已经自觉地记载某地的地理、历史情况，称得上方志产生的近源。

偏重人物传载的杂传、郡书等也在东汉时期开始出现。这与东汉上层统治者对儒学的提倡有着密切的关系。东汉中兴之君刘秀极好儒术，中年以后，专事经学，鼓励撰述地方人物序赞，褒奖地方贤达，宣扬儒家道德，移风易俗，这极大地促进了人物杂传、郡书等地方文

---

[1] 《后汉书·郡国志》，中华书局二十四史点校本1966年版。
[2] （清）郭嵩焘：《湘阴县图志》例言，光绪六年（1880）湘阴县志局刻本。

献的编撰。各种载述地方人物的地方文献，诸如先贤传、耆旧传、风俗传等纷纷出现。仅巴蜀一带，就有郑伯邑、赵彦信、陈申伯、祝元灵、王云表等所撰《巴蜀耆旧传》，陈寿撰写的《益部耆旧传》等。人物杂传的繁荣使地方文献不仅有地理山川、历史掌故、人口赋税等方面的记载，也有地方人物的专门记述。

东汉还出现了图文相配的地理文献，如《司空郡国舆地图》《三辅黄图》等。图经也出现于此时，如《巴郡图经》《广陵郡图经》等。一些内容、体例与地方志书关联甚密的地情书，如文学官志、贡举簿、异物志也出现了。

此外，有学者称为方志发源的《吴越春秋》《越绝书》也出现于这段时期。

总之，秦汉时期，尤其是两汉时期，随着郡县制的建立，统治者对儒术的倡导，以及上计制度、察举制度等的形成与发展，人们关于地域、地方的观念更加自觉、系统，对地方情况的记载也日益引起人们的关注与重视。再加上《史记》《汉书》在记述体例上的贡献，到东汉时期，各种关涉地方志的"史氏流别"，如地记、都邑簿、杂传、图经、郡书等纷纷出现，可以说，组成地方志书内容与形式的各种构件此时几乎都有了。各种"史氏流别"的出现，无疑促进了地方文献的编纂进程，直接促成了魏晋南北朝各种地方文献著述的发展与繁荣。

第三节　魏晋南北朝时期

自东汉末年直至开皇九年（589年）隋灭陈，实现南北统一，前后将近四百年的时间里，朝代更替极为频繁，出现了很多区域性政权。而大量人口南迁，也促进了长江以南地区的开发，使人们对区域地情的关注则更加深入、具体，关于区域与地方的概念也进一步加强。一大批文人士子参与州郡地情文献的编撰，州郡地志（记）开始繁荣起来。据记载，南齐陆澄曾聚160家之说，编为《地理书》。南梁任昉

《地记》又在陆澄基础上增加84家，达到244家。南陈顾野王又作《舆地志》，所引文献更多。仅章宗源《隋书经籍志考证》所辑《隋志》未载的地理书就有150多部，其中多为魏晋南北朝时期所作。

此时，对地方情况记载的范围进一步扩大，并表现出更全面、深入的特点。其一是出现了大量全国性总志。这类地志（记），除上述陆澄、任昉、顾野王之作外，还有张晏《地理记》，皇甫谧《地理书》《郡国记》，挚虞《畿服经》，黄恭《十四州记》，荀绰《九州记》，乐资《九州志》，吴均《十二州记》，阚骃《十三州志》等。其中，西晋文学理论家挚虞《畿服经》记载州郡及县分野封略事业，国邑山陵水泉，乡亭城道里土田，民物风俗，先贤旧好等，开创了地理文献收列人物的先例，对方志内容的构成有一定影响，清代谢启昆甚至称其为"后世方志之祖"。此外，还有一些区域地志（记），如三国时期孙人吴韦昭《三吴郡国志》、孙人吴环氏《吴地记》、蜀人谯周《蜀本纪》《益州志》，南朝刘宋何承天《郡国志》、徐爰《郡国志》，北朝北魏《大魏诸州记》（作者不详）等，实际上是以某一地方政权辖区为空间范围记述的。有时，不同年代甚至也专门另编有全国性地志（记），如晋《太康三年地记》《太康郡国志》《太康地道记》《元康地道记》《元康三年地记》等，刘宋《元嘉六年地记》《永初郡国志》，南齐《永明郡国志》《永元元年地志》《永元二年地志》《永元三年地志》等。其二是区域性地志（记）的编纂达到空前繁荣。从今存地志（记）目录来看，汉代以来各州地志（记）几乎都有编撰，如《冀州记》《三晋记》《秦记》《雍州记》《凉州记》《兖州记》《齐地记》《徐州记》《豫州记》《司州记》《荆州记》《扬州记》《益州志》《益州记》《梁州记》《交广记》等。地志（记）的编撰下延到郡县级别，出现了很多郡县地志（记）。不仅有经济文化比较发达的关中、中原地区的地志（记），也有以前不太重视，或者开发不足的荆南、扬州、益州、交州、广州等稍微偏远一些地区的，如《宜阳记》《汝南记》《寿阳记》《桂阳记》《武陵记》《沅陵记》《江陵记》《九江志》《分吴会丹阳三郡记》《闽中记》《吴地记》《阳羡风土记》《会稽记》《江州记》《丹阳记》《吴兴记》《京口记》《临海记》《永嘉记》《东阳记》《豫章记》《南康记》《建安记》《南中志》《吴县记》《娄地记》等。

从内容上看，这些州郡地志（记）与总志性地志（记）相似，都不以记载人物为主，而重在记述地理沿革、历史掌故、山川湖泊、陂塘沟渎、地方物产、城池宫殿、佛寺冢墓等。此外，受时代风气与文风的影响，很多州郡地志（记）还包含有山水、神怪等内容，甚至出现了专门的山水记。与此同时，专门记载各地区风土物产差异的异物志也比较繁荣，如《临海水土物志》《扶南异物志》《凉州异物志》《巴蜀异物志》《南方草木状》等。

这一时期，受西晋末年战乱引发的中原士族豪门南迁的影响，各种人物传记如家传、别传、郡书，甚至家族谱系的撰述纷纷出现，数量、规模堪称空前。其中，郡书、家谱与方志关联最为密切。所谓郡书，约略相当于方志的人物传，主要记载地方人物事迹，颂扬地方人物品行，表彰英杰，也就是唐代史学家刘知几所说的"矜其州里"。如《会稽先贤传》《吴先贤传》《江表传》《豫章烈士传》《交州人物志》《广州先贤传》《陈留耆旧传》《汝南先贤传》《东莱耆旧传》《襄阳耆旧记》《豫章耆旧传》《楚国先贤传》《荆州先贤传》《武昌先贤传》《徐州先贤传》《江左名士传》《交州先贤传》《广陵烈士传》《会稽典录》《楚国先贤传》《会稽后贤传》《长沙耆旧传》《鲁国先贤传》《南海先贤传》《益部耆旧传》《续益部耆旧传》《蜀后贤传》《吴郡钱塘先贤传》《广州先贤传》，以及北齐宋孝王《关东风俗传》、阳休之《幽州古今人物志》等。

一些郡书已经表现出地志（记）、郡书相合的特点，即将地方地理情况与人物传记合于一书，如东晋习凿齿《襄阳耆旧记》。该书先记载襄阳人物，再记载山川城池，最后记载地方牧守，与成型方志颇为相类。

谱牒之学也是从这时开始兴盛起来的。据《隋书·经籍志》，其时谱牒之书41部，360多卷，通计亡书，合为53部，1280卷。除去不多的几卷竹谱、钱谱等，剩下多为姓氏谱牒。

都邑簿也在此时出现。都邑簿专记城市，内容包括城池、宫阙、街坊、寺庙、园囿等，如晋潘岳《关中记》和陆机《洛阳记》《三辅黄图》《建康宫殿簿》等，堪称后代都邑志书的发端。

除上述州郡地志（记）、郡书、异物志、谱牒、都邑簿等之外，这一时期与方志相关的文献还有地图、图经、地名簿、户口簿、寺庙记、山记、水记、乡记、边域记、文征录等。其中，裴秀《禹贡地域图》、郦道元《水经注》、杨衒之《洛阳伽蓝记》于后世影响较大。魏晋地理学家裴秀《禹贡地域图》早已散佚，所幸其序尚存。据裴秀序，裴秀不仅手造地图18篇，更总结出制图"六体"。他总结的六体，很长时间以来一直为后世制图者所沿袭遵循。

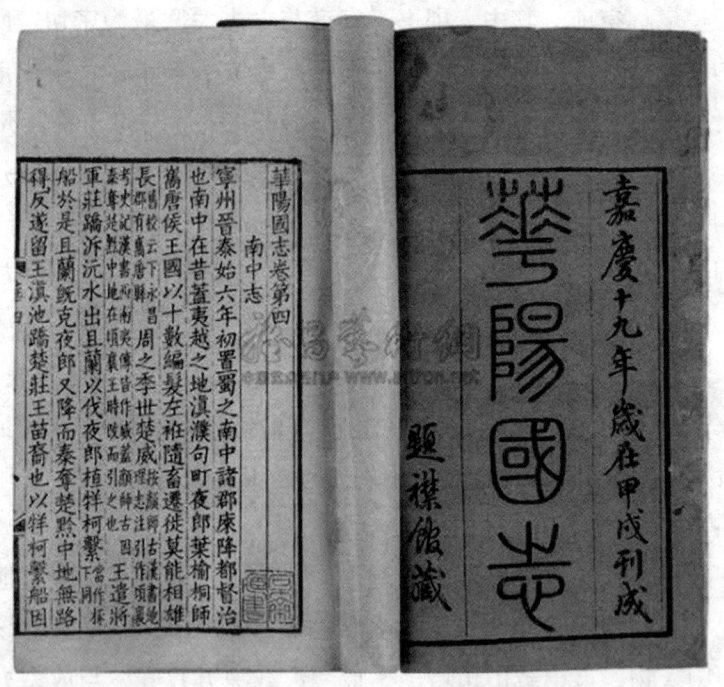

郦道元《水经注》是一部关于河流水道的书。该书在记述河流水道的同时，还详细记载了河流所经地区的地形地貌、自然灾害、动物

植物、城邑聚落、建制沿革、冢墓建筑、物业经济、人物事迹、民歌谚语、方言神话等，实为后世水记类文献的祖本。北魏杨衒之《洛阳伽蓝记》是一部佛寺志，主要记述北魏京城洛阳佛寺的兴衰沿革。

此时期特别值得一提的还有东晋常璩的《华阳国志》，或称《华阳国记》。全书十二卷，记述梁益宁三州地理及古史、公孙述以来蜀地割据政权沿革、巴蜀贤才仕女等。该书在编撰上吸收了编年与纪传两种体例的优长，将地理志、编年史、人物传充分结合起来，既横向载述地理沿革、山川道路、城邑治所、户口民众、经济物产、民情风俗、仕宦政绩等地理情况，又纵向载述历代割据政权之因革兴替，还分别传列了各地地方人物。这些特点与方志非常相似，因此有学者认为《华阳国志》是我国最早的地方志专著，近人李泰棻称："最古以志名书者，首推常璩《华阳国志》。"

总之，魏晋南北朝时期，各种地志（记）、地方人物传记的撰述达到了空前繁荣，也取得了很大成就，留下了一批精品佳作。其他各类地方文献也纷纷出现，内容涉及地情记述的各个方面，可以说，组成方志内容与形式的各个构件都已出现。这些地方文献的撰述，为成型方志的出现准备了条件。同时，与秦汉时期相比，这些地方文献在记述内容、编纂体例等方面更接近定型方志，并出现了横排纵写的方志雏形。所以，清代学者顾千里称："郡邑志乘，滥觞晋宋。"

第四节　隋唐五代时期

隋唐结束了魏晋南北朝的分裂与混乱，经济繁荣，文化昌盛，中央集权得到明显加强，为方志的发展创造了良好的条件。五代十国则基本延续唐制。隋文帝开皇三年（583年），"罢郡，以州统县""刺史、县令，三年一迁，佐官四年一迁"[①]，省去州郡设置，统一实行州

---

① 《隋书》卷28，《百官志下》，中华书局1973年版，第292页。

县两级行政设置，加大对县级行政区域的管理，以达到掌控全国的目的。隋炀帝大业三年（607年），又改州为郡。通过省并，全国郡数不足190个，县数则不超过1250个。唐太宗贞观元年（627年）又下令并省，"又因山川形便，分天下为十道"①，至贞观十三年（639年），共有州府358个，县1551个。至开元、天宝年间，唐代疆域达到鼎盛，而追求全国行政区划整齐划一的特点则一直未变。相应地，隋唐时期，全国性总志的编撰比较发达，出现了大量的全国性总志类著述。同时，隋唐中央政府非常重视地方户籍的统计与整理。《大唐六典》卷三"户部尚书"条明确规定："每一岁一造计帐，三年一造户籍。县以籍成于州，州成于省，户部总而领焉。"② 因此，载述各地户籍资料的图经类地情文献的编制就显得重要且突出了。此外，随着中央集权的加强，朝廷对意识形态等领域的控制也愈发严格，史志的撰述也由个人行为转而变为朝廷控制。隋文帝开皇三年（583年）曾下诏："人间有撰集国史、臧否人物者，皆令禁绝。"③ 唐朝初年专设史馆，编纂正史，垄断史志编修。此后，正史都由朝廷统一编纂，私人撰史的情况相对减少了。魏晋南北朝私家撰史、撰述地志（记）的那种辉煌状态基本消失了，此前繁荣的地志（记）、郡书等地方文献类著述也因此衰落了下来。

隋唐时期方志发展的一个重要变化就是，统治者开始有组织、大规模地编撰全国性总志，并形成了一定的制度。隋炀帝大业年间，曾下诏全国诸郡条记风俗、物产、地图，上于尚书，再由内史舍人窦威、起居舍人崔赜、龙川赞治侯伟等30多人编撰为《区宇图志》，共500余卷（《崔赜传》记载为250卷）。隋炀帝对此并不满意，又诏令内史侍郎虞世基为总检，带领秘书学士18人修撰十郡风俗书。虞世基、许善心等先撰成京兆郡、河南郡、吴郡、蜀郡四郡风俗书，上奏隋炀帝，

---

① 《新唐书》卷37，中华书局1975年版，第959页。
② 《唐六典》卷3，陈仲夫点校，中华书局1992年版，第74页。
③ 《隋书》卷2，《高祖纪下》，中华书局1973年版，第38页。

得到隋炀帝称许后，又以《吴郡风俗》为样本，组织人员编成《区宇图志》800卷（《崔赜传》记载为600卷），后又增加至1200卷。隋朝还编有《诸州图经集》《诸郡物产土俗记》。前者题名作者为郎茂，后者未著撰人。郎茂曾任尚书左丞，应该参与过《区宇图经》的编纂，或接触过各地呈报的地情资料，因此，《诸州图经集》《诸郡物产土俗记》应仍是大业年间（605—616年）各郡所上图经编纂而成。这三本书都是隋朝中央政府直接主持下的成果，参与人员之多，编撰规模之大，都是前代所少见的。

唐朝除了编纂规模较大之外，对图经的编修则步入制度化轨道。《唐六典》记载："凡地图委州府三年一造，与版籍皆上省。"① 《唐会要》卷59记载："建中元年（780年）十一月二十九日，诸州图每三年一送职方，今改至五年一造送。如州县有创造及山河改移，即不在五年之限，后复故。"② 又，《新唐书·百官志》亦载："职方郎中，员外郎各一人，掌地图、城隍、镇戍、烽候、坊人、道路之远近及四夷规化之事，凡图经，非州县增废，五年乃修，岁与版籍偕上。"③ 可见唐朝已建立了图经上报制度，并将图经交由职方郎中统管。

至五代十国，图经纂修仍然受到重视，并形成闰年上报图经的制度。据《五代会要》卷15"职方"条记载，后唐明宗天成三年（928年）闰八月，曾专下敕令："诸道州府，每于闰年合送图经、地图……"④ 这种闰年上报图经的制度较之唐朝五年一报的规定，周期更短。闰年上报图经的制度还影响到后代，成为后代报送地方志书的惯例。

受此影响，这一时期的地情文献，或曰方志类图书也呈现出独有的发展特点。其一，总志类图书的编撰卷帙多，数量多。隋朝编撰了《区宇图志》等几种大型全国性总志。唐朝总志类图书的编撰更加兴

---

① 《唐六典》卷5，"职方郎中员外郎"条，中华书局1992年版，第162页。
② （宋）王溥撰：《唐会要》卷59，《尚书省诸司下》"职方员外郎"条，中华书局1955年版，第1032—1033页。
③ 《新唐书》卷46，《百官一》"职方郎中员外郎"条，中华书局1975年版，第1198页。
④ （宋）王溥撰：《五代会要》卷15，"职方"条，上海古籍出版社1978年版，第254页。

盛，所编总志性图书有《贞观郡国志》《括地志》《地域方丈图》《方域图》《职方记》《长安四年十道图》《开元三年十道图》《十道录》《十道记》《地理志》《海内华夷图》《古今郡国县道四夷述》《贞元十道录》《皇华四达记》《地志图》《元和郡县图志》《郡国志》《域中郡国山川图经》《十道四蕃志》《十道四蕃引》《交括九州要略》，等等。五代时期则有《方舆记》《天下郡县目》等。这一时期的总志类图书不仅数量多，编纂体例也很有创新，从名目上看，就有图、记、要略、述、志等各种不同形式。学者称此期之总志类图书编纂"开了后世一统志规模之先河"。

遗憾的是，很多书已经散佚，只有唐代地理学家李吉甫《元和郡县图志》存世。此志之图，到宋代已亡佚，故又称为《元和郡县志》。李吉甫曾监修国史，尤其长于地理之学。《元和郡县图志》所记以唐宪宗一代建制为主。全书以《贞观十三年大簿》划定十道为纲，以唐宪宗时期的47个方镇为准，每镇前附一图，分镇叙述全国政区的建置沿革、山川险易、人口物产、道里贡赋、军事设施、古迹史事等项。该书继承和发展了汉魏以来地理志、图记、图经的编纂方法，又在府州下增加府境、州境、八到、贡赋等内容，在体例上为后世树立了典范，影响了后代地方志书的编纂。但从方志发展史来看，此书不足之处在于只记地理情况，未记人物。

其二，图经的编纂非常盛行，成为隋唐地志类文献编纂的主要形式。在朝廷诏令的强力推动下，此期修成图经较多。很多郡县都撰有图经。由于属地方案牍，大多散佚不传。据隋唐经籍志、艺文志等可知，隋朝有《上谷郡图经》《固安图经》《雍州图经》《陈州图经》《江都图经》等地方图经，唐朝则有《沙州图经》《西州图经》《润州图经》《夷陵图经》《茶陵图经》《邵阳图经》《武陵图经》《岳州图经》《湘阴图经》《京西京北图经》等。其中，唐朝《沙州图经》《西州图经》发现于敦煌石窟，虽为残卷，但保存了不少内容，是迄今所见最早的图经实物。根据二书可以约略看出唐朝图经之记述内容、编

第一章 方志起源

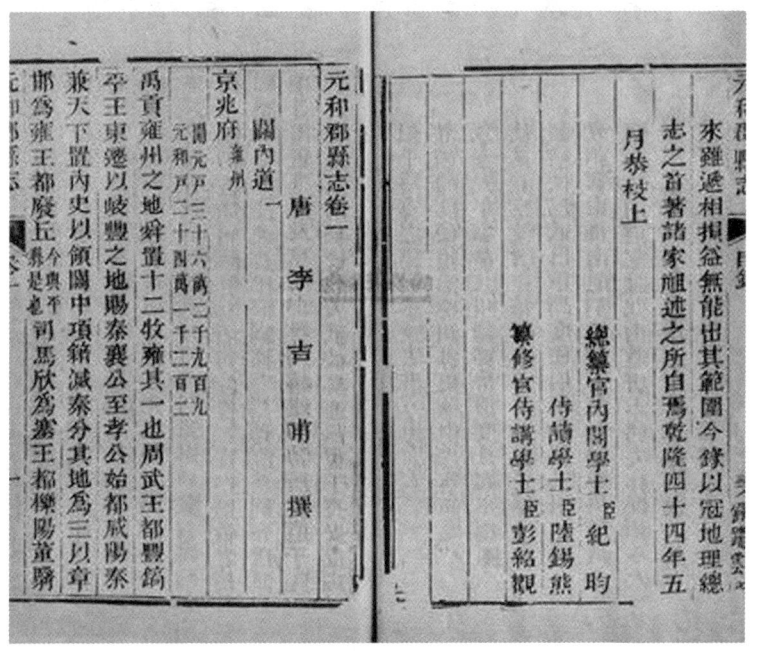

篆体例。图经为体，本以图配文，图画山川关隘，文字记载具体内容。二书记载内容大致有道路、河渠、堤堰、城池、亭驿、寺塔、堂庙、学校、盐池、祥瑞、神祇、歌谣等。可见，隋唐图经内容结构已经与成型方志非常相近。

其三，编纂了包括都邑簿、地图、地志、风土记、异物志、地录、人物传、边域志等在内的地方文献。如《京师录》《东都图记》《成都记》《岭南地图》《河北险要图》《益州记》《江东记》《吴地记》《扬州记》《吴兴志》《武康土地记》《桂林风土记》《岭南异物志》《敦煌新录》《吴兴杂录》《闽川名士传》《吴兴人物志》《蛮书》《南诏录》《云南记》《西域图记》等。

其四，人们已对方志类图书编纂有了一定的认识，出现了关于方志编纂的早期理论。其代表者即唐朝刘知几及其《史通》。刘知几是我国历史上第一位史学评论家，其所作《史通》是我国第一部史评论专著。《史通》中与方志编纂关联最密切的是《杂述篇》《书志篇》等篇。刘知几在《杂述篇》中系统地将史类图书分为10类，并对其

· 19 ·

上篇　历代方志编修

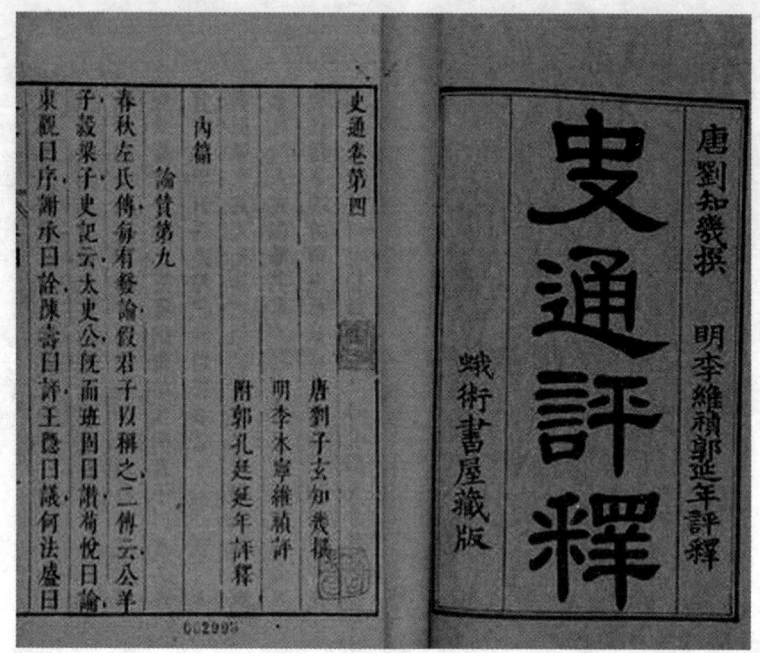

体例及前人撰述逐一作以批评。其中，郡书、地理书、都邑簿，性质上属于方志类文献，为早期的方志。刘知几系统总结了这三类文献汉魏以来的发展情形，指出其记述特点，在赞扬优秀作品的同时，也不客气地批判了这些文献六朝以来的一些不良记述习气。其他理论批评者尚有颜师古、杜佑、李吉甫、权德舆等。

总之，隋唐五代时期，尤其是隋唐时期，随着全国性统一局面的形成，中央集权制度得到加强，朝廷对史志类文献编纂的控制力度也明显加强。在朝廷的重视与主持之下，图经的呈报逐渐演变成为固定制度，全国性总志类文献的编纂规模更大，卷帙更繁。图经与全国性总志类文献的编撰取代了魏晋南北朝时期的地志（记）、郡书，成为此时期主流形式，并取得了较大的成就，对后世方志编纂产生了显著的影响。此时期出现了对史志文献编纂的总结性理论。这表明，经过魏晋南北朝到隋唐五代的编撰实践，人们对地方志类图书有了更为系统、科学的认识，对其的总结与批评也为后世编撰地方志书提供了理论上的指导与借鉴。

第二章　方志定型

自隋唐沿袭而来的图经编修，至北宋进入全盛时期，并开始向方志过渡，再至南宋基本定型，方志的名称、内容和体例都趋于完善。元代方志，则在前代基础上又取得了新的成就，代表成就是国家一统志。

第一节　宋代方志编修

一　概述

方志在宋代基本定型，这和宋代社会发展大环境密切相关。宋代在中国历史上以文化昌盛发达著称。陈寅恪在为邓广铭《宋史·职官志考证》所作的序中指出："华夏民族之文化，历数千载之演进，造极于赵宋之世。"[1] 邓广铭则认为，"两宋期内的物质文明和精神文明所达的高度，在中国整个封建社会历史时期之内，可以说是空前绝后的"。"宋代文化的发展，在中国封建社会历史时期之内达于顶峰，不但超越了前代，也为其后的元明之所不能及。"[2] 邓小南认为，"宋代处于中国历史重要的转型期，它面临着来自内部与周边的诸多新问题、新挑战，并不是古代史上国势最强劲的时期；但它在物质文明、精神

---

[1]　陈寅恪：《金明馆丛稿二编》，生活·读书·新知三联书店2001年版，第277—278页。
[2]　邓广铭：《宋代文化的高度发展与宋王朝的文化政策》，《历史研究》1990年第1期。

文明方面的突出成就，在制度方面的独到建树，它对于人类文明发展的贡献与牵动，使其无愧为历史上文明昌盛的辉煌阶段"①。正是在这种社会背景下，宋代的方志达到了一个新的发展水平。

首先，宋代朝廷对志书编纂非常重视。在沿袭隋唐定期编修图经并报送中央的制度基础上，成立了我国第一个中央修志机构——九域图志局，开国家设立专门机构修志之先例。其次，方志编修逐渐由以记述地理为主，转为兼记地理、人文。在时人心目中，图经和志在内容方面已经没有什么区别。到了南宋，修志已经相当普遍，大至全国，小到乡镇，各级政区都有志书，以至"僻陋之邦，偏小之邑，亦必有记录焉"。② 最后，宋代政治家、文学家、史学家、科学家等广泛参与修志或为之作序，蔚为风气，促进了方志理论的发展和志书、舆图编纂事业的繁盛。

宋代大规模组织编造图经，主要集中在太祖、太宗、真宗时期，此外仁宗、神宗、哲宗、徽宗时期也做了一些工作。朝廷在地方呈送图经的基础上编次整理，汇纂图经总集和全国区域图志。

北宋建国之初，朝廷便重视各地图经的编纂。据《宋史·职官志》记载，建隆（960—962年）期间，宋太祖即诏令："凡土地所产，风俗所尚，古今兴废之因，州县之籍，遇闰岁造图以进。"③ 此时的"闰岁造图"，亦有人称为"闰年图"。开宝四年（971年）正月戊午，命知制诰卢多逊等重修天下图经，委派卢多逊出使江南，征求刚刚归附于宋的南唐诸州图经，以备修书，"于是江南十九州之形势，屯戍远近，户口多寡，多逊尽得之矣"④。此次编修图经主要是为掌握全国州郡形势，了解各地民俗风情及赋税、贡品等情况。不过，此次地理总志并未修成。开宝八年（975年），在卢多逊等人四年编修的基础上，校书郎宋准参与修订诸州图经，很快就完成了。这是宋代最早完

---

① 邓小南：《宋代历史再认识》，《河北学刊》2006年第5期。
② （宋）黄岩孙：《仙溪志·跋》，《宋元方志丛刊》，中华书局1990年版。
③ 《宋史》卷163，《职官三》，中华书局1977年版，第3856页。
④ （宋）李焘：《续资治通鉴长编》卷十四"开宝六年（973年）夏四月辛丑条"，中华书局1979年版。

成的一部图经总集。

据《续资治通鉴长编》记载，宋太宗太平兴国二年（977年）闰七月"丁巳，有司上诸州所贡闰年图"。当时仍沿袭唐朝"每三年一令天下贡地图，与版籍皆上尚书省"的制度。宋真宗时期，李宗谔、王曾等纂成《祥符州县图经》，这是我国历史上第一次有统一类例的图志总集。它汇编了各地的图经，由是"图籍大备"。同时，在《祥符州县图经》的基础上，由王曾编修《九域图》三卷，作为核定地方赋税额度的依据。神宗熙宁八年（1075年），又命光禄丞李德刍、知制诰王存对该书重新增删审定，元丰三年（1080年）书成。因"旧名图而无绘事，乃请改曰志"，改名为《元丰九域志》。该书以当时行政区划为纲，每县列乡、镇、堡、寨及山川名称，举列户口和贡赋，是研究宋代经济地理的重要文献。

宋代由中央政府颁令诏诸路（道）州上图经，还有太平兴国二年（977年）、元祐三年（1088年）等数次，所修图志有《景德重修十道图》《皇祐方域图记》《元祐职方图》等。熙宁间，集贤校理赵彦若绘《十八路图》1卷，还撰有《十八路图副》20卷，郑樵《通志·艺文略》也著录有北宋十八路的图经。上述诸书均未流传下来。

在重新修订天下图经时，真宗于大中祥符三年（1010年）专门下诏："令职方遍牒诸州，如法收掌，自今每闰依本录进。"[1] 当时仍由兵部职方郎中、员外郎专门掌管天下图籍。

宋初，天下图经的修撰工作是由史馆负责的。而到了熙宁八年（1075年），宋神宗曾命赵彦若、曾肇就秘省置局删定《元丰九域志》。[2] 这表明当时朝廷已开始设局修图经，但不是常设机构。宋徽宗大观元年（1107年）"创置九域图志局，命所在州郡编纂图经"[3]，主

---

[1] （清）徐松辑：《玉海》卷14，《祥符州县图经》，《宋会要辑稿》职官14之20，中华书局1957年版。

[2] （南宋）朱弁：《曲洧旧闻》卷5，商务印书馆1936年版，第35页。

[3] （清）黄鼎：《四明图经·序》，乾道《四明图经》卷首，《宋元方志丛刊》，中华书局1990年版，第4874页。

管全国修志事宜。九域图志局是中央修志机构，开国家专门设立修志机构的先例。之后，历朝历代都采用设局修志的办法。及至南宋，官修志书制度进一步发展，地方官府也开始设局修志。如周应合受南京留守、建康知府马光祖委托，"开书局于钟山之下""入局修纂"《景定建康志》。他在该志的修志本末中一一列出了人员编制和分工。

据近人张国淦在《中国古方志考》中统计，北宋共修志近172种，其中志24种，图经96种，志和图经以外称呼者52种；南宋共修志304种，其中志248种，图经31种，其他25种；难以区分北宋南宋的宋代方志有285种，其中志150种，图经92种，其他43种。可惜多已亡佚，流传至今者仅有30余部。[①]

此时，先后与宋对峙的北方少数民族契丹、女真建立的辽金王朝，志书编纂却成果寥寥。终辽一朝，未见一部完整方志；金朝虽有方志编纂，但多质量不高，与赵宋志书相比还有一定的距离。

金代地方志书纂修不多，据顾宏义《金元方志考》，金志计有11种，河北、山西、山东各2种，河南5种。其中《归潜志》14卷，为金代纂修的代表志书之一。[②]

两宋时期均无专门的方志理论书籍流传，但在传世志书序跋中，我们能够看到当时修志者对于方志起源、性质、功用的认真探索和对于方志编纂的各种主张。这些探索和主张，丰富并发展了方志学理论。

二 定型过程

一般认为，图经是方志最初的表现形式，包括图和经两部分。图主要描绘地形地貌，经是图的文字说明。最早的图经以图为主体，而附以必要的说明。在其发展过程中，逐渐演化为以经为主，图成为附庸，其名称与形式为后世方志所采用。方志较图经内容更为广泛，既

[①] 张国淦：《中国古方志考》，中华书局1962年版。
[②] 顾宏义：《金元方志考》，上海古籍出版社2012年版。

有图经中的建置、疆域、山川、物产、户口、赋税、古迹等经济地理要素，又有职官、科举、人物、辞赋等历史人文类目，并参用史书纪、表、志、传体例。更为重要的是，以往的图经呈报只是作为官牍文书，记录者为地方小吏，而定型方志则是由刻版印刷广为传布的正式著作，其编修者也多为博通文史的学者。

宋代方志发达，在名称方面已是志、图经和图志并行。北宋图经盛行，在一段时期内，各地编修了许多图经，而方志在数量上远比不上图经，还处在过渡之中。随着社会经济文化的发展，尤其受印刷术普及的影响，图经的传播渐趋广泛，内容不断丰富，类目日益扩展，定期续修已成趋势。与此同时，一些修志者开始借鉴史书纪、志、表、传的体例改造志体，以往的图经之名已难表现这一新的著述，所以称志的著作不断增多。南宋至元，方志编修遍及天下，内容更为充实，体例日臻完善，名称趋向统一，逐渐成熟定型。

（一）北宋图经集大成之作——《祥符州县图经》

据《玉海》卷十四"祥符州县图经"条记载："景德四年（1007年）二月庚辰，真宗因览《西京图经》，有所未备，诏诸路州府军监以图经校勘，编入古迹，选文学之官纂修校正，补其缺略来上。及诸路以图经献，诏知制诰孙仅、待制戚纶，直集贤院王随、评事宋绶、邵焕校定。仅等以其体制不一，遂加例重修，命翰学李宗谔、知制诰王曾领其事。又增张知白、晏殊，又择选人李垂、韩义六人参其事。祥符元年（1008年）四月戊子，龙图待制戚纶请令修图经官先修东封所过州县图经进内，仍赐中书密院、崇文院各一本以备检阅，从之。三年十二月丁巳，书成。凡一千五百六十六卷，目录二卷。宗谔等上之，诏嘉奖，赐器币，命宗谔为序。"[1] 因该书成于祥符年间，故称《祥符州县图经》。这部全国区域总志在诸路府州军监及诸县所上图经基础上汇编而成，记载了各州郡建置沿革、疆域、道里、土地、山川、风

---

[1] （清）徐松辑：《玉海》卷14，《祥符州县图经》，《宋会要辑稿》职官14之20，中华书局1957年版。

俗、形胜、物产、古迹、艺文、人物等，内容广博，为北宋图经集大成之作。李宗谔在序中论述了方志的演变过程、纂修此书的目的及主要内容等。《祥符州县图经》至南宋时已散失不全，宋元一些方志中尚或征引，明代以后，则已绝世。

此书修成后，又诏李宗谔等重新修订大小图经，"令职方牒诸州谨其藏，每闰，依本录进"。"祥符四年八月十八日，中书门下牒别写录，颁下诸道图经新本共三百四十二本。"① 这表明，经过这次大规模的发动、组织编修图经，中央和地方政府在图经编制方面上下合力，形成了良性互动，这为图经走向程式化、正规化创造了条件。

(二) 继往开来之作——《太平寰宇记》

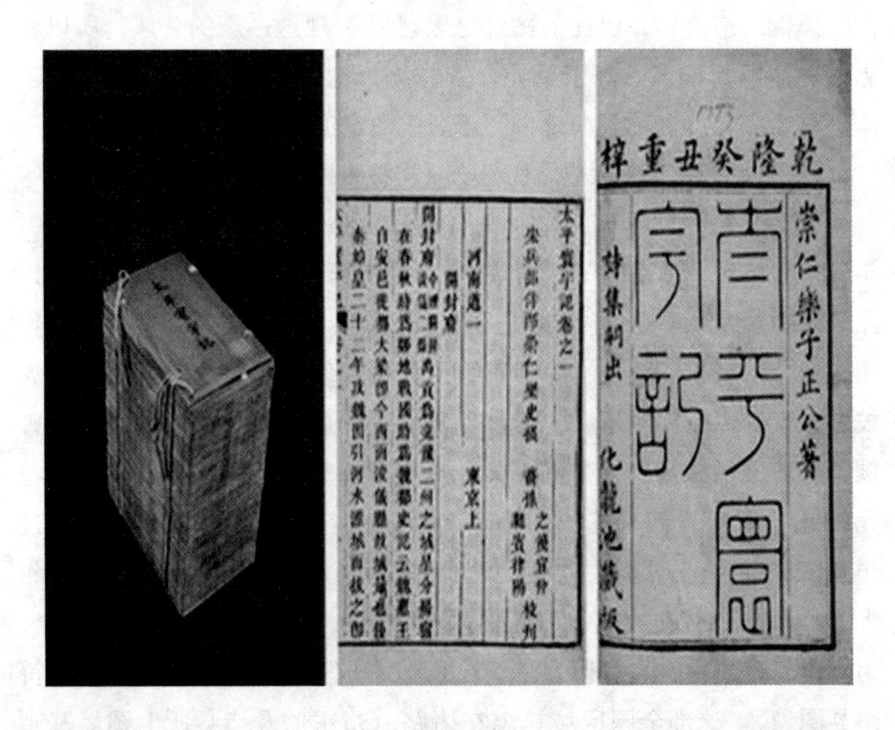

太平兴国元年（976年）至雍熙元年（984年），乐史纂成《太平

---

① （宋）王应麟：《玉海》卷14，《地理·祥符州县图经》，江苏古籍出版社1987年版，第273—275页。

寰宇记》。该书200卷，目录2卷，属全国区域总志。全书以道为经，以府县为纬，因袭唐代李吉甫《元和郡县志》体例，除分别记载沿革、户口、山川、城邑、关寨等内容外，又增加风俗、姓氏、人物、艺文、土产、四夷等项。该书在编纂时采用了大量的新旧图经，成书以后，因增加了人物、艺文诸方面，改变了以往总志重视地理物产、忽视历史人文的现象，体例及内容等方面更加丰富完备，极大地影响了后世方志的编纂。该书在中国方志发展史上，有继往开来的作用。《四库全书总目提要》称："后来方志，必列人物、艺文者，其体皆始于（乐）史，盖地理之书，记载至是书而始详，体例亦自是而大变……"[①]可见此书在清代四库馆臣心目中之重要地位。

（三）以志为名之北宋方志——《长安志》

至于直接称志而名实相符的方志，今天仍能看到的当首推宋敏求

[①] 《四库全书总目提要》卷68，《史部·地理类》，中华书局影印浙刻本1965年版，第595—596页。

纂成于熙宁九年（1076年）的《长安志》。该志记述唐朝西京长安（今陕西西安），并上溯汉以来长安及附近属县诸般情况，结构上将总叙、分野、土产、风俗、户口与京都及各县并排。"凡府县之政，官尹之职，河渠关塞之类，至于风俗、物产、宫室、道弄，无不详备，世称其博。"① 该书是流传至今最早一部记载古都的志书，对于研究古代长安历史、地理等有重要参考价值。宋敏求还于元丰六年（1083年）编纂了《河南志》，记述唐朝东都洛阳的风土人情，明《永乐大典》收录全篇，有清人辑本传世。这两部书是北宋所修的以志为名的地方志中仅现的著作，在方志发展史上有重大意义。与同时代朱长文的《吴郡图经续记》相比，无论是内容还是体例，都大体一致，说明方志发展到北宋中叶，已开始摆脱旧图经的框架和格局。这两部志书并非出于官令，而是私人所修，作为学术著作出现，更易体现出记载内容的真实性。《长安志》前有熙宁九年（1076年）赵彦若序，提出"远者谨严而简，近者周密而详"，这是对"详今略古""详今略远"等编纂原则的较早阐释。

当然，这并不是北宋最早的方志，庆历年间陶弼在《瑞莲池》一诗中写道："额名旧载《零陵志》，碑字新镌子厚诗。"可见庆历之前就已有《零陵志》，不过未见留存。今天能看到的北宋最早的方志只有《长安志》。

（四）"方志之学"概念的提出——《吴郡图经续记》

今天所能看到的宋人图经，最早的莫过于北宋朱长文元丰七年（1084年）所撰成的《吴郡图经续记》。此书为北宋《祥符（苏州）图经》之续作，为吴郡古今诸事之总集，凡28门目，内容宏博，叙述简洁，辞章尔雅，分门别类。从其目录来看，不同于隋唐之图经，不限于传统图经的地理风俗物产，多了牧守、人物，虽无方志之名，却具其实。它是现存两部完整的宋代图经之一（另一部为《乾道四

---

① （宋）晁公武：《郡斋读书志》卷8，《长安志》条，上海古籍出版社1990年版。

明图经》)。

在朱长文所作书序中,最早提出了"方志之学"的概念:"方志之学,先儒所重,故朱赣风俗之条,顾野王舆地之记,贾耽十道之录,称于前史,盖圣贤不出户知天下,矧居是邦而可懵于古今哉。"① 是说方志之成为专学,已为前史所称,并进一步道出了方志学的价值、功能。

(五)图经向方志过渡之代表作——《严州图经》(又称《新定志》)

早在北宋中叶,图经就开始向志过渡。其例证之一就是宋神宗于熙宁八年(1075年)下诏命三馆秘阁删定《九域图》,后由光禄丞李德刍、知制诰王存等修订为十卷,因其"不绘地形,难以称图"而改名《九域志》。后多有修订,其所载政区实为元丰八年(1085年)之制,故称《元丰九域志》。这一过程表明图经从北宋中叶开始向方志过渡。

---

① 朱长文:《吴郡图经续记·序》,江苏古籍出版社1999年版。

南宋绍兴九年（1139年），董弅撰《严州图经》8卷，淳熙重刻时仍用旧名，但后来淳熙刻本仅余3卷。该书卷首有图9幅，以下则先讲严州府，再后则分县编修，现仅存严州、建德县、淳安县3卷。从其体例内容看，虽名为图经，但内容丰富，已非往日图经所能比拟，已经具备了方志的体例。因严州曾为新定郡，故王象之《舆地纪胜》、陈振孙《直斋书录解题》、马端临《文献通考》等都称此书为《新定志》。从《严州图经》又称《新定志》看，说明这时人们已将图经、方志视为一类，名称上趋于统一。《新定志》被视为图经向方志过渡的典型代表作。

类似例证又如朱长文《吴郡图经续记》，范成大重修时，将书名改为《吴郡志》；开禧年间（1205—1207年）眉州重修图经，名《江乡志》等。以上以"志"为名诸志书的产生，说明这个时期的方志体例逐渐完善，名称趋向统一。

（六）方志在宋代的新发展

1. 都城志首创——"临安三志"

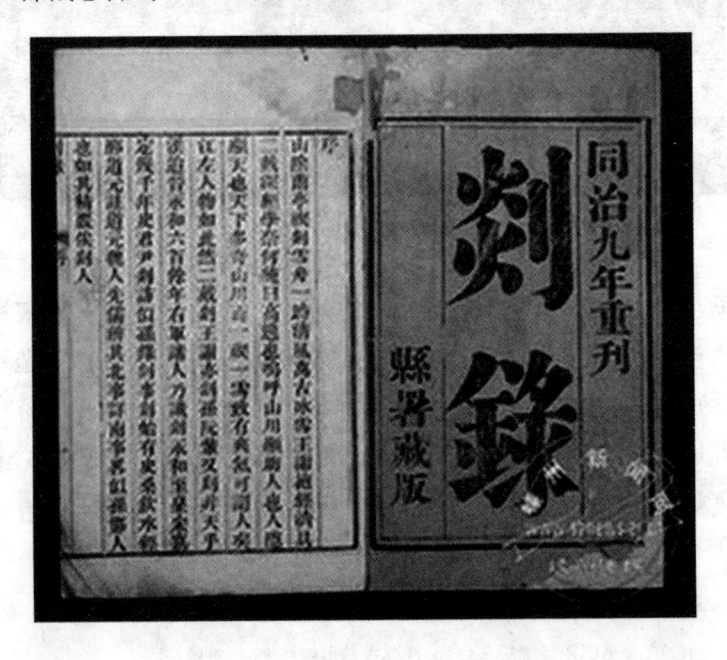

宋孝宗乾道五年（1169年），周淙编纂《临安志》15卷，今仅存前三卷，第四卷以下俱阙佚。虽残缺不全，但此书仍被视为"于南宋地志中为最古之本，考武林掌故者，要比以是书称首焉"。① 宋理宗淳祐十年（1250年），陈仁玉等纂《临安志》52卷，今存五至十卷。宋度宗咸淳年间（1265—1274年），为补乾道、淳祐两版《临安志》之漏，并纠正其错讹，潜说友于咸淳四年（1268年）纂成《临安志》100卷，今存96卷，是"临安三志"中最后成书者，也是流传最全的一部，体例完备，资料翔实，清朝朱彝尊称为宋代志乘中最详者。周中孚认为此书"有序、有图、有表、有考、有传，其首列行在所录，以尊王室，至十六卷后，乃为府志"②，较好体现了"都城志"的特点，为后世首都志所效仿。

2. 大事记体例初现——《剡录》

嘉定七年（1214年），鄞县县令史安之修、高似孙纂《剡录》10卷，次年刊行。此为浙江绍兴嵊县志，嵊县在汉代为剡县，故名曰《剡录》。《四库全书总目提要》称赞该志"征引极为该洽，唐以前佚事遗文颇赖以存"，又说"其先贤传，每事必注其所据之书，可以为地志纪人物之法。其山水记仿郦道元《水经注》例，脉络井然，而风景如觌，亦可为地志纪山水之法"。③ 此外，该志卷一有"县纪年"，以时间为经，以史实为纬，是编年记载一地大事的专篇；卷五著录了阮裕、王羲之、谢灵运等人著述及家谱名目，共42种。学界认为该志开创了大事记、记载本地人著述书目的先例。

3. 凡例之初现——《玉峰志》

淳祐十二年（1252年），项公泽修，凌万顷、边实撰《玉峰志》三卷。该志篇幅虽简，但记述颇为精炼。该志前有《凡例》五则："凡事旧在昆山而今在嘉定者，以今不离本邑，尽皆不载""凡碑记现

---

① 《四库全书总目》卷68，中华书局影印浙刻本1965年版，第597页。
② （清）周中孚：《郑堂读书记补逸》卷12该志跋，商务印书馆1940年版。
③ 《四库全书总目》卷68，中华书局影印浙刻本1965年版，第599页。

存者，书其名不载其文，不存者载其文""凡事有《吴郡志》所载，与今所修不同者，以今所闻见无异者修""凡叙人物，有本邑人而今居他所，本非邑人而今寓居者，今皆载""凡事有重见者，止载一处，余书见某门，更不重载"。① 就内容看，该志的凡例仅在所写范围上立了几项原则，不涉及著书宗旨，与明代修志普遍开始订立凡例，以表明著书的宗旨和编纂原则有很大区别，但却是今存宋元方志中的唯一一例。

4. 定型方志的典型——《景定建康志》

景定二年（1261年），马光祖修、周应合纂《建康志》50卷问世。《建康志》曾于乾道、庆元年间两次成书（前者为史正志纂，后者为吴琚修，朱舜庸纂），但记载阙略。马光祖、周应合采用纪传体史书的体裁，合二志为一志，正讹补缺，别编成书。该志最大特点是采用纪传体正史的体裁编修方志，图表志传一应俱全。分为录、图、表、志、传、拾遗六大类，每类下又分细目，图表志传前各列小序。

---

① （宋）项公译修，凌万顷、边实撰：《淳祐玉峰志》，《宋元方志丛刊》，中华书局1990年版。

其中的"留都录""地理图""地名辨""年表""官守志""古今人表传""拾遗"等均为前二志所无，实为此志独创。有纲有目，层次分明，被视为定型方志的典型代表。后世方志采用纪传体，分列图、表、志、传、考者，其源实于此。也正因如此，该志得到后世学者好评，被认为"体例最佳""义例最善者"。

书中有主修人马光祖关于方志的社会作用、在任内成稿的观点，"补、正、续"的编纂原则及"备前志之所未备"的见解；主纂人周应合关于先定凡例、其次分事任、再次广搜集、最终详参订等修志程序的主张，这些都相当有见地，对后世修志具有普遍指导意义。

（七）方志的定型

宋代方志流传至今者仅有30余部，而据学者考索所得，实际编修的方志数量可能远超七八百种。宋代修志已相当普遍，大至全国小到乡镇，各级政区都有志书，"僻陋之邦，偏小之邑，亦必有记录焉"[①]。志书种类也更加丰富，总志、府志、州志、县志、乡镇志、杂志都有。如绍定三年（1230年）罗叔韶修、常棠纂《澉水志》八卷，于宝祐五年（1257年）成书，为现存最早的一部镇志，也是浙江乡镇志中仅存的宋志，历来被视为镇志之嚆矢。光绪年间苏州《光福志》即云"乡镇之有志，自宋常棠《澉水志》始。"民国十九年（1930年）施兆麟所纂的《相城小志》称《澉水志》乃"镇志之滥觞，亦地乘之典型"。

宋代修志地区扩大，志书种类增多，标志着方志趋于定型。方志的定型，不仅仅是名称的变化，更要从其记述内容和体例的变化来考量。从内容看，人文方面的内容大大增加了，人物不可缺少，学校和书院也已成为志书必载之内容。宋代方志受到金石学的影响，大多有"碑碣"一门。再者，关于"艺文"的记载，虽尚无证据表明其始于宋代，但隋唐图经均无此内容，而在宋代方志中又陆续出现，无疑佐

---

① （宋）黄岩孙：《仙溪志·跋》，《宋元方志丛刊》，中华书局1990年版。

证了这一门类的出现时间。诸如此类,都足以说明宋代方志的内容已相当完备,形成了后世方志编修的大体内容规模。

从体例上讲,宋代志书的各种体例大多已确定下来,如平列门目体、纲目体、纪传体等。平列门目,又称"无纲多目体""纲目并列体""门目体",是一种第一层次门类较多,诸多门类并列平行而互不统摄的结构方式。宋志以这种体例为主,如《吴郡图经续记》《吴郡志》《嘉泰吴兴志》《嘉泰会稽志》等。这种体例的门类清晰,但一旦分门过多,难免琐碎分散。纲目体又称"分纲列目",其结构方式为全书先列若干大纲,然后每纲再分诸多细目。这种纲目体又分"以事为纲"和"以政区为纲"两种。后者在全国性总志编纂中应用比较普遍,《三山志》《咸淳毗陵志》皆属于这种体例。这种体例纲举目张、条例井然、体例严谨,比平列门目体更有优越性,但纲目之间统属严格,一旦统属不当,会影响志书质量。纪传体是一种特殊的纲目体,仿纪传体史书的体例,以纪、表、志、传等体裁分部类的结构方式。《景定建康志》《绍熙永嘉谱》即属于此。元明清志书,无论从内容还是从体例上看,除了个别志书,基本上是沿袭宋代,并无明显的变化,只是体例更加成熟而已。

综上所述,方志的定型,不唯是志书名称上以"志"为名,在体例和门类上也渐趋完善。定型方志兼有地记和图经的功能,以文字记载为主,内容包括沿革、山川、物产、风俗、艺文、人物、职官、诗文、杂事等,卷首配以疆域、山川等图,历史文献方面的内容与以往相比大为丰富,增加了艺文、姓氏等门类,并因人物而详及官爵及诗文杂事[1]。宋代方志的定型,不仅反映在名称的变化,逐渐趋于统一而称志,而且还体现在内容不断充实和体例的逐渐完善上。

关于宋代方志体例定型的原因,有学者认为有以下几点:一是宋代学术氛围的活跃对方志发展与体例的完善起了很大的推动作用;二

---

[1] 沈松平:《方志发展史》,浙江大学出版社2013年版。

是宋人研究当代史风气盛行,直接推动记人述地再度汇合一体;三是宋元方志作者已注意作志的目的性,促使其大量增加人文方面的内容;四是许多学者参与方志的编修是促使方志逐步形成著述体裁的重要因素[1];五是宋代雕版印刷的普遍使用,推动了志书图经的对外颁行,上下互动促成了方志内容体例的定型。

另外,金代统治者在文化上颇受宋代影响,在编修方志方面仍继续进行,然成书寥寥,且流传至今者甚少。金代州县纂修方志,往往仅成个别官员的私人行为,故而其所撰成之方志种数、卷帙数以及其品质都皆大逊于同时代之南宋,较北宋也有所不及。在古籍著录与征引中还可见到的有:吕贞干《碣石志》、蔡珪《晋阳志》、李余庆《齐记补》等,均佚。李俊民所撰的《泽州图记》保存在明成化版《山西通志》和《庄靖集》中,共1500余字,记述泽州(今山西晋城)及所属县的地理沿革,间载历史大事。

第二节　宋代方志理论

宋元时期并无系统撰述方志理论的著作,但从时人所作的序、跋、修志本末中,对于方志学的某些重要问题皆有所言及,于方志理论建设贡献颇多。主要有以下几个方面。

一　方志的性质和起源

关于方志的性质,宋代有两种看法。一种是认为方志属史。如郑兴裔指出:"郡之有志,犹国之有史,所以察民风、验土俗,使前有所稽,后有所鉴,甚重典也。"[2]他认为方志具有史鉴作用。另一种是方志属地理。如王象之在《舆地纪胜》的序中说:"世之言地理者尚

---

[1]　仓修良:《方志学通论(修订本)》,方志出版社2013年版。
[2]　(宋)郑兴裔:《广陵志·序》,《郑忠肃公奏议遗集》四部丛刊本。

矣，郡县有志，九域有志，寰宇有记，舆地有记。"①

关于方志的起源，不少学者认为是古代地理书的发展，推《禹贡》《山海经》等古代地理书为方志之祖。如朱长文为《吴郡图经续记》作序道："方志之学，先儒所重，故朱赣风俗之条，顾野王舆地之记，贾耽十道之录，称于前史。"② 北宋文学家王存在其所著《元丰九域志》的序言中明确指出，当时编修的志书多是图、志、籍的综括，他写道"臣闻先王建国，所以周知九州封域与其人民之数者，诏地事则有图，诏观事则有志，比生齿则有籍，近世撮其大要，会为一书……"③ 但也有部分志家认为方志属于史书，如李宗谔在《祥符州县图经》中认为"地志起于史官"。马光祖于认为方志的前身是古代舆图，他在《景定建康志》的序中指出："郡有志，即成周职方之所掌，岂徒辨其山林川泽都鄙之名物而已。"④ 持有相似观点的还有董弅（《严州图经·序》）。还有宋代学者以多源的观点阐释方志的起源，如欧阳忞在《舆地广记》的序中提到山经、地志也是方志源头。而元人黄溍则认为方志是古地志和古地图的融合。

宋敏求编有《长安志》20卷，还曾作《河南志》20卷，可惜已经散佚。对这两部方志，司马光曾给予很高的评价。尤其是在《河南志·序》中，司马光写道："近故图阁直学士宋敏求，字次道，演之为《河南》《长安》志。凡其废兴、迁徙，及宫室、城郭、坊市、第舍、县镇、乡里、山川、津梁、亭驿、庙寺、陵墓之名数，与古先之遗迹、人物之俊秀、守令之良能、花卉之殊尤，无不备载。……开编粲然，如指诸掌，其博物之书也。"⑤ 其中论及了方志源流、功用、性质等，称方志为博物之书。此志有辑本传世，为清徐松辑自《永乐大典》，后经缪荃孙校订，误为元志，收入《藕香零拾丛书》。

---

① （宋）王象之：《舆地纪胜》，中华书局1992年影印本。
② （宋）朱长文：《乐圃余稿》卷七《吴郡图经续记·序》。
③ （宋）王存：《元丰九域志·表》，中华书局1984年版，第1页。
④ （宋）马光祖修，周应合纂：《景定建康志》，南京出版社2009年版。
⑤ （宋）司马光：《增广司马温公全集》，广西师范大学出版社2020年版。

二 方志编修的目的和作用

谈及方志作用，宋代的志家普遍认为志书具有教化、资鉴的功用。如乐史在《太平寰宇记·表》中说"万里山河，四方险阻，攻守利害，沿袭根源，伸纸未穷，森然在目，不下堂而知五土，不出户而观万邦，图籍极权，莫先于此。"① 史安之在《剡录·序》中称修志的目的是"历代因革废兴之典，百世可知"。董弅《严州图经·序》云："（方志）使为政者究知风俗利病，师范先贤懿绩；而承学晚生，览之可以辑睦而还旧俗；宦达名流，玩之可以全高风而励名节。"② 马光祖《景定建康志·序》具体阐述方志的作用为："忠孝节义，表人材也；版籍登耗，考民力也；甲兵坚瑕，讨军实也；政教修废，察吏治也；古今是非得失之迹，垂劝鉴也。夫如是然后有补于世。"③ 以补世作为修志目的。

方志具有实际应用价值。地方官赴任之初，要了解当地情况，首先需要找地方志来看。南宋朱熹于淳熙六年（1179年）出知南康军，一到任就要求看郡志。有的官员甚至在赴任途中，便接到当地图经了。北宋真宗时寇准被丁谓陷害，"晚窜海康，至境首，雷吏呈图经，迎拜于道"④。

三 方志编纂原则和方法

南宋著名学者张栻提出，编纂方志应"削去怪妄，订正事实，崇厚风俗，表章人才"⑤。杨潜在其编修的《云间志》序中提出，志书的

---

① （宋）乐史：《太平寰宇记》，中华书局2000年版。
② 陈公亮：《淳熙严州图经》，《宋元方志丛刊》，中华书局2006年版。
③ （宋）马光祖修，周应合纂：《景定建康志·序》，南京出版社2009年版。
④ （宋）文莹撰：《湘山野录》卷上，中华书局1984年版，第9页。
⑤ （宋）马光祖修，周应合纂：《景定修志本末》，《景定建康志》卷首。

取材应"畴诸井里，考诸传记，质诸故老，有据则书，有疑则阙，有讹则辨"①。赵抃《成都古今集记·序》也指出："其间一事一物，皆酌考众书，厘正伪谬，然后落笔。"②他还认为方志编纂无须求全责备，"知之有未至，编之有未及"，不足之处可由后人补充。罗愿《新安志·序》认为，志书叙事应与史书同具《春秋》笔意，"是皆有微旨者，必使涉于学者纂之"③。黄岩孙在其编纂的《仙溪志》跋中提出，修志者对材料应做到"博观约取，诞去实存"；对小序写作应做到"论财赋必以惜民力为本，论山川必以产人杰为重，人物取其前言往行，爵虽穹弗载焉，诗文取其义理法度，否则辞虽工而弗录焉"；在叙事方法上应该"按是非于故实之中，寓劝戒于微言之表，匪但为记事设也"④。

周应合在其编纂的《景定建康志·修志本末》中非常全面地论述了方志编纂的步骤，主要有：一为确定体例。志书分图、表、志、传诸体，仿照史书的体例，"传之后为拾遗，图之后为地名辨。""志中各著事迹，各为考证，而古今记咏，各附于所为作之下，凡图表志传卷首，各为一序。"二为分项修纂。"欲请官十员，招士友数人入局，同共商榷，分项修纂。"三为广泛收集寻访。"凡自古及今，有一事一物，一诗一文，得于记闻，当入图经者，不以早晚，不以多寡，各随所得，批报本局，以凭类聚考订增修……"四为仔细参订。"每卷修成初稿，各以紫袋封传诸幕，悉求是正，其未当与未尽者，请批注行闻，以凭删修次稿，再以紫袋传呈如初。侯定本纳呈钧览，仰求笔削，然后付之锓梓。"⑤

对于如何编纂志书，马光祖主张：一是力主速成，"图志三岁一上，法也。吾再至此，又及三年，将成此书而丐归焉，属笔于子母

---

① （宋）杨潜：《绍熙云间志》，《宋元方志丛刊》，中华书局2006年版。
② 曾枣庄、刘琳主编：《全宋文》第2册，巴蜀书社1992年版，第248页。
③ （宋）罗愿：《淳熙新安志·序》，光绪十四年（1888）黟县李氏刻本。
④ （宋）黄岩孙：《仙溪志》，《宋元方志丛刊》，中华书局1990年版，第9页。
⑤ （宋）王存：《元丰九域志》，中华书局1984年版。

逊"。"速为之，及吾未去以前成书可也。"① 二是提出了补、正、续的要求，"阙者补之，舛者正之，未书者续之"，内容上要求"备前志之所未备"。三是提出对主笔人选之要求，要"博物洽闻，学力充赡"，有修志经验，且"记载有法"，方可"以是属之"。

第三节　元代方志编修

方志编修，经宋代学者大力倡导，渐成风气，方志已列著述之林，从中央政府到地方官员，都将方志编修视为职守之一，视为需要代代相沿的文化传统。元朝这种传统没有中断，继续得到发展。

一　概述

元代受南宋盛修方志之影响，在方志纂修上也取得了相当成就，主要表现为：其一，创修了《元一统志》，为一统志在明清两代的续修打下了基础。其二，为顺利编纂《元一统志》，元朝廷规定各行省编纂本省图志（图册）以备一统志采用，因此各地修志制度遂得建立，初步确立了通志（省志）编修的制度。同时，为保证修志质量，元朝廷颁布纂修图志之凡例。元《秘书监志》卷四即载有元贞二年（1296年）十一月"著作郎呈粘连呈到《大一统志凡例》"、大德五年（1301年）八月颁发"四至八到坊郭体式"② 等，即为当时修撰各地图志所规定之部分体式。由朝廷颁行于全国的这一凡例规定，其意义、影响都十分重大，即在自上而下地推动各地纂修方志的同时，又规范了各方志的体例、内容，以保证所修志书内容之系统翔实。其三，受宋修方志影响，元代所修州县方志不少是对宋志的续修。而这些续志

---

① （宋）马光祖修，周应合纂：《景定建康志·修志本末》，《宋元方志丛刊》，中华书局1990年版。
② （元）王士点撰：《秘书监志》，浙江古籍出版社1992年版。

在保留宋志特色的同时，多有针对宋志不足加以完善、补充者，故而具有很高的文献价值。其四，随着修志活动的发展，元人对记述一地政治、经济、山川、物产、文化、人物、风俗民情等情况的方志的文献价值、教化功用等，也有了更为自觉的认识。其五，南宋朝廷偏安一隅，所修方志多见于两江湖广一带，而元代的疆域十分辽阔，全国各地广修方志，连边缘省份也不例外，一改前朝局面。其六，元代体例多因袭宋志，但亦有所发展，其中比较有代表性的是"平列门目体""正史体""书典体"和"简志体"，分别以《至元嘉禾志》《至正金陵新志》《延祐四明志》《至正昆山郡志》为代表。由此可见，元代方志在中国方志发展史上起着承前启后的重要作用，影响了明清两代的方志编修。

不过，从现有材料来看，元代的方志编修在内容、体例、形式等诸多方面都还是以沿袭宋制为主，变化并不大，只是在体例上有所完善，进一步发展成熟。据黄苇统计，元代所修方志数量，现在尚能知其名者有170种之多，其中称志的有137种。[①] 方志上升到主要地位，图经式微，全面完成从图经到方志的过渡，做到了名实相符。

二　一统志的编修

元世祖忽必烈建立元朝后，为了颂赞一统之盛，更好掌握全国的形势，显示国威，至元二十三年（1286年），元世祖采纳集贤大学士行秘书监事札马剌丁的建议，命其与秘书少监虞应龙等，收集资料纂修元大一统志。五年后，于至元二十八年（1291年）成书，共755卷，名《元一统志》。该志编纂过程中广泛取材，不仅有全国性区域志，如唐代的《元和郡县图志》、宋代的《元丰九域志》《太平寰宇记》《舆地纪胜》等，还明确要求各行省必须编纂好当地的图志，以

[①] 仓修良：《方志学通论（修订本）》，方志出版社2013年版。

便大一统志编纂时采用。元朝统治者的督促编修，使全国南北修志之风皆盛。

后来，由于征集到《云南图志》《甘肃图志》和《辽阳图志》，元成宗于大德（1297—1307年）初年，根据集贤待制赵忭的奏请，命虞应龙等续修总志，并于大德七年（1303年）完稿，增为1300卷，缮写成600册，由集贤大学士孛兰肹和昭文馆大学士、秘书监岳铉奏进。书成后，藏于秘府。顺帝至正六年（1346年），中书右丞相别儿怯不花等奏请刻印，始有刻版刊行。现存有元代大德年间刻本残页两种，版心有《元一统志》字样，可据此了解该书的刻本情况。该书在明《永乐大典》中多被引录，明代《文渊阁书目》尚著录有《元一统志》两部，其中一部与大德七年（1303年）本册数相同，说明明初全书尚存。至清朝编修《四库全书》时，该书已经散佚不全了。

《元一统志》综合了唐代、宋代和金代的旧志体例，以元代的中书省及11个行省为纲，其下宣慰司辖路，路辖府州县，其内容包括建置沿革、坊郭乡镇、山川土产、风俗古迹、宦迹人物等诸多门类。该志所引资料，江南各行省大多取材自《舆地纪胜》等宋代旧志，北方各行省则多取材于《元和郡县图志》《太平寰宇记》和金代、元代旧志。其内容广泛丰富，包罗详备，设类也较前代总志更为全备。元文宗至顺元年（1330年）始修、次年纂成的《经世大典》，其"都邑"等目即以该书为据。《大明一统志》也曾以该书为蓝本。《元一统志》所引旧志，多已不传，因而具有较高的史料价值。

许有壬在《元一统志序》中写道："是书之行，非以资口耳博洽也。垂之万世，知祖宗创业之艰难；播之巨庶，知生长一统之世，邦有道谷，各尽其职；于变时雍，各尽其力，上下相维，以持一统。我国家无疆之休，岂特万世而已哉！"这是对方志作用的充分论述。此志网罗极为详备，"诚可云宇宙之巨观，堪舆之宏制矣"①，史料价值较高，在编纂全国总志的历史上占有重要地位，历来受到学者们的重视。

元代修《元一统志》，为明清两代编修一统志开创了先例。由于其纂修需要取材于地方志书，从而促使了全国普遍编修志书局面的形成。为纂修《元一统志》，皇帝屡颁诏书，政府频行文移。因为先前兵部所掌"郡邑图志，俱各不完，近年以来，随路京府州县多有更改，及各行省所辖地面，在先未曾取会"②，中书省于元世祖至元二十二年（1285年）"开坐沿革等事，移咨各省，并札付兵部，遍行取勘"③，这实际是在全国范围内发动修志工作。元代以创修《元一统志》为标志，征缴疆域范围内各地图志，规范了全国区域总志的编修体例，开启了由中央政府组织编修一统志的先河，在方志发展史上留下了元代独有的特色。

三 元代方志经典

《元混一方舆胜览》 元人仿照南宋祝穆《方舆胜览》的体例，

---

① （清）吴骞：《愚古文存》卷4，《元大一统志残本跋》，民国十一年（1922年）上海博古斋出版吴骞辑《释经楼丛书》影印本。
② （元）王士点撰：《秘书监志》卷4，浙江古籍出版社1992年版，第72页。
③ （元）王士点撰：《秘书监志》卷4，浙江古籍出版社1992年版。

于元世祖时期，刊印了《元混一方舆胜览》三卷，其中含有地理和人物两方面。该书对山川、地理、沿革以及人物等基本情况皆有记载，具有一定的史料价值。

《九域志》与《舆地图》 元成宗大德元年（1297年），地理学家朱思本纂成《九域志》80卷、《舆地图》2卷。这是图、志各自为书的姊妹篇。其中，《舆地图》用"计里画方法"绘制，内容翔实可靠，曾是元、明及清初各代绘制全国总图的主要范本，对地图学贡献极大。阮元称"计里开方之法，至思本而始备"①。《九域志》以《禹贡》九州为纲，把元代的省府州县分隶《禹贡》九州，分叙省、府、州县的位置、疆域、建置沿革，是一部全国性总志。

《旌德县志》 大德二年（1298年），著名农学专家王祯用自行创制的木活字印刷在安徽旌德县知县任上纂修的《旌德县志》，此为我国木活字印刷之始，也是中国方志史上第一部以木活字印刷的地方志书。该书虽已失传，但作为迄今所知最早的木活字本，在方志史和印刷史上均具有重要意义。

《云南志略》 大德五年（1301年），元将领李京编集《云南志略》。书中不仅记载山川、陁塞、人物、土产、风俗等内容，还总结了历代治理云南的经验教训。该志是现知元代全国首先出现的两种省志之一，也是云南地方志书中最早的一部。

四　现存元代方志

元代方志大多散佚，现在能见到的有16种，其中图志1种，志图1种，由此可见图经编修的日趋衰微，已为定型方志所取代。现对元代现存方志略作介绍。

《至元嘉禾志》 由单庆修、徐硕编纂而成，共32卷。该志最大

---

① （清）阮元：《广东通志》，商务印书馆1934年影印本。

特点是收录了很多历代碑碣，其中许多是宋代欧阳修《集古录》、赵明诚《金石录》所未著录的。

《齐乘》 由地理学家于钦编纂而成，共6卷，元世祖至正年间刊行。该志只载地理、人物，而于经济、典章、文化诸方面皆付之阙如。该志在地理学上的贡献，历来为地理学者所称道。它既是元代著名方志，也是山东流传下来的唯一一部明朝以前的志书。

《延祐四明志》与《四明续志》 前者由元代学官袁桷于延祐年间撰成，全志20卷。全书十二考，大大充实了人文方面的内容，更多地体现了其史的性质与价值。门类上，该志除传统的门类，新增了"学校""释道""集古"三目。此外，该书还有一特点，就是每考之前都冠以小序一篇，简述该考所记内容之概况。"每考各系小序，义理谨严，考证精审，而辞尚体要，绰有良史风裁。"①

至正二年（1342年），王元恭修，王存孙、徐亮纂《四明续志》12卷，亦被视作元代名志。沿用旧体，内容增延祐以后事，并新设"土产"一门，较前志更为赅备。

《至正重修琴川志》 至正二十三年（1363年），卢镇续纂《琴川

---

① （清）周中孚：《郑堂读书记补逸》卷12，《史部·地理类二》，商务印书馆1940年版。

志》，共15卷。戴良在该志序言中引用卢镇对方志源流的论述，认为"古者郡国有图，风土有记，所以备一方之记载。今之志书，即古之图记也"，将"备一方之记载"的先世图经、地记，归属为后世方志一类。

《金陵新志》 由张铉编修，至正年间修成，共15卷。该志作为史料，具有较高的研究价值，其体例仿照纪传正史，分为图、通纪、世表年表、志、谱、列传等大类，内容详尽，编排清晰，篇目合理。张铉在"修志本末"中详细阐发了方志源流、内容、作用以及编纂原则等，虽多遵循《景定建康志》，但其所论较有系统，为元代方志理论中的经典。

《析津志》 熊梦祥所撰，约成书于至正二十四年（1364年），又称《析津志典》或《燕京记》，是元代记述北京及腹里地区地理和历史的一部志书。此书规模甚大，资料翔实，很多资料弥足珍贵，书中将菜志列入专志之中，把蔬菜和野蔬放在如此重要位置，在旧志中非常少见。

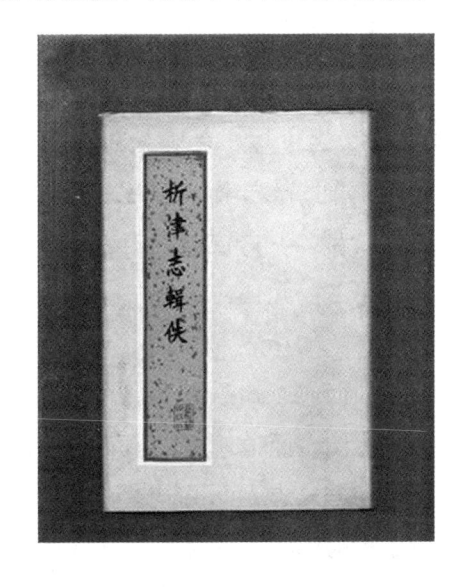

《至正昆山郡志》 文学家杨维桢所撰，共6卷。作者在序中论述了方志的性质、作用，并对主修者提出严格要求，提出应具"太史氏之才"。

《类编长安志》 方志学家骆天骧所撰，共10卷。作者在序中详述志书编纂的方法和原则。

第四节 元代方志理论

元人修志，不仅承宋人之盛，且在修志理论上也有所贡献。当时虽无方志理论专著，但其修志理论主张多见于各家志书序文及修志本末等文献。他们就方志源流、性质、内容、目的、作用、资料、编纂原则和方法等方面进行了广泛论述。

第一，元代志家主张方志与史书同义，这种观点在当时已广为流行，现存的元志序跋中多有提及。杨维桢在《至正昆山郡志》序中称："余谓金匮之编，一国之史也；图经，一郡之史也。士不出门，而知天下之山川疆理、君臣政治，要荒蛮貊之外，类由国史之信也；不入提封，而知人民、城社、田租、土贡、风俗异同、户口多寡之差，由郡史之信也。"杨维桢论述了方志的性质作用，并认为主修者应具"太史氏之才"。[①] 郭晦从志属史体的观念出发，在《至元嘉禾志》序中称："图志之书，古史之笔也。"[②] 杨敬德考察国史与方志的关系，提出"郡乘，古侯国之史也。"[③]

第二，元代志家进一步认识到方志起源众多，不一而足。黄溍《东郡志》序说："昔之言地理者，有图有志，图以知山川形势，地之所生；而志以知语言土俗，博古久远之事。是以成周之制，职方氏掌天下之图，而道地图以诏王者，有土训之官焉；小史掌邦国之志，外史掌四方之志，而道方志以诏王者，有诵训之官焉。"[④] 黄溍认为方志源于古时图、志的合流，它既是记载山川地理之书，又为《周官》中的史官所掌握。这一认识进一步明确化了宋代司马光溯源方志于《周官》职方、土训、诵训之执掌的观点。戴良在《重修琴川志·序》中指出："古者，郡国有图，风土有记，所以备一方之纪载，今之志书，即古之图记也，其可废乎哉?"[⑤] 他认为志书源于古代的图记，其重要性不言而喻。而杨升云则将志书归为舆图、史书的综合，他在《瑞阳

---

① （元）杨维桢：《至正昆山郡志·序》，《宋元珍稀地方志丛刊》，四川大学出版社2009年版。
② （元）郭晦：《至元嘉禾志·序》，中华书局1990年版。
③ （元）杨敬德：《赤城元统志·序》，《（雍正）浙江通志》卷263，文渊阁四库全书本。
④ （元）黄溍：《东郡志·序》，《黄学士文集》卷16。
⑤ 戴良：《重修琴川志·序》，《宋元方志丛刊》，中华书局1990年版。

志·序》中提道："为图于首，则职方氏之遗意也；列志于后，则班孟坚之家法也。"① 职方氏掌管疆域图册和四方职贡，班固修撰《汉书》，开创纪传体断代史先河，而志书融合了二者体例。张铉所撰《至正金陵新志》中提道，"古者诸侯置史以纪国政，采诗以观民风"②，方才有了之后的《史记》《国风》等作品，作者认为后世各个州郡编修志书，其目的也是延续这种传统。

第三，元代志家进一步认识到志书的重要性，认为它是教化之书、治理之书、传承之书。杨敬德在《赤城元统志·序》中云："明版籍，任土贯，而取民有制矣；诠人物，崇义节，以彰劝惩，而教化可明矣。"③ 欧阳玄在《铃冈续志·序》中指出："郡县之图志，何为而作也？国有贤守令，犹家有贤子孙，守令保图志以治分地，子孙保关券以治分业，能治其所有，即为贤矣。"④ 而许有壬在《大一统志·序》中则这样论述方志功用："垂之万世，知祖宗创业之艰难""应上下相维以持一统"。⑤ 黄溍在《东郡志·序》中指出，方志"所记人才消长，风俗盛衰，上可以明教化之得失，而裨益乎治道，古今文华事实之故，下可以俟采录而垂之无穷，岂托于空言以为著述者可同日"。许汝霖在《嵊志·序》中则提出方志应是"垂则后世，启览者之心，使知古今得失之归"⑥。由此可见，元代志家对方志的资政教化功用有了进一步认识。

第四，元代志家在编修方志的过程中，产生了许多关于方志编纂方法的创见。比如张铉所撰《至正金陵新志》，在该志的"修志本末"中，作者除了以大量篇幅阐述该志体例外，还阐明了志书源流、内容、作用以及编纂原则。该志认为志书编纂原则包括确定志书体例、时间

---

① 杨升云：《瑞阳志·序》，见《正德瑞州府志》旧序。
② 《至正金陵新志》，《宋元方志丛刊》，中华书局1990年版。
③ 《赤城元统志·序》，《（雍正）浙江通志》，文渊阁四库全书本。
④ （元）欧阳玄：《延祐铃冈续志·序》，《圭斋集》卷7。
⑤ 《大一统志·序》，中华书局1966年版。
⑥ 《嵊志·序》，见《康熙嵊县志》旧序。

断限和编纂方法,指出志书有图有文的特点,认为志书要具备史义,于表志诸篇加叙文以明为作之意;强调人物志要"善恶毕书",传末例有论赞。对于续修方志,张铉采取"前志所详,今志皆略,前志已书,今则不录"的方法,比如前志已入官署姓名,那么续志就不再录入。冯福京在《大德昌国州图志》序中认为,修志目的在于"备天子史官之采录",其内容必须"关于风教""系于钱谷""发乎性情""根于义理"。①

黄潽《东郡志》序认为,志书举凡"官府之建置,人材之登用,风俗之趋向,户口之名数,贡赋之品目"等皆应悉载无疑,至于地理沿革、疆域变迁、山川形势、语言土俗、故闻旧事,则更不待言。记载时应遵循不繁不冗、无舛无误的原则,强调以类相从,首图次志,附以辨证。

骆天骧在《类编长安志》引中详述志书编纂的具体方法:一要游历登览,耳闻目睹,目见心熟;二要每有阙疑,再三请问,必究其实;三要对旧志撮其枢要,剪去繁芜;四要重视历代府郡州县沿革,详考诸书,百家传记;五要门分类聚;六要罗致古今碑刻、名贤诗文;七要采访鸿儒故老,将其传授之事增添到志中。

---

① (元)冯福京修,郭孝纂:《大德昌国州图志》,《宋元方志丛刊》,中华书局1990年版。

第三章　方志发展

明清时期,方志编修日益制度化。朝廷多次颁布修志诏谕,设立专门机构,制定统一凡例。永乐十年(1412年)颁布的《修志凡例》,即为我国最早颁布的志书编纂法令。方志体例更趋完善、种类更加丰富,出现了"天下郡县莫不有志"的盛况。除明代修有《大明一统志》外,清代还组织编修了康熙、乾隆、嘉庆三部一统志。据统计,在我国现存历代方志中,仅清代方志就约占70%。清代方志大家辈出,其中,清代史学家章学诚等人初步建立了"方志学"。

第一节　明代方志编修

明朝建立后,政府重视方志编修,明太祖朱元璋诏令天下编纂志书,洪武三年(1370年),命儒臣魏俊民、黄篪、刘俨等人"编类天下州郡地理形势,降附颠末"①,着手编修《大明志书》。该书作为明朝编纂的第一部全国地理总志,其范围包括12个行省、120个府、108个州、887个县、3个按抚司和1个长官司,记述的疆域东至大海,西至临洮,南至琼崖,北至北平。然而,此书散佚,具体细节无从考证。

此后,明太祖多次下诏收集资料,准备编修志书。其中,洪武六

---

① 《明史》卷97,艺文志,中华书局2015年版。

年（1373年），"令有司绘上山川险易图"①。洪武十六年（1383年），"诏天下都司上卫所、城池、地理、山川、关津、亭堠、陆路、水道、仓库"②。洪武十七年（1384年），再"令朝觐官上土地人民图"③。然而，洪武年间志书编修成书的不多。其中，《大明清类天文分野书》于洪武十七年（1384年）编成，共24卷，但其内容仅有各个郡县的建置及历史沿革；《寰宇通衢》于洪武二十七年（1394年）纂成，仅1卷，专记全国道路驿程。

明成祖朱棣继位后，继续推动各级志书编修。专门于永乐十年（1412年）颁布《修志凡例》，包括建置沿革、分野、疆域、城池、里至、山川、坊廓、乡镇、土产、贡赋、风俗、形势、户口、学校、军卫、廨舍、寺观、祠庙、桥梁、宦绩、人物、仙释、杂志、诗文24门及其编修原则。此凡例是最早由朝廷颁布的修志凡例，收录在《寿昌县志》（明·嘉靖）卷首。永乐十六年（1418年），再次颁降《纂修志书凡例》21则26门，内容与永乐十年的《修志凡例》内容相近，收录在（明·正德）《莘县志》卷首。两则凡例的颁布，对于推动和指导全国修志发挥了重要作用，从此诸府、州、县志书"悉依今降条例书之"，或稍作变通。永乐十六年，明成祖颁诏，"纂修天下郡县志书，命行在户部尚书夏吉，翰林院学士兼右春坊右庶子杨荣、右春坊右谕德金幼孜总之，仍命礼部遣使，遍诣郡县，博采事迹及旧志"④。

明代宗景泰七年（1456年），陈循、彭时、高谷等奉命编修的《寰宇通志》成书。该书仿照宋代祝穆《方舆胜览》的体例，依照两京、13布政司次序，分别记述建置沿革、郡名、山川、形势、风俗、土产、城池、祀典、山陵、宫殿、宗庙等，共计38门119卷。但因该

---

① 郑晓：《今言》卷1，中华书局1984年版。
② 郑晓：《今言》卷1，中华书局1984年版。
③ 郑晓：《今言》卷1，中华书局1984年版。
④ 《明太祖实录》，台湾"中央研究院"校勘，台北"中央研究院"历史语言研究所1962年版，第2089页。

志"繁简失当"①，流传不广。

天顺二年（1458年），明英宗复辟后，复命吏部尚书兼翰林院学士李贤等人依照《大元大一统志》的体例，编修《大明一统志》。该志于天顺五年（1461年）终于成书，凡90卷。该志也以天顺年间两京、13布政使司行政区划为次序，每府、州、县分记建置沿革、郡名、形胜、风俗、山川、土产、公署、学校、书院、宫室、关梁、寺观、祠庙、陵墓、古迹、名宦、流寓、列女、仙释，共计19门。此外，书后还附有"外夷"，用以记述周围国家。

为服务于一统志等总志的编修，朝廷要求各地呈送图经、方志，以备编纂。从明太祖朱元璋时期的"编类天下州郡地理形势"，到明成祖朱棣时期的"诏纂修天下郡县志书"，各种总志，特别是一统志的编修，直接推动了地方各级志书的编修。而到了明景帝时期，朝廷"敕天下郡县纂辑志书"，以编纂《寰宇通志》。根据《江阴县志》旧序记载，明孝宗弘治十一年（1498年）和明武宗正德十五年（1520

---

① （清）龙文彬撰：《明会要》卷26，中华书局1956年点校本。

年）这两年，朝廷又两次下令"遍征天下郡邑志书"，由此推测明朝有很多州县志书历经了五六次编修，出现了"郡邑莫不有志"的盛况。

在朝廷的直接推动之下，各地纷纷编修志书，据统计，明朝修志3473种。以当前的行政区划统计，北京55种，上海32种，天津13种，河北275种，山西217种，辽宁8种，陕西172种，甘肃45种，宁夏11种，青海1种，山东273种，江苏232种，浙江348种，安徽227种，江西229种，福建200种，湖北202种，湖南168种，河南271种，广东194种，广西67种，四川85种，贵州66种，云南80种。其中浙江、河北、山东、江苏等传统经济文化较发达地区修志明显为多。以朝代计（有年号可考的），洪武287种，永乐64种，洪熙1种，宣德23种，正统39种，景泰48种，天顺31种，成化147种，弘治183种，正德178种，嘉靖702种，隆庆91种，万历919种，泰昌1种，天启68种，崇祯198种，年代不明的有498种，显然洪武、嘉靖、万历年间纂修为众。① 据此可知，明朝已经形成了"天下自国史外，郡邑莫不有志"② 的局面。不过，明朝修成的志书虽数量极为可观，但流传至今的大约仅有1014种，约占明志总数的29%。③

明朝除总志、府州志和县镇志外，还创修了通志和边关卫所志、土司志等各类志书，方志类型进一步发展。除两京直隶区外，13个布政使司也均有志书，最早为洪武十五年（1382年）编成的《云南志》。但是各省志书名称不一，以名通志者居多。除通志外，还有"大志""大记""总志""图经""书"等，如两部《江西省大志》《万历闽大记》《万历粤大记》《成化河南总志》《万历湖广总志》、三部《四川总志》《嘉靖湖广图经志书》《万历闽书》等。有的省区多次编修志书，其中云南、广西、贵州、四川、河南、陕西等省通志纂

---

① 巴兆祥：《论明代方志的数量与修志制度》，《中国地方志》2004年第4期。
② 张邦政：《（万历）满城县志·序》，参见《（乾隆）满城县志》。
③ 巴兆祥：《论明代方志的数量与修志制度》，《中国地方志》2004年第4期。

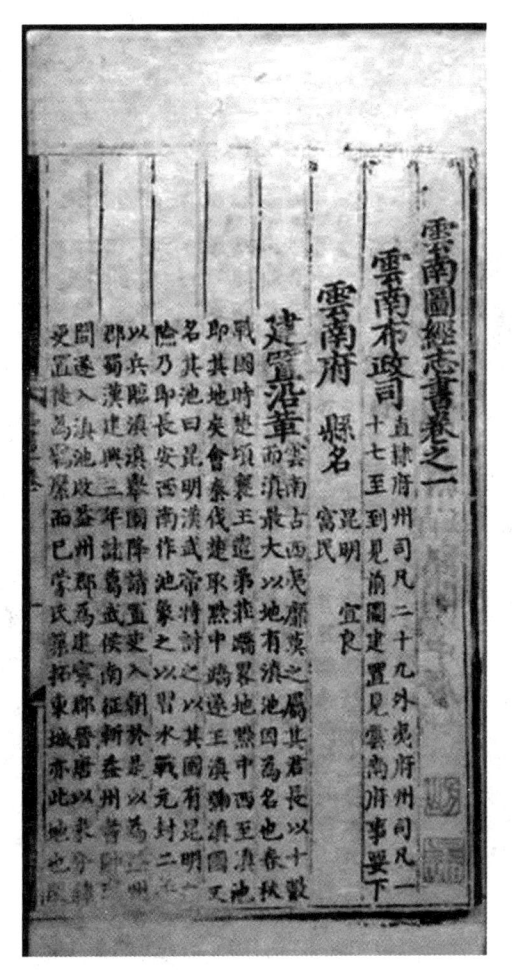

修均在五次以上。据《中国地方志联合目录》统计，现存明代省志共计39种。[①]

明朝与北方少数民族政权的关系长期处于紧张状态。为加强边防安全，明朝廷在北方设置了辽东、宣府、大同、延绥、宁夏、甘肃、太原、固原、蓟州九个军事重镇。在一些边关卫所官员主持下，各类边志、关志、卫志、镇志等纷纷涌现，如毕恭纂修《辽东志》、詹荣纂修《山海关志》、郑汝璧纂修《延绥镇志》、孙世芳纂修《宣府镇

[①] 巴兆祥：《论明代方志的数量与修志制度》，《中国地方志》2004年第4期。

志》、魏焕纂修《九边考》、刘效祖纂修《四镇三关志》等。其中，《山海关志》共计五修，詹荣所纂关志分为地理、关隘、建置、官师、田赋、人物、祠祀、选举等门。

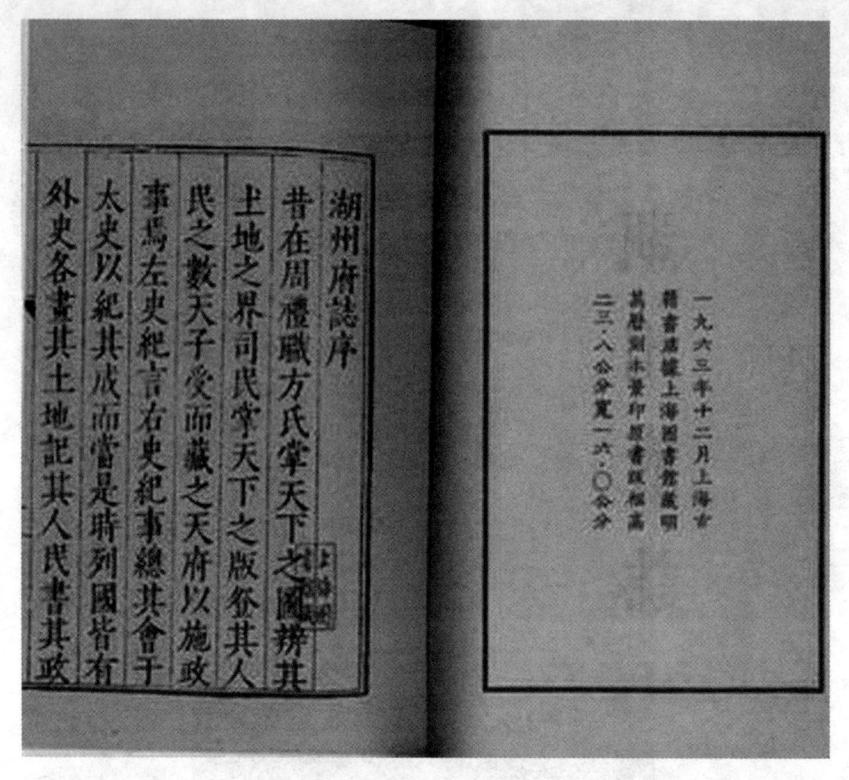

明朝所修志书并不拘泥于旧例成规，其所设体例门目，多有变化。如《嘉靖建阳县志》于艺文之外，更立"图书"一目，以彰建邑书坊之盛；《万历嘉兴府志》于方伎之外，别立"医药"一门。此外，明朝还出现了"三宝体"，即以《孟子》所云"诸侯之宝三：土地、人民、政事"① 为宗旨设置类目的方志。如《湖州府志》（明·万历）全书分为土地、政事、人民三志；《广平县志》（明·万历）则分为土地、人民、政事、文献四篇；《武宁县志》（明·嘉靖）全书分为舆地、官政、人物、杂志四类。

---

① 《孟子译注下·尽心下》，中华书局1960年版，第335页。

第二节　明代方志理论

明朝志书数量远超前代,体现了统治者的高度重视。其志书体例日趋完备,内容大为丰富,资料多有可征价值。但总体编纂水平与理论探讨缺少建树,没有突破性进展。对文字篇幅过于疏简的《朝邑志》《武功志》等志书,后世学者虽多有推崇,但文字过少,造成所记难以详明,往往也为后人诟病。

明朝志书的另一个不足是成书多很仓促,篇目设置冗杂,史实考订不足,所以往往质量不高。如《大明一统志》,虽沿袭《元大一统志》的体例,但规模却难与《元大一统志》相比,仅90卷,约为《元大一统志》的十五分之一。该书纂修仓促,参者杂冗,舛误讹错迭出,甚至遗漏户口、田赋、官制等要项,常为后人诟病。《四库全书总目提要》对其评价是"舛错抵牾,疏谬尤甚"。明朝志书编修水平之所以难以超越前代,不如人意,与其缺少方志评论、没有重要理论建树有关。

明人修志对志书的性质、起源、社会作用、志书体例、内容设置、编纂方法等问题有所探讨,虽然其中也产生了不少颇有见解的史志名家,但这些人的观点见解多体现在志书的序跋之内,只是点论优略长短而已,缺少深层次的理论阐述与论证,更遑论出现影响巨大的理论著述。以下介绍几位明代的史志名家。

康海　陕西武功县人,弘治壬戌进士,授翰林编修,曾主持《武功县志》(明·正德)的编修。该书虽体例精严,但内容过于简疏,由是成为大弊。不仅沿革阙文,更缺图绘,所以简而无当,使其价值大损,后人历来对该志的评价都是褒贬不一。

关于志书编纂,他在《邠州志·序》中说:"夫志者,史之余也。史者,信之诚也。"不仅指出志乃史流,更强调记述内容乃属信史。而在《武功县志》中又说:"夫志者,记也。记其地理、风俗、人物之事也。""又田则又赋，有身则有役。田赋之政，国所重焉。"他还在《朝邑县志·序》中说："夫志者，记也。记其风土、文献之事与官乎史地者。"即志书不仅要记山川地要、政区沿革，也要记有关社会历史的内容。

康海还提出"疑者阙焉"的记述原则，反对随意揣测、无端臆断的做法，提倡史笔足信。这些修志方法值得发扬。

吕楠 陕西高陵人，正德年间进士，官至太仆寺少卿、礼部右侍郎，一生著述颇多。他曾撰《解州志》和《阳武县志》（明·嘉靖），并为《阳武县志》《武功县志》《蓟州志》《陕西通志》《朝邑志》作序。吕楠认为方志应具有思古、征今、开来的资治、教化功能，其内容顺序应先列地理，次建置、祠祀、田赋、户口、风俗、官师、人物、选举等。方志的内容要关于民生厉害，记述出而有据，约而不漏。

王九思 陕西鄠邑人，弘治年间进士，授翰林院检讨、吏部文选司主事。他的著述颇丰，撰有《鄠县志》（明·嘉靖），并为《陕西通志》与《高陵县志》（明·嘉靖）作序。他在这些序言中论及自己对方志编纂的有关理论观点。王九思认为方志可以鉴往知来，即"前人者，后人之鉴也。"为此，他主张要不断编修地方志，并不断总结。方志之所以能编纂成书，应有以下几个条件：一是人才辈出，注重培养地方人才。二是朝廷要"好施善政"，热心修志事业，"乡无名贤则文献不兴，邑乏善令，则政教不立"。他主张志书应"言约而尽""事核而彰""议论允而确"，具有太史笔法。

王世贞 江苏太仓人，嘉靖年间进士，官至刑部尚书，多有著述，尝为《通州志》（明·万历）作序。他对方志的性质、撰写方法都有很精到的论述。王世贞认为"今志，犹古史也"。对于史与志两者的区别，他说"古史之失在略，而今志之得在详""古史之得在直，而今志之失在谀"。关于志书的编纂方法，他主张志书立纲要博采精辩，文辞宜瑰丽。这些观点对现代修志多有借鉴作用。

第三章　方志发展

焦竑　江苏江宁人，万历年间进士，官至翰林院修撰，多有著述传世，曾为《上元县志》《献花岩志》（明·万历）作序。他认为方志具有"备考览，存法式"的作用，为地方官吏提供地情参考，如果能统合古今，无所不载，就可以做到"数百里之内，二千载之间，其事可按书而得矣"。他强调编纂志书时，户口登耗、赋役省繁、财费缩赢、吏治良窳、人才实虚、物力富贫、民俗醇薄都应备载无遗。这些观点非常实用。

李东阳　湖广茶陵（今湖南茶陵）人，天顺年间进士，官至文渊阁大学士、内阁首辅，有《怀麓堂集》传世。他在《嘉靖许州志·序》中阐述了自己对地方志的观点认识。他认为"大则史，小则志，兼行而互证"，主张修志者也必须具备"史家三长"——刘知几提出的史才、史学、史识。地方官必须致力于修志之举，"志者，非其土之吏莫能知，且其得为也"。李东阳主张志书记载应该"详且实""天下之政，在实不在文"。挂一漏万、藻饰附会，对志书反伤其实。

冯梦龙　苏州长洲县人，崇祯年间贡生，官福建寿宁知县，善诗文，曾修撰《寿宁待志》（明·崇祯）。他在《寿宁待志·旧志考误》中阐述了对如何编纂志书的看法。冯梦龙主张直载其事，稍删赞美，纲目所列都应从具体情况出发。他在编纂时《寿宁县志》共设置了28个栏目，皆体现了实事求是的态度。他认为修志应略旧所存、详旧所阙，这一观点对后世方志编修具有借鉴作用。

明朝方志理论有所发展，主要体现在：一是大多数人认为，方志属史。龚用卿在《重刊辽东志书·序》中指出："志，纪也。纪其事以为鉴，史之流也。天下之有志，犹国之有史。国有史而褒贬劝惩之法明，天下有志而得失鉴戒之义彰。其信今而传后，一也。虽谓之史，可矣。"[1]杨一清在《九江志》（明·嘉靖）序中称："国有史，郡有

---

[1] （明）任洛等纂修：《辽东志》，明嘉靖十六年（1537年）重修刻本。

志。志以述事，事以藏往，藏往以知来，故文献足征焉，劝戒不惑焉。夫志，史之翼也。"① 二是对志书编修的指导思想多有论述，认为志书应当明辨是非，义正事核。李维桢在《高平县志·序》（明·万历）中提出了志书的"三善"标准："美哉志也，具三善焉：无所矜以眩长，故辞赡而约；无所隐以逃名，故事备而核；无所谀以行媚，故义正而严。可以言述，亦可以言作，可以言志，亦可以言史。"②《抚州府志·序》（明·弘治）中提出，志书应"纪载核而不浮，明而不晦，直而辨，公而理。由今而古，古无遗；由今而后，后有征"。③《彰德府志·序》（明·万历）中提出，志书要"纪载欲实，实则信；去取则直，直则公；闻见欲博，博则赅；文词欲工，工则传"。④ 张嘉谟在《隰州志·序》（明·万历）中归纳修志有"四不"，即"不藻思以饰丽，不逸气以眩华，不虚誉以求奇，不妄削以没善"。⑤ 吕怀在《永丰县志·序》（明·嘉靖）中提出志书"四贵""七不书"的原则。"四贵"是指"贵公也，而不欲滥；贵精也，而不欲逸；贵文也，而不欲虚；贵序也，而不欲便"；"七不书"是指"言非史册传记，不书；文非名贤金石，不书；非郡乘所载记，不书；非耳目显者，不书；非出山氓故老、缙绅贤者公论，不书；荒唐不书；疑似不书"。⑥

第三节　清代方志编修

清朝不仅继承了历代修志传统，并发扬光大，志书编纂不断，无论数量还是质量都超越前代。

清朝入关以后，为了解各地情形，制定施政之策，各地陆续开始

---

① 九江市史志办编注：《九江府志》（明·嘉靖点校本），中州古籍出版社2019年版。
② 黄燕生：《明代的地方志》，《史学史研究》1989年第4期。
③ 黄燕生：《明代的地方志》，《史学史研究》1989年第4期。
④ 黄燕生：《明代的地方志》，《史学史研究》1989年第4期。
⑤ 黄燕生：《明代的地方志》，《史学史研究》1989年第4期。
⑥ （明）吕怀：《永丰县志·序》，天一阁藏明代方志选刊。

编修方志。顺治一朝，河南、江南、陕西、江西等省修志较多，其中以贾汉复主持编修的《河南通志》影响最为深刻。该志采用平列门目体，共计50卷，成书于顺治十七年（1660年）。全书分为图考、建置沿革、星野（祥异附）、疆域（形势附）、山川（关津、桥梁附）、风俗、城池（兵御附）、河防、封建、户口、田赋、物产、职官、公署、学校（贡院书院附）、选举（武勋附）、祠祀、陵墓、古迹（寺观附）、帝王（后妃附）、名宦、人物、孝义、烈女、流寓、隐逸、仙释、方伎、艺文、杂辨（备遗附）30门。该书的编修为各省通志的编纂树立了样板。顺治一朝，全国共计编修成书约计200种。①

清代是我国统一多民族国家继续发展时期。在此背景下，继元、明两代编修一统志之后，清朝自康熙二十五年（1686年）开始，经雍正、乾隆、嘉庆、道光朝，至道光二十二年（1842年），历时157年编修完成《大清一统志》，前前后后共组织三次。

第一次编修是由朝廷设立一统志馆，自康熙二十五年（1686年）开始，由陈廷敬、徐乾学负责纂修，共设总裁七人、副总裁六人、纂修官20人。到了雍正十一年（1733年）八月，朝廷任命方苞为总裁、陈德华为副总裁，继续主持编纂工作。第一次编修工作持续到乾隆八年（1743年），方才全部完成，历时57年，共342卷。该书的编排次序为：首京师，次直隶、盛京、江苏、安徽、山西、山东、河南、陕西、甘肃、浙江、江西、湖北、湖南、四川、福建、广东、广西、云南、贵州，外藩及朝贡诸国则附录于后。其内容除京师外，每省均先立统部，冠以图、表，首分野，次建置沿革、形势、职官、户口、田赋、名宦。省以下各府和直隶州同样冠以图、表，下分分野、次建置沿革、形势、风俗、城池、学校、户口、田赋、山川、古迹、关隘、津梁、堤堰、陵墓、寺观、名宦、人物、流寓、列女、仙释、土产21门。

---

① 庄威凤：《中国地方志联合目录的特点及存在问题》，《中国地方志通讯》1984年第2期。

上篇　历代方志编修

　　第二次编修是从乾隆二十九年（1764年）开始。乾隆前期，清朝版图进一步扩大，各地的政区、赋税、人口等都发生了不同程度的变化，因此乾隆帝下令续修一统志。续修由领侍卫内大臣、文华殿大学士和珅主持，至乾隆四十九年（1784年）完成，共计424卷，合算子卷共计500卷，并将其收入《四库全书》之中，定名为《钦定大清一统志》。

　　第三次编修自嘉庆十六年（1811年）开始，当年和道光十六年（1836年）两次奉命重修一统志，直至道光二十二年（1842年）才宣告完成，全书共计560卷。因该书所记内容截止嘉庆二十五年（1820年），所以被称为《嘉庆重修一统志》。重修由国史馆总裁、大学士穆彰阿主持。该书"自京师以下，每省有统部，总叙一省大要。各府、厅、直隶州自有分卷，凡所属之县入焉。蒙古各藩统部，分卷悉照各省体例"。[①] 内容编排次序同前两次编修。

　　一统志的编修，直接带动了通志、府志、县志等各级志书的编修，

---

① 嘉庆敕撰：《嘉庆重修一统志》凡例，上海书店出版社1984年版。

第三章 方志发展

使得清朝达到了我国传统社会志书编修的顶峰。康熙十一年（1672年），保和殿大学士卫周祚奏准，命直省各督抚聘集宿儒名贤，接古续今，纂辑通志，以备编修《大清一统志》之用。康熙二十二年（1683年），康熙帝再命礼部檄催天下各省编修通志，并限三个月成书。在朝廷的督促下，自康熙十年（1671年）至五十九年（1720年），清朝所辖直隶及15省都陆续编修了通志，即《贵州通志》《四川总志》《广东通志》《山东通志》《山西通志》《江西通志》《广西通志》《湖广通志》《福建通志》《盛京通志》《江南通志》《浙江通志》《云南通志》等。此外，江西、陕西、河南、贵州四省还都在已完成的通志基础上重新增订，续纂新的志书，总计康熙61年间所完成的通志有21种。各省通志的编修，也带动了府县志编修，据有关统计，康熙一朝全国编修各类志书1354种。①

雍正六年（1728年），雍正帝准一统志总裁官蒋廷锡等所奏，命各省督抚重新编修本省通志，一定要考据详、采撷精当，既不要略去不记，也不要滥予选用。严令之下，各省纷纷设立志局，重修通志。自雍正七年（1729年）至乾隆六年（1741年），集中修成《四川通志》《江西通志》《湖广通志》《广西通志》《山西通志》《畿辅通志》《浙江通志》《河南通志》《盛京通志》《江南通志》《福建通志》《贵州通志》等共计19部志书。此后，又有《福建续志》《续河南通志》《湖南通志》等相继修成。

乾隆年间，清朝经济社会发展达到鼎盛，加之乾隆帝对编修《大清一统志》的继续推动，为各地志书的编修提供了有利条件，续修、重修等活动日趋繁盛，并在嘉庆朝仍旧保持了一段时间的较好势头。据有关统计，乾嘉时期所修志书大约存世1434种以上。② 更值得强调的是，乾嘉时期出现了《鄞县志》（清·乾隆）、《汾州府志》（清·乾隆）、《和州志》（清·乾隆）、《广西通志》（清·嘉庆）等一大批

---

① 庄威凤：《中国地方志联合目录的特点及存在问题》，《中国地方志通讯》1984年第2期。
② 庄威凤：《中国地方志联合目录的特点及存在问题》，《中国地方志通讯》1984年第2期。

名作佳构。

清朝后期,我国遭受外来侵略,日益沦为半殖民地半封建社会,加之太平天国运动的影响,清政府内外交困,修志活动大为减少,甚至归于沉寂。太平天国运动失败后,清政府调整统治政策,试图重振朝政,实现"中兴"。各地修志活动也随之明显增多。据统计,现存同光两朝所修志书约有1090种。[1]

与各级志书编修相伴随的是,志书官修体制在清朝进一步得到强化。清王朝明确规定每甲子编修一次州县志书。各省府的编修工作由省府长官担任主修,并聘请当地学士名流主持工作,大多省府设立了志局或志馆,用以开展志书编修。为统一所属府州县志书的体例,康熙二十九年(1690年),河南巡抚阎兴邦专门颁发《修志牌照》,开列凡例共计23条,即总图、沿革、天文、四至、建置、河防、公署、桥梁、仓库·社学、街巷·坊第、山川、古迹、风俗、土产、陵墓、寺观、赋税、职官、人物、流寓等,对志书的断限、取材、类目、叙次等作出明确规定,牌照文字被保存在《固始县志》(清·康熙)中。在各级官府的督促要求下,各省府州县志书的编纂工作得以持续,在当时形成了极为繁盛的景象。

清代疆域辽阔,边远地区也开始编修方志。乾隆五十七年(1792年),果亲王允礼撰著的《西藏志》由和宁刊刻印行。该书不分卷,列有33目,分别为事迹、疆圉、山川、寺庙、物产、岁节、纪年、风俗、衣冠、饮食、婚嫁、夫妇、生育、丧葬、医药、占卜、礼仪、宴会、市肆、房舍、刑法、封爵、边防、征调、赋役、朝贡、外番、碑文、唐碑、台站、粮台、附录、自四川成都抵藏程途等。

乾隆年间,和琳、松筠等人在驻藏办事大臣任内还完成了《卫藏通志》的纂修。这是西藏地区的一部重要志书。全书共分16卷,即考证、疆域、山川、程站、喇嘛、寺庙、番目、兵制、镇抚、钱法、贸

---

[1] 庄威凤:《中国地方志联合目录的特点及存在问题》,《中国地方志通讯》1984年第2期。

易、条例、纪略、抚恤、部落、经典，对西藏的历史、地理、寺院、习俗，以及清朝在西藏推行的政治、军事、财经制度等进行了系统叙述。

清王朝收复台湾后，为加强台湾与祖国内地的联系，促进台湾开发，巩固祖国海防，于康熙二十二年（1683年）设立台湾府。台湾府的第一任知府是蒋毓英，在任期间主持纂修了《台湾府志》十卷，是该地的第一部方志。后经多次纂修，时间依次为康熙三十五年（1696年）、康熙五十一年（1712年）、乾隆七年（1742年）、乾隆十二年（1747年）和乾隆三十九年（1774年）。光绪十八至二十一年（1892—1895年），唐景崧、蒋师辙、薛绍元等人纂修了台湾建省后的第一部通志——《台湾通志》。该志共计40卷，主要记载了该省的建置沿革、山川疆域、物产田赋、风俗祠庙、武备兵事、人物职官、灾祥变异等。全书分疆域、物产、税饷、职官、选举、列传、杂识7门30目，由正文和资料组成。光绪年间还出现了乡土志，用作各地的学校教材，这种志书在光绪初年即有私撰。1898年，朝廷实施戊戌新政，下令各直省将书院一律改为学堂，同时讲授中西之学。1905年，学部遵照光绪二十九年（1903年）的《奏定学堂章程》，颁布了编纂初等小学堂课本——乡土志的例目。由于当时普遍分为历史、地理和格致三个科目，例目具体阐释了这三个科目的授课内容："于历史则讲乡土之大端故事，及本地古先名人之事实；于地理则讲乡土之道里、建置及本地先贤之祠庙、遗迹等类；于格致则讲乡土之动物、植物、矿物，凡关于日用必需者，使知其作用及名称。"① 据统计，光绪三十一年至宣统三年（1905—1911年）全国修成乡土志450余种。

现存明清时期地方志种类统计表②

区划	种类 明	种类 清
北京	7	33
上海	14	89
天津	1	19
河北	89	373
山西	56	332
内蒙古		16
辽宁	3	69
吉林		33
黑龙江		11
陕西	46	289
甘肃	15	130
宁夏	6	19
青海		8
新疆		94
山东	77	388
江苏	107	337
浙江	118	373
安徽	73	259
江西	51	404
福建	84	169
台湾		42

---

① 舒新城编：《中国近代教育史资料》中册，人民教育出版社1961年版。
② 巴兆祥：《论明代方志的数量与修志制度》，《中国地方志》2004年第4期。

续表

区划	种类 明	种类 清
湖北	37	370
湖南	31	271
河南	99	328
广东（含海南）	50	333
广西	10	134
四川（含重庆）	23	481
贵州	8	77
云南	9	203
西藏		17
总计	1014	5701

在历代所修方志中，清朝志书质量相对较高且数量较多。其中一个重要原因是，当时一大批著名学者主持或参与了方志的编修。如，方苞参与编修《雍正浙江通志》，李绂主修《雍正广西通志》《乾隆汀州府志》《乾隆临川县志》，戴震参修《乾隆汾州府志》《乾隆汾阳县志》，并审定《乾隆应州续志》《乾隆寿阳志》，孙星衍主纂《乾隆松江府志》《乾隆三水县志》《嘉庆庐州府志》，还与洪亮吉合纂了《乾隆澄县志》，洪亮吉编修《乾隆淳化县志》《乾隆长武县志》《嘉庆泾县志》和《嘉庆宁国府志》，全祖望参修《乾隆宁波府志》，杭世骏纂修《乾隆西宁府志》《乾隆乌程县志》《乾隆昌化县志》《乾隆平阳县志》，钱大昕纂修《乾隆鄞县志》，章学诚先后主编了《乾隆和州志》《乾隆永清县志》《乾隆亳州志》和《乾隆湖北通志》，姚鼐纂有《嘉庆江宁府志》《嘉庆六安州志》，还与孙星衍合纂了《嘉庆庐州府志》，段玉裁纂修《乾隆富顺县志》，焦循参修《嘉庆扬州府志》《北湖小志》，李兆洛先后纂修《嘉庆凤台县志》《嘉庆东流县志》《嘉庆怀远县志》，阮元纂修《嘉庆扬州府图经》《嘉庆浙江通志》《道光广东通志》《道光云南通志》，龚自珍纂有《蒙古图志》，预修《道光徽州府

志》，邓廷桢主修《道光安徽通志》，林则徐主修《道光湖北通志》，王闿运纂有《同治桂阳直隶州志》《光绪衡阳县志》《光绪湘阴县志》，缪荃孙纂修有《光绪湖北通志》《光绪顺天府志》《光绪荆州府志》《光绪昌平县志》。这些大家都为清朝方志编修做出了重要贡献。

出于政治与对外交往的需要，清朝的边疆志、域外志的编纂更加盛行，成果斐然，编纂数量与涉及范围远超前代。很多志书为适应需要还配有图籍，方便中国人认识了解祖国边疆，了解认识世界各国。边疆志涉及范围有西北地区、东北地区、北疆（即蒙古地区）、西藏地区以及台湾地区。域外志涉及世界各大洲，主要是西亚、东亚、南亚及欧洲各地。其中魏源的《海国图志》尤为著名。

第四节　清代方志理论

我国志书编纂在清朝达到最高峰，现存志书中仅清朝编纂的就有5000种以上。清朝不仅出现了许多高质量志书，也诞生了一批修志名家，方志理论研究更加活跃，特别是以章学诚为代表的历史派与以戴震为代表的地理派进行的辩争，把学术探讨推向全新高度，方志理论研究获得重要突破。

清朝修志名家辈出。顾炎武、徐乾学、方苞、王琰、李绂、戴震、李文藻、纪昀、钱大昕、谢启昆、洪亮吉、孙星衍等学界泰斗，对方志理论研究贡献尤为显著。在清朝良好的修志氛围中，学术探讨不断深入，对地方志的起源、性质、功能、编纂体例、编纂方法等基本问题都有精辟阐述与独到的论述，对编修人员的道德修养和专业素质，也提出了基本要求。其中对方志理论贡献尤为突出的是章学诚。理论研究的深入发展，对指导地方志编修发挥了重要作用，最终诞生了新兴的方志学，成为一种专门学问。

在方志编修过程中，清代学者将各自的学术观念带入修志实践中，形成不同的流派，并对如何看待方志的性质也产生了不同的意见，通常认为有考据和著述两派。考据派强调资料的搜罗考订，代表人物有戴震、孙星衍、洪亮吉、李兆洛等。即如戴震认为"志之首沿革也，有今必有古"，"古今沿革，作者首以为重"，① 人称其为清代地理派方志纂修的代表。方志学家朱士嘉总结了考据派的修志理论特点，主要有四点：一是修志者应详注出处，以资取信；二是"贵因不贵创"；三是"信载籍不信传闻"；四是重视地理沿革的考订。②

著述派则主张将撰述与记注分开，强调志书编修应该遵循史家法度，对资料加以概括分析。著述派的代表人物是章学诚。

章学诚（1738—1801年），字实斋，号少岩，浙江会稽人，著有《文史通义》《校雠通义》等，是乾隆四十三年（1778年）的进士。他一生从未出仕，是清中叶杰出的史学家，具有非常丰富的修志经验，自乾隆三十八年至五十八年（1773—1793年）年间，先后主纂了《和州志》《永清县志》《亳州志》和《湖北通志》。

章学诚是我国古代可以比肩唐代刘知几的著名史评家，在中国史学发展史上，刘知几的《史通》与章学诚的《文史通义》常被誉为史学评论"双璧"。在章学诚的论述中很多与地方志有关。他根据长期撰修方志的实践，在总结前人修志的成败得失的基础上，提出一整套有关地方志的认知与编修的理论见解，大大提高了地方志的地位，从而建立了我国最早的方志学。他的学术观点主要反映在《章学诚遗书》中收录的《方志立三书议》《州县请立志科议》《修志十议》《为张吉甫司马撰大名县志·序》《记与戴东原论修志》等多篇论文当中。这些论文系统阐述了地方志在史学中的地位，以及地方志的概念、性质、体例、内容、编纂方法与社会作用，为我国的史学发展做出了重要贡献，他所创立的方志学也成为清朝史学研究的重大成果之一。

---

① （清）戴震：乾隆《汾州府志·例言》，《续修四库全书·史部·地理类》第692册，古籍出版社2002年版，第230—231页。
② 朱士嘉：《清代地方志的史料价值》，《文史知识》1983年第3、4期。

章学诚的方志理论主要体现在以下几方面。

1. 地方志属于历史学而不是地理学，确定方志为"一方之全史"。他在《为张吉甫司马撰大名县志·序》中指出："夫家有谱，州县有志，国有史，其义一也。"① 即方志与国史皆为史流，属同一范畴。戴震认为："夫志以考地理，但悉心于地理沿革，则志事已竟，侈言文献，岂所谓急务哉？"② 章学诚则认为："郡县志乘，即封建列国史官之遗，而近代修志诸家误仿唐宋州郡图经而失之者也。"③ "若夫图经之用，乃是地理专门"，"后人不辨其类，盖已久矣"④。所以方志绝不能与地理书混为一谈。

2. 关于志书体例与内容。他认为方志即属史学，"体裁当规史法""邑志虽小，体例无所不备"⑤。他认为"纪传正史""掌故典要""文

---

① （清）章学诚：《文史通义》，古籍出版社1956年版。
② （清）章学诚：《记与戴东原论修志》，《章学诚遗书》，文物出版社1985年版。
③ （清）章学诚：《文史通义》，古籍出版社1956年版。
④ （清）章学诚：《文史通义》，古籍出版社1956年版。
⑤ （清）章学诚：《修志十议》，《章学诚遗书》，文物出版社1985年版。

征诸选"分别引用于《春秋》《礼》《诗》"三家之学"①，所以他主张方志编修应采用"四体"与"三书"。"四体"即外纪、年谱、考和传。他在《答甄秀才论修志第一书》中说："窃思志为全书总名，皇恩庆典，当录为外纪；官师诠除，当画为年谱；典籍法制，则为考以著之；人物名宦，则为传以列之。"② 所谓"三书"，即"仿纪传正史之体而作志，仿律令典例之体而作掌故，仿《文选》《文苑》文体而作文征。三书相辅而行，缺一不可"。③ 他认为方志撰写要"赅备无遗"，对资料要"抉择去取"④。前者是创作的运用，后者则是史料的转载。他在《方志辨体》一文中继续阐述编修方志，需要辨体。因省府州县志书有别，各志不能相通，应该根据不同情况别审详略。

3. 力主各州县设立志科。各州县设志科专门收集文献以备所需，为撰修志书创造条件。在《修志十议》一文中，章学诚指出："修志有二便，地近则易核，时近则迹真。"⑤ 所以方志编修可以直接取自当地档案信札、谱牒传志、金石书笺等材料。如有缺失不明之处，可以就近采访考察。章学诚的建议实际上就是设置专门机构，专门负责志书编纂，这样有利于传承方志编修之习，让修志长久延续。

4. 关于方志编修。编修方志当合史法，章学诚认为修志要像编修正史一样，记述要严名分、别尊卑，采用详近略远之原则，注重调查，强调资料之征信，据事直书，成为一地之信史。关于人物入传问题，他认为方志记述人物尤为紧要，如果邑志不详备，后世很难加以补缺。他说："邑志列传，全用史例，凡现存之人，例不入传。"⑥ 即对人物主张生不立传。在一定场合下他又主张破例对生人立传。他说："至去任之官，苟一时政绩，卓然可传，舆论交推，更无拟议者，虽未经

---

① （清）章学诚：《章学诚遗书》卷14，文物出版社1985年版。
② （清）章学诚：《文史通义》，古籍出版社1956年版。
③ （清）章学诚：《文史通义》，古籍出版社1956年版。
④ （清）章学诚：《文史通义》，古籍出版社1956年版。
⑤ （清）章学诚：《修志十议》，《章学诚遗书》，文物出版社1985年版。
⑥ （清）章学诚：《文史通义》，古籍出版社1956年版。

没身论定，于法亦得立传。"① 所以关于对人物是否立传，章学诚实际上是相互矛盾的。

此外章学诚还主张人物列表，善益甚多。他认为修志人员要具备"三长"。他在《修志十议》中说："识足以断凡例，明足以决去取，公足以绝请托。"② 这里的"识"指分析能力，"明"指才学，"公"指品德。具备"三长"才算称职。章学诚主张修志要有分工，要有专责，发挥个人专长。志书编纂要经世致用，他把史分为四类，即一代之史、一国之史、一家之史和一人之史，自下而上，择善而从，其出发点都是力求实用。

在清朝修志风气之中，章学诚的观点无遗给修志工作带来了全新见解，特别是章戴之争，双方各抒己见，大大深化了方志理论研究，成为清代史学发展理论的一大亮点，为后世方志事业发展提供了深厚的理论基础。

---

① （清）章学诚：《文史通义》，古籍出版社1956年版。
② （清）章学诚：《修志十议》，《章学诚遗书》，文物出版社1985年版。

第四章 方志转型

民国时期，政局不稳，军阀割据，战乱频仍；外寇入侵，民族危亡；社会动荡，财政困难，文献散佚。地方志编修情形各地不尽相同，但大多时断时续，步履维艰。民国政府对修志工作颇为重视，在其延续的38年间，先后下发要求全国修志的正式文件达四次，对各地修志产生了不同程度的推动。尽管国家政权嬗替，但各地修志传统却依然赓续不断；地方士绅虽已变迁分化，但其桑梓情怀和对修志的热衷基本一如既往。终民国短暂一代，共编修各类志书达1500余种之多。

1840年鸦片战争后，随着西方列强入侵的逐步升级，中国门户洞开，西学东渐日炽，中国渐次开始了近代化进程，中国社会开始由传统向现代缓慢转型。民国方志作为记述当时社会历史与现状的资料性文献，对社会的转型势必有所反映，加之人们观念的更新和方志理论研究的突破，很多志书的体例与内容较之清朝有了明显变化，方志由传统向近代转型，这是民国方志的一大突出特点，也在很大程度上奠定了民国方志在方志发展史上的重要地位。

第一节 民国时期方志编修概况

民国时期的地方志编纂，虽然内容与体例上还没有完全摆脱传统志书的基本模式，但与旧志相比明显发生了重要变化，现代教育、现代科学、现代实业、现代交通、现代文化等内容占据了大量篇幅，大大充实了地方志的记载范围，城市志作为专题记载对象更加受到重视。"大事记"的出现以及图表照片的运用大大丰富了地方志的体例形式，使地方志更加具有新意。

民国时期短暂而纷乱，大致可将方志编修分为四个时间段——民国初期（1912—1926年）、土地革命战争时期（1927—1937年）、抗战时期（1938—1945年）和解放战争时期（1945—1949年）。

一　民国初期（1912—1926年）

此时期为北洋军阀统治时期，政局动荡，战争连绵。但北洋政府及地方政府成立之初，百废待举，急需掌握国情、地情；随着清王朝的瓦解，部分朝廷命官解职归乡，赋闲在家，他们中的很多人热心修志；在思想学术领域，晚清复兴的经世致用思想在继续发展，民初兴起的整理国故思潮在扩展。所以，这个阶段的方志编修基本能够继承前代的修志传统，并在一定程度上有所推进。

首先，加强通志的编修。通志上为一统志之备材，下为县志之统合，承上启下，地位独特。1914年，浙江省率先开展通志纂修，由省督军朱瑞、巡按使屈映光作出决定，随之成立浙江通志局，这是民国时期第一个通志编修机构；同年，黑龙江省也成立了通志局。到了1916年，北洋政府内务部会同教育部要求各地着手纂修地方志书，一些省份陆续成立了通志局或通志馆，启动修志工作。如：同年，陕西巡使吕调元、督军陈树藩倡修通志，组建了陕西通志局，聘宋伯鲁维总纂；福建省亦设立通志局，聘沈瑜庆、陈衍为正副总纂，还设有提调、协纂、外采访、校对、誊录等职。1918年，江苏省设立通志局，云南省设立通志馆；次年，贵州省成立通志馆。1920年，广东通志馆成立，设有总纂、帮总纂、分纂、副分纂、帮分纂、收掌、绘图、采访、分校等职；同年，四川省设立通志馆。1921年，河南省通志局成立。此阶段共有 8 个省份先后设立了通志馆，组织开展通志编修。

虽然民国初期数省通志馆相继建立，但常因时局动荡或经费支绌而时存时亡，通志编修亦时断时续，少有完成定稿之作。如：开民国编修通志风气之先的浙江省通志馆，尽管得到了省公署的大力支持，获取了较充足的经费，以及延揽了王国维、沈曾植等名家共襄此举，在编修之初尚较顺利，但后来终因时局动荡，当地军政长官更迭频繁，加之通志局内部管理不善，各种困难与矛盾或隐或现，致使历时九年后，通志局被迫裁撤，通志编修惜未完竣。河南省通志局成立之初便拟定了重修简目 26 门，两年后，通志局改为"重修河南通志局"，增设了"监修""核对"等志局内部设置，同时又压缩了通志篇目，由原来的 26 门减至 19 门，但终因时局不稳，河南通志局名存实亡，修志人员星散，志稿终未纂就。黑龙江省于民国初年设局修志，但未及两年便因时局不稳而告解散，所成稿本 15 册也下落不明。1917 年，黑龙江通志局再开，但又因经费困难而夭折，主编金梁只好将未竟之稿交还省署。但此时期也有或完整或部分的志稿完成，如《浙江续通志》稿本300 余册，《福建通志稿》和《广东通志稿》未完成稿 19 册等。另外，编修于清末的《山东通志》刊刻面世、《直隶通志稿》完稿。

其次，推进县志编修。综观当时县志编修，此时期推动其编修的因素有多种，或政府令，或通志的编修，或政府部门及藏书机构征集志书，或地方官员与士绅主动修志，或学者理论研究成果的指引。关于最后一个因素，如著名学者郭象升于 1917 年起草的《山西各县志书凡例》（简称《凡例》）具体规定了县志的体例，要求编纂时要综合采用图、略、传、表、考五种体裁，此外还规定了县志的各个门类。《凡例》对山西县志编修的推动和规范效果明显。同年，史学家邓之诚也发表了《省志今例发凡》[①]，他提出省志体例应包含图、表、通纪、志、传等体裁。图应包含疆域表里、各省建置、草木鱼虫等，绘

---

① 邓之诚：《省志今例发凡》，《地学杂志》1917 年第 9 卷第 1—6 期。

图时要实地测绘；表应列举历史沿革、职官、人物等内容；通纪呈现本地区的古今大事，亦即大事记；志应与时俱进，传要包罗各类人物。他的理论对县志编修也有一定指导意义。

　　此间所修县志，一部分是此时开修并完成的，但也有不少属于清末始修，而完成于民初的。值此时期，很多县志下限至清末，其内容与体例多袭旧，但也出现了一些富有创造性的新方志，如贾恩绂编纂的 30 卷《盐山县志》。该县志分为 4 略 16 篇 40 目，内容广泛，其中有一略名为"法制略"，内里详细记载本地集市贸易情况和清末新政的推行情况，比较全面地反映当时当地的社会状况，是研究近代政治经济的可靠材料。1915 年，符璋、刘绍宽开始编修《平阳县志》，该志是民国初期县志中的巨帙，有 98 卷之多，历时十年才编纂完成。该志采用纲目体，在县志之下又细分子目，子目的门类也颇具新意。1917 年，由韩垧编纂的 18 卷《洪洞县志》，其考据精详，且在形式和内容上有所创新。比如，建置志述光绪新政时增设邮政；地图绘制采用新法，绘有经纬度、图例和比例尺；武备志述警察；学校志述高小学校、国民学校等。由马瀛纂的《定海县志》根据地方特点而创设体

例，侧重反映本地经济社会状况，并利用科学方法绘制地图，还利用图志形式反映相关事物。此时期，张森楷的《新修合川县志》、余绍宋的《龙游县志》等志书皆仿照章学诚的三书体设置类目，产生了很大影响。另有张梅亭纂修《莱芜县志》、张鼎彝纂的《献县志》、张隽等纂的《崖州志》和劳乃宣等纂的《阳信县志》等，也都很有新意。

据不完全统计，自1912年至1926年的15年间纂修及刊印的各类方志有484种，约占民国所修方志总数的30.8%，平均每年出版志书32种。① 从总体上看，此时期的方志纂修处于清王朝向民国过渡阶段，其内容与体例表现出明显的过渡性。

二 土地革命战争时期（1927—1937年）

1927年，南京国民政府成立，北洋军阀的统治宣告结束。随着国民党政府逐步确立在全国的统治，方志编修便开展起来。次年，行政院令全国各省、县一律修志。1929年，国民政府内政部颁布了《修志事例概要》，共计22条，该文件对各省的方志编纂机构、纲目审核、取材范围、类目设置、内容取舍、文字书写乃至印刷装订，均作出具体要求。《修志事例概要》的颁布，规范和促进了民国各地志书的编修工作。民国志书编修工作的开展主要体现在以下几个方面。

首先，推动了各省通志编修工作。在政府的督促下，各地普遍设立了修志局（馆），启动通志编修工作。早在1928年，甘肃省通志局和奉天通志馆便已设立，后根据《修志事例概要》的要求或实际情况的变化，分别改名为甘肃省通志馆和辽宁省通志馆。加上此后新设或重建通志馆的省份有河北、上海、浙江、安徽、福建、山东、河南、湖北、广东、四川、云南、新疆、绥远、热河、察哈尔，共17个。民国通志馆设立和通志编修于此时期进入高潮。完成通志定稿或初稿的

---

① 黄燕生：《中国历代方志概述》，来新夏主编《中国地方志综览》，黄山书社1988年版，第429页。

有河北、黑龙江、辽宁、浙江、安徽、福建、河南、广东、四川、甘肃、察哈尔等省，其他省份或完成部分初稿或只进行了资料收集工作。

与此同时，方志理论与实践互动频繁，相得益彰。不少社会名流、学者专家都参与志书编纂，并对其体例、内容展开讨论，提出意见。其中一些学者对方志的编纂拟订方案，提出了设想。如国立浙江大学校长蒋梦麟曾于1929年就浙江省志的编纂提出方案，主张取消定期修志的传统，解散方志之体，改为分编年鉴、专门调查、省史三书。两年后，刘复发表了《重修山东通志事例商榷》，对通志中各项篇目应包括的内容提出自己的意见。① 1932年，傅振伦等人拟定《河北通志例目》，体例认为正编有疆理考，纪（大事记、通记、杂记），政务略，自治与党务略，财务略，选举略，教育略，外交略，军备及治安略，建设略，礼仪略，氏族略，民生略，民俗略，文物考（艺文志、传闻、古迹、古物），列传（政略、懿行、学术、艺术）。② 学术界对于方志编修的热心和广泛讨论，对方志编修在此时期的较大发展起了积极的作用。

其次，推动了对市县志的纂修工作。在这一时期文史名家主持和参与修志蔚然成风，问世了一些名志佳作。1935年，由柳诒徵修、王焕镳纂的16卷《首都志》发行，该志体例既有创新之处，如在气候目下设有气压、温度、雨量、湿度、风、云、天气等内容；又有守旧之点，如仍保留名宦、文苑、隐逸、流寓、技艺、列文、仙释等传统篇目。当时，方志学家贾恩绂纂修县志颇为用力，先后编修了《定县志》《盐山县志》和《南宫县志》三部县志。《定县志》共计22卷，包含舆地、政典、文献、志余四部分，其中舆图采用了实地测绘，而政典志则列有新政篇，较以往有所创新。《南宫县志》26卷，体例和《定县志》相同，时称名志。另有《无极县志》（王重民纂），在艺文部分增加目录，为所列各书撰录摘要，论其得失。此外，较有特色的

---

① 刘复：《重修山东通志事例商榷》，《山东省立图书馆季刊》1931年第1卷第1期。
② 傅振伦等：《河北通志例目》，《河北》月刊第1卷第1期。

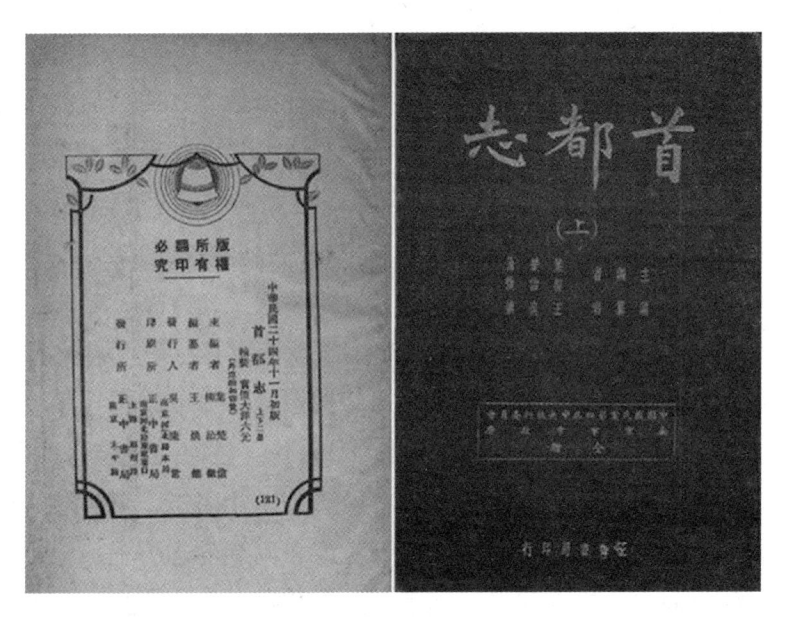

县志还有《天津县新志》《冀县志》《长春县志》《新城县志》《安阳县志》《汤溪县志》《镇海县志》《绥阳县志》《巴县志》《桐梓县志》等。而堪称名志的是几位名家所纂志书，如李泰棻的《阳原县志》、傅振伦的《新河县志》、刘盼遂的《长葛县志》和黄炎培的《川沙县志》。

据不完全统计，这一时期所纂修及刊印的方志达 626 种，占民国方志总数的 39.8%。其中编修志书较为集中的年份是 1931—1937 年，共有 468 部方志问世，平均每年出书 66 种，仅 1936 年就出书 87 种。[①]

三　抗战时期（1937—1945 年）

1937 年 7 月 7 日夜，日本帝国主义策动卢沟桥事变，向宛平城发动进攻，中国驻军奋起还击，进行了顽强抵抗。"七七事变"揭开了中华民族全面抗战的序幕。这一历史事件也影响着我国方志事业的进

[①] 黄燕生：《中国历代方志概述》，来新夏主编《中国地方志综览（1949—1987）》，黄山书社 1988 年版，第 431 页。

展，国统区修志工作步履维艰，敌占区的方志编纂基本陷入停顿。

抗战时期，很多学校和学术团体辗转迁至西北、西南后方，这对促进地方文化建设发挥了很大作用。当时一些学者在极其困难的环境里，因地制宜，关心并参与修志，陆续有些志书印行，有的堪称佳志。1938年，西北联合大学从西安迁到汉中城固县，该校的黎锦熙教授受聘城固县续修县志委员会总纂，负责草拟续修工作方案，该方案也就是后来的《方志今议》，是著名的方志学理论专著。后《城固续修县志》虽因故未能如期完稿，但黎锦熙却按照该工作方案精神编纂了另一部县志——《洛川县志》。该志总计28卷，包括气候志、地质志、人口志、工商志、交通志、军警志、司法志、党团志、卫生志、教育志、宗教志、氏族志、方言谣谚志等。该志以续前志为主，记载了大量近现代重要军政史事和经济生活资料。黎锦熙发挥自身语言学家的特长，在《洛川县志》中特设方言谣谚志，包括方言谱、方言分类词汇、俗谚类征、歌谣小集等。此外，黎锦熙还参与陕西宜川、黄陵、同官等县志的编纂工作。他所编纂的四本县志，都是当时的名志。《宜川县志》《黄陵县志》《同官志》与《洛川县志》体例颇为相似，内容也更侧重近代史实。除黎锦熙所修志书，《北碚志》也是一部力

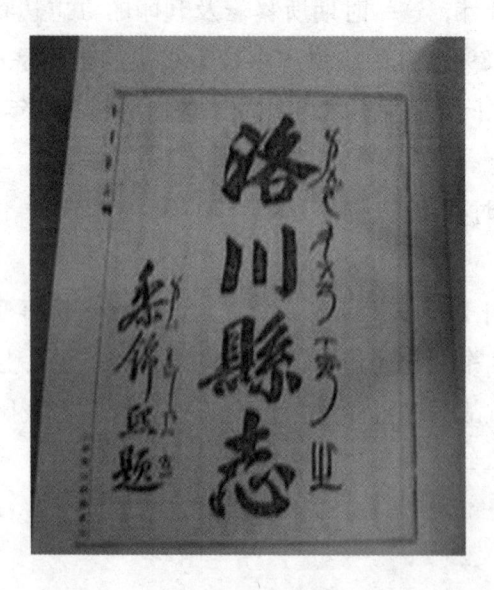

图创新的志书，1945年由顾颉刚、傅振伦主持编纂而成。抗日战争爆发后，国民政府中央机关、学校、公私学术团体、事农社团270多个单位陆续撤退至四川北碚。当时，这座小山城里可谓人才荟萃，众多学术机关参与《北碚志》的编修工作，并由科学工作者分纂其中各编。该志共有八编：大事编、地理考、政治略、经济略、文献略、社会略、列传和聚落记。卷末还附有别录，内容包括文征、丛谈、丛录、机关社团名录和索引。从篇目体例与内容上看，颇有新意，可惜随着抗战逐步走向胜利，参与编修的人员纷纷随单位迁回，该志并未完稿，只完成约60万字的志稿，后大多在战乱中散佚。

刘文炳所纂《徐沟县志》也是当时较有特色的方志，该志内容广泛而精审，且突出时代特点，收录了当时一些西方自然科学和社会科学的成果。

1944年5月，国民党政府颁布《地方志书纂修办法》，要求省志每30年修一次，市县志每15年修一次。从内容上看，这是对1929年颁布的《修志事例概要》的完善与发展。同时还颁布了《各省市县文献委员会组织规程》，具体规定了文献委员会的组织和任务。但抗战尚未彻底胜利，军务繁重，国统区执行这些修志文件的能力有限，而日伪统治区则不会接受来自国民党政府的文件。

当时，沦陷区也有修志之举，并修成一些志书，多集中在东北与河北等地。其内容多为保存一些史料，但有的公开宣扬"大东亚共荣圈"等，为日寇侵略服务，为世人不齿。

据不完全的统计，自1937年至1945年，八年间纂修及刊印的方志有219种，约占民国方志总数的14%，平均每年出书27种。[①]

四 解放战争时期（1945—1949年）

1946年10月，抗战胜利后不久，国民党政府内政部重新颁布了《地方志书纂修办法》。该文件的重新出台，对于在全国范围内恢复和开展志书编纂，具有一定的积极作用。虽然是重新颁布，但也作了少量修订，主要是把原规定中各地志书编纂事宜的负责单位由修志馆改为文献委员会。《纂修办法》还对方志地图、表格、大事记等内容和形式作出要求。

抗战胜利后，一些一度中断修志工作的通志局馆陆续恢复运转，部分未完成的志稿也逐渐修定或刊印，如《湖南省志稿》《江西通志》《贵州通志》《重修浙江通志初稿》《广西通志稿》等。民国时期的最后一部通志是由龙云、卢汉修，周钟岳纂的《新纂云南通志》，全书266卷，历时18年成书，于1949年8月付梓。该志编纂期间，云南通志馆还编修《续云南通志长编》《续云南备征志》，为通志续修积累了大量材料。另外，台湾光复后，其修志工作也逐步开展。1946年，台北县率先修志，对台湾其他地区有带动作用。次年，《台湾新志》编成。1948年，台湾通志馆成立，着手编纂省志。

据不完全统计，自1946年至1949年，四年间编印的方志有105

[①] 黄燕生：《中国历代方志概述》，来新夏主编《中国地方志综览（1949—1987）》，黄山书社1988年版，第432页。

种，约占民国方志的6.7%，平均每年出书26部。[①]

第二节 民国时期方志的类型及特点

民国时期综合志书大致有省志、市志、县志和乡镇志四种，其中县志是主体。

一 省志

民国时期编纂的省志有45种，其中以浙江省为最多，共有沈曾植总纂的《民国浙江续通志稿》、姜卿云纂《浙江续通志》、余绍宋等纂《重修浙江通志初稿》和周利川纂《重修浙江省通志》四种；河南、河北、广东、江苏分别成书两种；其他如辽宁、黑龙江、陕西、甘肃、安徽、江西等15个省份皆成书一种。这些省志多沿袭历代省修通志体例而纂，以省为范围编纂的新志有十余种，其内容往往卷帙浩繁，其中篇幅最长的是《福建通志》，共51总卷、611分卷。超过200卷的

[①] 黄燕生：《中国历代方志概述》，来新夏主编《中国地方志综览（1949—1987）》，黄山书社1988年版，第433页。

省志还有《新纂云南通志》《续修陕西通志稿》《奉天通志》《江苏省通志稿》等。但也有卷帙不大的通志，如《察哈尔省通志》。该志共28卷，编纂时间仅一年，1935年6月刊印，分为疆域、物产、户口、执业、政事五编。

民国通志在内容与体例上基本承袭了前代通志，但亦因时而变。如1931年成书的《甘肃通志稿》共130卷，设舆地、建置、民族、民政、财富、教育、军政、交通、外交、职官、选举、人物、金石、艺文、纪事、变异、杂纪17目，下分93子目；1933年印行的《黑龙江志稿》共62卷，附志4卷，分为地理志、经政志、物产志、财赋志、学校志、武备志、交涉志、交通志、职官志、选举志、人物志、艺文志12类，每类又分细目，如经政志有垦丈、氏族、户籍、灾赈四目，财赋志下分租赋、程捐、关税、盐运、钱币、森林、矿产七目，交涉志有界约、铁路、航路、商务、税务五目，附志四卷为大事记。前述的《察哈尔省通志》着重记录了二十九军的抗战功勋，增设"蒙古"一章作为对日寇策动"蒙古自治"的还击，并在末章的"大事记"中记述抗日战争。又如《新纂云南通志》，采用了史书体，分记、图、表、考、传五部分，其中考又分25门，均为应时代变迁改创的类目。再如《奉天通志》，采用了政书体，其中的一些类目如实业、民治、财政、教育、交通诸志，反映了近代社会生活的变化。当然，民国时期纂修的通志也有比较明显的局限性，如保留了一些过时门目（乡贤、孝友、名宦、烈女、节妇等），新旧相杂。

二 市志

民国年间编纂的市志仅12种，与其他志种相较数量偏少。其中最为知名的是《首都志》（即南京市志），由柳诒徵修、王焕镳所纂。该志共有16卷，分为沿革、疆域、城垣、街道、山陵、水道、气候、户口、官制、警政、自治、财政、司法、教育、兵备、交通、外交、食货、礼俗、方言、音系、宗教、人表、艺文、历代大事表等。该志注重图表，共有52张图、75张照片和60个表，内容严谨完备，且能够因时制宜，以科学方法列举新事物。此外，该志在类目设置上有着首都志的显著特色，如"交通"一目又下设陆运、航运、航空、邮传、电报、电话、中央广播电台诸门。

民国期间,北京也完成了一部卷帙浩大的《北京市志稿》。该志由吴廷燮担纲总纂,1940年完稿,内容下限至1939年,地域记述范围主要为北京城区及大兴、宛平二县。全书分舆地、建置、前事、民政、度支、文教、礼俗、宗教、货殖、艺文、金石、故宫、明迹、人物、杂志、职官表、选举表17门,总计192卷,现存157卷,约350万字,这是继光绪《顺天府志》之后又一部关于北京的鸿篇巨制。该志对清末新政实行以来北京的社会、经济、文化等方面的现代变化多有记载,其中对民政、选举及自来水、道路、电车、铁路等现代设施建设的记述尤为珍贵。该志完成后一直没有出版,直至1998年才由燕山出版社付梓面世。

除北京市志、南京市志外,上海市志也于这一时期开始编修。1928年,上海成为特别市,四年后该市成立上海通志馆,由著名学者柳亚子担任馆长,着手编纂《上海市通志》,拟分25编。抗战胜利前,共完成了11编,即历史编、地文编、政治编、外交编、教育编、财政编、金融编、社会事业编、学艺编、公共租界编、法租界编。

三 县志

民国间纂修的县志有1074种,约占民国方志的68%[①],是民国志书的主体。在各省县志中,四川省纂修的最多(115种),其次是山东、河南、河北、广西、云南等省。民国时期,很多县都编修了志书,但大多只修一次,也有修两三次的。纂修志书三次的县,如《昌黎县志》分别于1917年、1928年和1933年先后三次纂修。纂修两次的县相对较多,如1917年陈景星等编纂了14卷《临沂县志》,1937年又有范筑先修、李宗仁纂的17卷《续修临沂县志》;由吴馨修、姚文枏纂的《上海县续志》和《上海县志》,分别成书于1918年和1935年;

---

① 黄燕生:《中国历代方志概述》,来新夏主编《中国地方志综览(1949—1987)》,黄山书社1988年版,第436页。

1926年钱祥保修、桂邦杰纂的《江都县续志》问世，1937年陈肇桑修、陈懋森纂的《江都县新志》付梓。

部分县志堪称佳志名作，这里择要介绍几种。

《新河县志》由傅振伦纂，共26卷，分为18门、76目，内容为舆地考、纪、经政考、氏族考、故实考、艺文考、风土考、列传、地方考。该书的内容贴近实际，对当时的生产、交易、分配、消费等经济财政状况进行了记述。地方考中翔实地记载了各村镇建置沿革，图绘了池沼、丘陵、井泉、庙宇、街巷等地貌村貌，并记述了各村物产、氏族、学校、集市、结社、实业等内容。近代史学家朱希祖称其为"近代新型方志"。

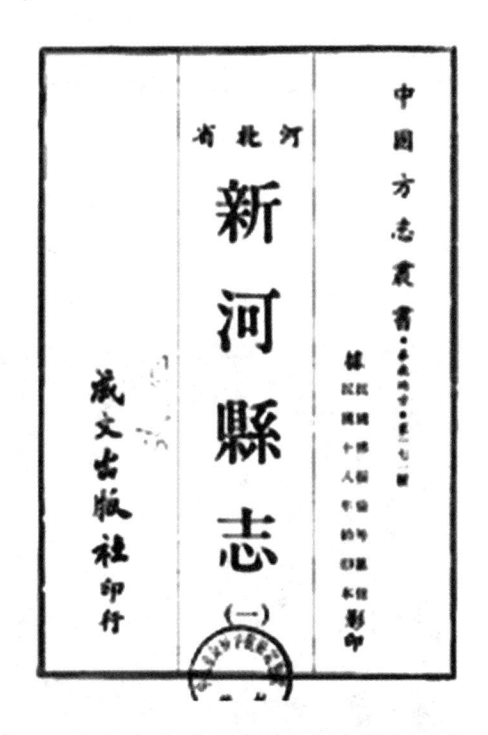

《阳原县志》18卷，李泰棻纂。该志力图切实记录该县的生产关系、阶级划分，分析了地主、富农、自耕农和佃农等各个阶层，同时也详细记载了民国以来关于地价、工资等重要经济资料，是重要的近代史研究资料。

《川沙县志》24卷，黄炎培纂。黄炎培是近代社会活动家和教育家，历时20年才完成该志。全志共24卷，首卷于卷首列图，其余各卷均于卷首列概述、卷末列赘录。该志结合图表和叙述，既引用文献资料，还采纳口碑资料，叙事简洁，内容翔实，颇具特色，其创设的"概述"体裁为后世所继承。

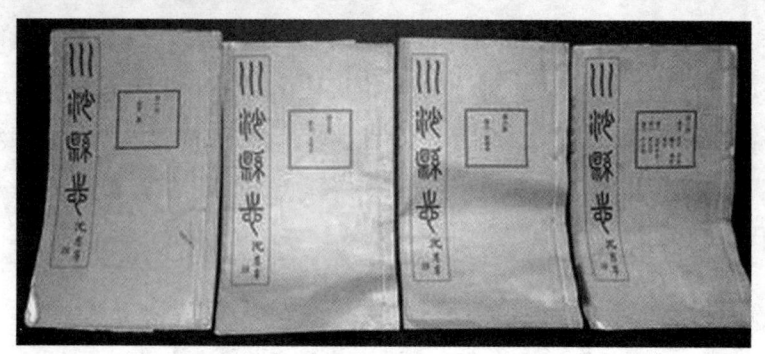

《龙游县志》42卷，余绍宋纂。该志分为正志23卷，附志16卷，正志有纪、考、表、传、略、别录，附志有丛载、掌故、文征。梁启超为之作长序，称其有十长，甚至称"与实斋诸志较，其史识与史才突过之盖不鲜"。这一高度评价，加之作者的高官与学者的地位，使

《龙游县志》颇负盛名，为后来部分县志之蓝本。

《长葛县志》12卷，刘盼遂纂。该志仿余绍宋《龙游县志》，采用史书体，分为舆地志、营缮志、政务志、教育志、食货志、艺文志、选举表、职官表、人物传、列女传。该志记述内容跨越数千年，且文字简练，内容简明。

四　乡镇志

民国期间，随着工商业在东南沿海地区的发展，乡镇在江浙及广东等地有所壮大，乡镇志的编修日趋增多，其中不乏佳作。广东的《佛山忠义乡志》是其中之一。该志由冼宝干等纂，1926年刊印，共计20卷，分为舆地记、水利志、建置志、赋税志、教育志、实业志、慈善志、祠祀志、氏族志、乡事志、职官志、选举志、艺文志、金石志、乡禁志、杂志等。《佛山忠义乡志》具有较高的史料价值，其记载翔实，引证精审，当中不乏记述当地工商业发展状况的内容，特别是有关南洋烟草公司的部分，这些都可作为研究东南沿海地区实业发展的参考资料。江浙地区所修乡镇志较多，如民国时期南浔镇纂成两部镇志，分别是1915年的《路桥志略》（杨晨编、徐兆章参校）和1935年的《增订路桥志略》（杨绍翰纂）；还有周庆云编的《南浔志》60卷和周子美编的《南浔志稿》4卷，后者记述了1912—1945年有关南浔镇的历史事件，前两卷为社会调查材料，后两卷为各类文献资料。

民国时期，社会混乱，西方各种思潮广泛涌入，其中近代科学思想传播甚广，这对志书编修的体例及内容影响甚大。综观此历史转型时期的志书，其主要特点如下。

（一）体例变化

民国方志与其前代方志相比，体例大都有程度不同的变化，有的体例变化非常显著。有的沿用旧志之纲而增改小目，如成书于1930年

的《遂安县志》。该志沿袭了乾隆旧志的大纲，但是子目增改多达24处。有的增删大目，如由袁绍昂纂修的《济宁县志》。"体例纯取新法，与旧制大异，门类亦多增损，……是志新增门类，为教育、交通、自治、宗教等，皆社会文化之最要者。"① 以上两种情况在民国县志中比较普遍，特别是在民国前期极为常见。但无论哪种，均是新旧并用，为一种极不彻底的革新。当然，也有一些民国方志，冲破旧志藩篱，大胆革新体例。如福建《乐昌县志》《闽清县志》《永泰县志》《霞浦县志》等志，在篇目设置上均根据本地实际，创设新的纲目。

民国初期的志书，往往下限至清宣统年间，不记述民国内容。民国中后期的志书下限大都延至民国时期，因此在变革旧志体例中，这些志书就需考虑如何兼顾晚清、民国两代述事。有的省份分纂两志，各述往今事迹，如云南通志。1949年成书的《新纂云南通志》以正史体例编纂，分图、表、考、传诸门，下属诸类目兼新旧相杂之体；而同时成书的《续云南通志长编》则专述1911—1930年的事，分为记、节候、地理、行政区域、内政、外交等20个专题，其类目均为全新。有的志分编记事，新旧两体，泾渭分明，如《南康县志》（邱自芸修，

---

① 原载《续四库全书提要》，转引自王晓岩《方志演变概论》，辽沈书社1992年版，第263—264页。

郘荣治、郭选英纂）。该志成书于 1936 年，分为两编：第一编采用旧志体例，述事截至清末，分为地理志、建置志、食货志、学校志、武备志、职官志等；第二编起于民国纪元，新立门类，有地理、交通、邮电、党政、赋役、地方财产、社会、教育、宗教、实业等目。此外，还有一种改造旧志体例的途径，即采用断代述事方式，如《安徽通志稿》将其户口编分三段——建省以前之户口记载、清代之户口统计以及民国以来之户口统计。

（二）内容变化

民国时期是我国自鸦片战争以来社会近代化进程中的重要阶段，西学东渐、社会改良与革命带来了社会政治、经济、思想文化的深刻变化。各地修志者普遍注意到这些社会巨变，客观地记录了当时当地经济社会的变化、施行新政的情形以及重大历史事件。首先，对社会政治方面的变化予以反映，这些变化往往是激烈而显著的，如设政事志（《芜湖县志》）、时政篇（《青县志》）、新政篇（《献县志》）等新门目加以记述。其次，加大对社会经济变化的记述。民国方志对各

地兴办的近代资本主义企业有了较多记载，如《佛山忠义乡志》记南洋兄弟烟草公司、《兴化县续志》记同茂协蛋厂、《南海县志》记继昌隆缫丝厂等；对过去不被重视的工商业着重记载，不少省县乡志增设实业志；对各地税制演变、物价和生产的有关记述也比以前详细。再次，近代以来，西方列强逐步加强了对我国的侵犯，我国人民进行了不屈不挠的抗击。各地方志也充分记述这些反帝斗争。如黑龙江《瑷珲县志》《黑龙江志稿》记述了当地人民反抗沙俄暴行的斗争；山东《胶澳志》沿革下记叙德、日帝国主义侵占胶东半岛及我国收复该地的经过；《察哈尔省通志》下设的《长城战役纪略》一章歌颂了二十九军官兵抗日的功勋。最后，清末及民国时期，政治腐败，社会衰微，民族危亡，民不聊生。民国方志较多地记载了土豪横行、贪官暴政造成的民生凋敝以及人民的反封建斗争。如对太平天国运动这一历史事件，不少民国方志记述客观而丰富，较之清朝方志进步较大。

第三节　民国时期的方志理论

民国时期，随着西学东渐和方志编纂实践需要，方志理论研究空前活跃，较之前大有发展与突破。随着诸多方志学专著的相继问世，方志学理论研究达到一个新的高度。下面择要介绍几种。

《方志学》　李泰棻著。这是近代方志学研究著作的开山之作，也是我国最早出现的以"方志学"为名的专著。该书对方志的定义、定名、种类和性质进行了阐发，对方志的拟目及体例、方志的编纂方法进行了论述，对章学诚方志学予以客观评价，并对其志例提出驳议。同时，从客观实际出发，主张志书"善恶事实，一律同载"，并以进化论的观点解释方志。

《中国方志学通论》　傅振伦著。作者概述了旧志的发展演进，全面归纳总结以往的方志学成果，就方志种类、价值、派别、性质等阐发自己的见解，其观点新颖独到。该书是最早系统论述地方志及方

志学的著作，影响力很大。

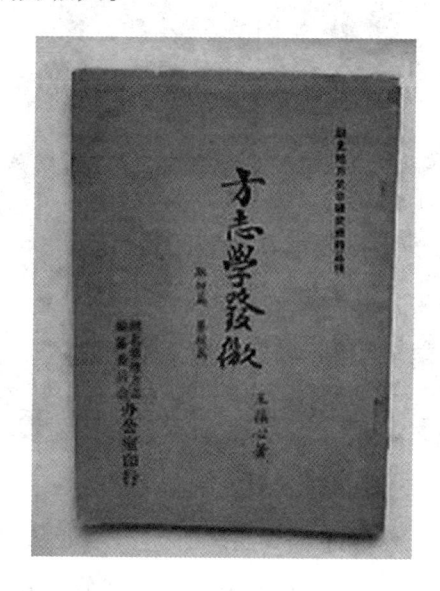

《方志学发微》 王葆心著。作者历时 15 年完成，共计 50 余万字，只可惜当时未刊行面世。全书共分七篇：取材篇、纂校篇、导源篇、派别篇、反变篇、赓读篇、义例篇。1984 年湖北省地方志编纂委员会整理发行了该书的前三篇。该书对我国方志的溯源与演变，对历代名家的修志经验与方法，以及旧志存在的积弊等方面作了较为系统的论述，对方志理论的丰富与发展，对方志编纂工作都有所帮助。

《方志商》 甘鹏云著。作者曾参与《湖北通志》的编纂工作，先后撰写了多篇论文，后汇总为该书。甘鹏云深受章学诚影响，主张方志体例应分图、表、考、传四类，通志与文征并行。同时，他又不为章氏方志学理论所囿，提出"民为邦本"，强调志书应"专详民事"，集合文献、政治和社会为一志，书中不少观点都颇具参考价值。

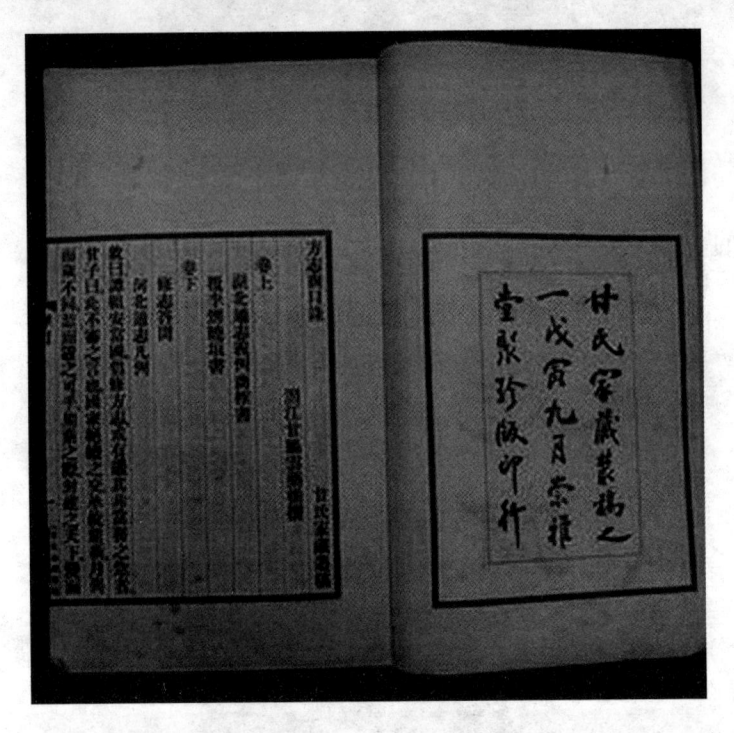

《方志今议》 黎锦熙著。如前所述，1938年黎锦熙受聘城固县续修县志委员会总纂，草拟了《城固县志续修工作方案》，后因县志停修而将其改为《方志今议》出版。该书总结经验教训，基于实际情况提出了一个新的完整的修志方案，其中有关方针原则、目标功能、方法、篇目的观点于当时及后世修志都有广泛影响，有助于在实践中进一步提高方志理论的水平。

《方志通义》 寿鹏飞著。该书内容包括方志定义、方志体例、方志编修和旧志评议等方面。另外，作者对章学诚方志理论进行了"质疑"。其主张"志乘编纂，先立义，后立例。义以经世，例以救时，义则精神，例则形式也"①，观点颇为独到。该书详于方志理论阐述，而略于方志具体编纂论述。

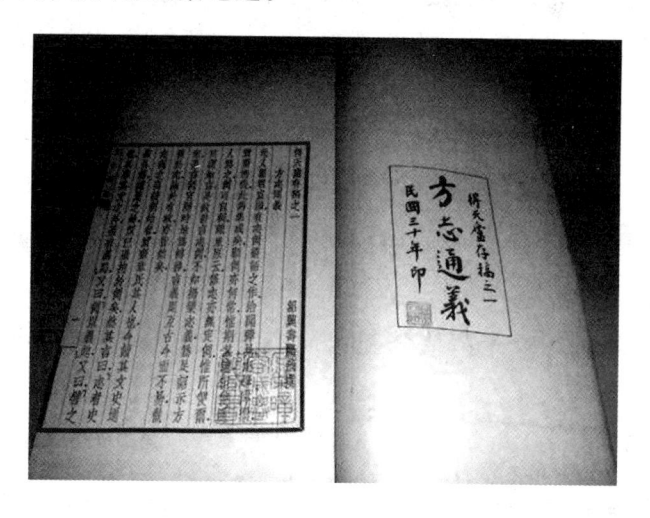

---

① 寿鹏飞：《方志通义》，1941年线装出版得天庐存稿之一。

民国时期方志学研究的内容比较广泛，涵盖方志史、方志理论和方志编纂等方面。对方志性质、渊源、功能和编纂方法等进行了深入讨论，对地方志的科学价值予以高度重视和重新评估。同时，这些研究系统梳理并总结了历代方志理论，尤其是对章学诚的方志学予以较高评价。如梁启超于1924年发表的《清代学者整理旧学之总成绩——方志学》中提出："方志学之成立，实自实斋始也。""实斋关于斯学之贡献，首在改造方志之概念。前此言方志者，为'图经'之概念所囿，以为仅一地理书而止。实斋则谓方志乃周官小史外史之遗，其目的专以供国史取材，非深通史法不能从事。"[①] 他的观点，在当时的学术界被广泛接受，不少志家撰文，认为章学诚是中国方志学的奠基人。民国时期出版的专著大多有专门章节论述章氏学说，对方志源流、性质和体例的探讨也多受其影响。如定义方志时，寿鹏飞等人认为地方志即为地方史书，与国史互为表里；不少人赞成章学诚的"三书"论，效仿并应用于实践的志家也有很多。其中对于章氏学说理论收集、整理和研究成果较大者首推张树棻。他于1934年整理出版了《章实斋方志论文集》，书末附录《章实斋参修诸志书目表》和《章实斋参修诸志篇目表》，收录章学诚有关方志的论述；撰写了《章实斋之方志学说》，全面论述章氏学说的基本观点[②]。当然，民国时期的方志学家对章学诚的方志理论尊重但不迷信，承认其地位但又有所扬弃与发展。如解释方志性质时，傅振伦等人认为方志"兼记史地，而与史书、地记皆不相同"[③]。对于章氏的"三书""四体"，持不同意见的志家更多。如李泰棻在《方志学》中提出："全书既已名志，分目不应再用斯，名若考，若略，更无定义。"[④] 黎锦熙说："查章氏方志立三书，以第一书志为其骨干；总分四目，一曰'记'，二曰'谱'，三曰

---

① 《东方杂志》第21卷第18期，商务印书馆1924年版。《禹贡》第二卷合订本，禹贡协会1934年版。
② 《禹贡》半月刊，第2卷第9期，中华书局2010年影印本。
③ 傅振伦：《中国方志学通论》，商务印书馆1935年版，第5页。
④ 李泰棻：《方志学》，商务印书馆1935年版，第63页。

'考'，四曰'传'……其实如此区分，种种不便。今当首破此障，文无伤质。以后方志，决不当再以文章体裁分类，类名事类，某类用何文体，一随其事之宜。"①

在民国方志理论研究中，方志目录编制和方志统计，旧方志的整理和利用，也都取得了较大成绩。尤其是这一时期的方志目录学，其成就最为突出的是朱士嘉编制的《中国地方志综录》。该书于1935年由商务印书馆出版，共三册。这是首部以公私藏书为对象的全国地方志联合目录，征录和采访了源自国内外50家收藏单位的方志，包括国立北京大学图书馆、故宫博物院图书馆、国立北平图书馆等著名藏书机构以及天一阁、嘉业堂、天春园等私家藏书楼，同时还征录了一些收藏中国方志较多的国外藏书单位，如哈佛大学图书馆等。该目录著录了宋、元、明、清、民国所纂方志5832种，并以当时的行政区划为纲，分省叙录。除书名外，每志还详注编纂人、编纂时期、卷数、收

---

① 黎锦熙：《方志今议·终破四障》，商务印书馆1940年版，第7页。

藏单位和版本。目录之后，还有地方志统计表、地方志统计图，书末附上《民国所修方志简目》《上海东方图书馆所藏孤本方志录》《国外图书馆所藏明代孤本方志录》，最后是书名索引。《中国地方志综录》的问世，不仅为我国方志目录学的建设开辟了道路，也为社会各界特别是科研工作者读志用志提供了方便。

下篇

中华人民共和国方志事业

第五章 组织指导

自社会主义新方志编修工作开展以来，全国地方志工作在组织指导方面的变化，大致可以分为七个阶段：第一阶段为20世纪50年代后期至60年代中期第一次修志时期。第二阶段为20世纪70年代末至1983年4月中国地方志指导小组恢复成立前。第三至第七阶段依次为每届中国地方志指导小组的任期：第三阶段为1983年4月至1995年7月第一届中国地方志指导小组，第四阶段为1995年7月至2001年12月第二届中国地方志指导小组，第五阶段为2001年12月至2008年10月第三届中国地方志指导小组，第六阶段为2008年10月至2013年12月第四届中国地方志指导小组，第七阶段为2013年12月至今第五届中国地方志指导小组。

第一节 中华人民共和国成立初期修志

1941年8月1日，中共中央下发《中央关于调查研究的决定》，明确要求"收集国内外政治、军事、经济、文化及社会阶级关系各方面材料，加以研究，以为中央工作的直接助手"，其中关于收集材料的方法就包括"收集县志、府志、省志、家谱，加以研究"[1]，把收集

---

[1] 《中共中央文件选集》第13册，中共中央党校出版社1991年版，第174—175页。

下篇　中华人民共和国方志事业

和研究地方志视为了解中国国情和地情的一条重要途径。

中华人民共和国成立后，党和国家以及毛泽东、周恩来、董必武等老一辈无产阶级革命家都非常关心地方志的编修工作，反复倡导整理并编修方志。1958年春，毛泽东在四川成都主持召开中央工作会议，其间他专门调阅了《华阳国志》《四川通志》等一批志书，选辑部分内容印发与会人员，提倡大家从方志中寻找资政鉴治之法，提高党的领导水平。与此同时，他还提倡在全国范围内编修地方志。同年夏天，周恩来总理指示，"要系统整理县志，把关于各地地方志中的经济建设、科学技术资料整理出来，做到古为今用"[①]，要求国家档案局抓修志工作，并委托时任中共中央办公厅副主任、国家档案局局长曾三主持相关事宜。

人大代表和政协委员也就地方志编修事宜进行多次呼吁。1954年9月，在第一届全国人民代表大会第一次全体会议上，山东代表王祝晨便建议编修地方志。1956年6月，王祝晨在《人民日报》上发表《早早动手编修地方志》文章，再次呼吁编修地方志。次年三月，《人民日报》发表顾颉刚等委员在全国政协二届三次会议上所作的《继续编纂地方志》的联合发言。

在党和国家领导人的关心和各级党政领导的支持下，1957年国务院科学规划委员会制定《十二年哲学社会科学规划方案》（《1956—1957年哲学社会科学规划纲要》），提出了编写新方志的任务，并将其列为12个重点项目之一，计划在1967年前大部分县市完成新方志编修。1958年6月，地方志小组成立，隶属于国务院科学规划委员会；1958年下半年，科学规划委员会的社会科学部分并入中国科学院，地方志小组也随之转入中国科学院。为加强领导，1959年中国科学院和国家档案局联合成立中国地方志小组，由时任国家档案局局长的曾三担任组长。之后，地方志小组的工作被转交给国家档案局，但仍由中

---

① 中国地方志指导小组办公室编：《当代志书编纂教程》，方志出版社2010年版。

国科学院领导。1962年9月22日，中国科学院哲学社会科学部党组向中共中央宣传部呈递了《关于地方志小组问题的请示报告》，提出"为了便于运用省、县档案工作机构，以利新修方志工作的开展，我们建议地方志小组仍可保留，但其领导关系，则由科学院改为由国家档案局直接领导"。[1] 10月30日，中共中央宣传部批复同意。后来，国家档案局又向中共中央宣传部报告，建议地方志小组仍为中国科学院地方志小组，由哲学社会科学部直接领导；有关该组今后工作方针等问题，由学部党组报请中宣部批准；小组的具体工作可以由国家档案局实际负责（办公室设在国家档案局），隶属关系维持不变。据此，中国科学院地方志小组有所调整，组长由曾三担任，成员包括姜君辰、吴晗、齐燕铭、王冶秋、侯仁之、李秉枢、严中平、刘大年、林涧青、郝化村、裴桐、施宣岑、程桂芬等。

中国地方志小组的职责是组织领导全国地方志编修工作，并对如何编写地方志提出意见建议。1958年10月，中国科学院地方志小组制定了《关于新修方志的几点意见》（以下简称《意见》）。这是中华人民共和国成立以后关于新方志编纂的第一个指导性意见。该意见系根据《1956—1957年哲学社会科学规划纲要》有关规定制定，明确提出"要求全国各县、市（包括少数民族地区）能够迅速地编写出新的地方志，记载当地自然条件和经济、政治、文化等方面的历史和现状"。[2] 意见内容不多，但涉及新方志编纂体例、编纂目的、编纂原则、记述重点、编修方法、方志种类、编修要求、编修力量、组织领导、资料保存等各个方面，基本确立了20世纪50年代后期至60年代中期新方志编修工作的基本格局。

关于新方志的体例，意见要求"在运用旧的方志体例的时候，必须批判的加以革新"，以突破"时代的限制和旧的统治阶级的控制"，

---

[1] 邱新立：《中国地方志指导小组沿革（上）(1958—2002)》，《中国地方志》2005年第1期。
[2] 殷勇：《20世纪五六十年代的一部新方志——〈泰兴县志〉》，《江苏地方志》2021年6月。

加强"对于人民历史的真实情况的反映"。关于编纂目的，意见明确"新修方志主要是为了反映我国各地人民的革命斗争和向自然作斗争的实际情况""特别着重解放以后人民大众在政治、经济、文化建设上的新成就""借以系统地整理和保存资料，为社会主义建设服务，并达到教育干部和群众的目的"。关于编纂原则，意见明确"新志应贯彻执行厚今薄古"的原则。关于记述重点，意见提出"内容上可以革命斗争史、经济建设发展情况以及革命斗争和生产建设中的模范人物志作为重点"，并进一步提出"在断限上，革命斗争史与人物二项，可以近代史为范围；经济一项，可以现代史为范围"。关于编修方法，意见提出"应当是广泛地搜集原始资料，进行实地调查访问"，强调"事实必须确凿，文字必须通顺，尽可能地采用图片、图表和插图，使内容鲜明生动"。关于方志种类，意见规定"方志可分省、市、县、社四种"。关于编修要求，意见对四种方志的编纂时间、内容及方法均提出了要求，如在时间上提出四种方志可以"同时进行"，在内容上提出"或繁或简，或着重写几个部分，或根据具体情况，增加一定项目"，在方法上提出可以"另创新的编纂方法，均不必强求一律"，体现出了很大的灵活性。关于编修力量，意见提出"各省市可根据具体条件和可能组织起来的力量，（高等院校历史系与地理系，政府机关干部、中学教员、文化馆、博物馆、档案馆、科学研究机关、科普分会）自行决定"。关于组织领导，意见提出"应在各省、市、县党委和人民委员会的领导之下，进行工作"。关于资料保存，意见提出"各地应当指定一定的机构（如档案馆、博物馆）对已搜集的史料和实物加以保存"。此外，意见还提出"应当考虑把修订方志形成一个制度"，兼顾了方志续修问题。深入探究意见的上述内容，有助于我们增强对当时新方志编修情况的认识。

1961年3月，中国地方志小组制定了《新修地方志提纲（草案）》，并向全国发布。提纲提出，新编地方志书除了前言、概况之外，其主要部分应当包括政治斗争（革命斗争）、经济建设、文化教育、政法工作、民情风俗习惯、宗教、名胜古迹、人物8个门类。在此之前，国家档案局曾向全国推广了《奉新县志》的设计篇目。《奉新县志》于1959年1月启动编纂工作，1960年12月铅印出版。相较于提纲设定的篇目，该志篇目更加成熟，在当时产生了较大影响。《奉新县志》共7编38章101节，先设序与编例；第一编为总述，设奉新来历、位置、区域、自然地理、物产、人口6章；第二编为党的建设，设大革命时期、土地革命时期、抗日战争时期、解放战争前后4章；第三编为政治，设政权组织、群众团体、政治运动、兵役、战争、民政、公安、检查、司法、人事、监察11章；第四编为经济，设农业、林业、水利、工业、交通运输、财政、金融、商业、粮油管理9章；第五编为文化教育，设文化、教育、风俗、卫生、体育、名胜古迹6章；第六编为人物，设烈士、先进单位和人物、旧社会历史人物3章；第七编为大事记，设公元前1541—公元1948年大事简记、公元1949—公元1957年大事年表2章；编后记。通过简单了解《奉新县志》篇目，可以一窥当时新方志的面貌。

下面以广东省为例，了解一下当时新方志的组织编修情况。据有关统计，1958—1963年，广东省68个县（市）中，先后有48个县（市）成立了修志机构，组织编修新志书。37个县（市）完成了初稿，其中有17部内部刊印。在此期间，广东省各地修志的组织工作有五种情况：一是在县（市）统一领导下，从各部门抽调人力编写，具体工作由档案馆负责，如兴宁、揭阳、合浦、饶平、顺德、梅县、乐昌、翁源、大埔等县；二是在筹建庆祝国庆10周年办公室或组织专门机构（多称修志委员会）领导下，配备专职干部编写，如宝安、惠阳、花县、三水、增城、从化等县；三是由宣传部门主编，各部门抽调人力参加，如河源、东兴、海丰等县；四是各大专院校等历史系与部分县（市）委宣传部或档案馆共同编写，如五华、东莞、番禺等县；五是由县委办公室组织人力编写，如雷北、新会、德封等县。[1]

---

[1] 诸葛计：《中国方志五十年史事录（一九四九年至二〇〇〇年）》，方志出版社2002年版。

1963年8月,中共中央宣传部转发了中国科学院哲学社会科学部、国家档案局《关于编修地方志工作的几点意见》(以下简称《意见》)。《意见》对已开展的新方志编修工作进行了总结和分析,认为除了编写地方志的目的、体例、方法等还需要进一步研究和总结经验以外,还要注意在地方志中如何记述革命斗争史和为某些经济、政治资料的保密两个问题。《意见》强调,编修地方志"各地应该采取积极稳步的方针,有领导有步骤地去搞"。对于今后编修地方志的工作,《意见》提出要加强规范和指导,主要有三点内容:一是建立审阅制度,控制出版发行。《意见》要求,为了保密和在政治上不发生错误,出版新的地方志和地方革命斗争史资料,都必须经过省、市、自治区一级党委宣传部审查,发行范围和发行量都要经过批准。二是编修地方志的工作是一项很复杂的工作,不可能一蹴而就,应该有计划有步骤地进行。《意见》要求,还没有进行系统地编写地方志的地方,应该积极收集各种有关资料。资料应该边收集边整理,除了分门别类地汇编资料,以供编写村史、社史、厂史、文艺创作、科学研究等使用以外,也应该把所有原始材料在档案馆妥为保存,为以后编写新的地方志打好基础。三是加强组织领导,发挥档案馆的作用。《意见》提出,建议各省、市、自治区党委宣传部和县级党委宣传部,加强对这项工作的领导。由于各档案馆是保存档案资料的机构,编写地方志工作应该吸收他们参加,特别是收集资料、汇编资料的工作更应该责成各级档案馆协同有关部门积极进行,以便使各级档案馆成为今后长远编写地方志的取材之地。《意见》还要求,中国科学院地方志小组今后应该加强对各地编修地方志工作的调查研究,并准备在适当的时候召开一次会议研究和总结这方面的问题和经验。

据国家档案局的统计,截至1960年,全国已有20多个省、区、市的530多个县开展了修志工作,其中有250多个县编写出了初稿。"文化大革命"开始后,地方志的编修工作基本中断,中国地方志小组也停止了工作。①

第二节 中国地方史志协会的成立与作用

"文化大革命"结束后,在中共十一届三中全会路线的指引下,全国文化教育事业迅速发展,为地方志的编纂创造了良好的社会环境,要求编史修志的呼声越来越高。1977年,中共黑龙江呼玛县委决定开始编修《呼玛县志》,启动县志编修工作。其后,一些地方陆续成立编纂委员会或办公室,着手修志工作。1979年5月,山西省临汾市干部李百玉以《县志应当续订重修》为题著文,投书中共中央宣传部、《光明日报》及全国人大五届二次会议大会秘书处,建议在全国开展修志工作。1979年7月,中共中央总书记胡耀邦在李百玉建议修志的信上作出批示:"大力支持全国开展修志工作"。1980年1月,《呼玛县志》出版,成为"文化大革命"结束后最先编纂出版的一部县志。1980年2月,中共中央、国务院批转国家档案局关于全国档案工作会议的报告,要求工作基础较好的档案馆要"号召编史修志,为历史研究服务"。1980年3月,《人民日报》发表《重视地方志的研究》一文。在这种形势下,继承和发扬光大我国编史修志的优良传统,开展编修地方志工作,加强规范和指导,成为迫切需要的工作。于是,中国地方史志协会便应运而生了。

1980年4月,中国史学界第二次代表大会在北京举行,中共中央政治局委员、中国社会科学院院长胡乔木在会上提出"地方志的编纂,也是迫切需要的工作。现在这方面工作还处于停顿状态,我们要大声疾呼,予以提倡。要用新的观点、新的方法、新的材料和新体例,继续编写好地方志"②,得到了与会者的热烈响应。福建师范大学副校

---

① 以上数据来自中国地方志指导小组办公室历年统计资料,具体参见中国方志网,http://difangzhi.cn。

② 胡乔木:《关于史学工作的几个问题》,《胡乔木文集》(第三卷),人民出版社1994年版,第110页。

长张立在会上发表《关于成立中国地方史研究会的倡议书》，得到天津、湖北等地代表支持。大会主席团成员、中国社会科学院历史研究所副所长梁寒冰十分重视这个倡议，召集了一次由10个省、市代表参加的座谈会。会议认为，非常有必要筹备建立中国地方史研究会，明确参加座谈的10个省、市代表为研究会筹备工作发起人，并推举梁寒冰为召集人。经过选举，梁寒冰当选为中国史学会秘书长，实际主持中国史学会的日常工作，开展了卓有成效的工作。身任中国史学会秘书长的梁寒冰，充分调动各方资源，加快了筹备建立中国地方史研究会的进程。

1980年10月，中国社会科学院和中国史学会在天津市举行中国地方史研究会筹备会议，讨论筹建中国地方史研究会的有关问题，这是中华人民共和国成立后第一次商讨研究地方史和编纂地方志问题的会议。与会代表提出十项建议；其中第一项是希望各级人大和政协委员提出正式提案，吁请中央和地方政府有关部门重视地方史研究和地方志编纂，把这项重要工作重新提到议事日程上来，作出相应决议，拨给人员编制和经费，建立必要的机构和制度；第二项是建议在中央和各省、区、市以至县级政府机关中设置地方志编纂委员会，赋予组织领导编纂地方志的行政权力。11月，《光明日报》发表中国地方史研究会天津筹备会议提出的九条建议（删去原十条建议中关于整理出版历代地方志书的部分），引起全国强烈反响。1981年2月，中国地方史研究会筹备小组会议在山西省太原市和太谷县、忻县地区、雁北地区举行，确定协会名称为"中国地方史志协会"，讨论修改了《中国地方史志协会章程（草案）》和《新县志编纂方案（草案）》，拟订了工作方案。

1980年12月，中共中央办公厅副主任、中央档案馆馆长曾三在中国档案学会筹备第三次会议上的讲话中通报了中国地方史研究会天津筹备会议的十项建议，强调要把档案工作同编修地方志工作结合起来。曾三就地方志工作提出五项建议：一是全国应有一个机构专门负责编修地方志的组织工作，可考虑恢复过去的中国地方志小组的活动，即在中共中央宣传部的领导下，由中国社会科学院、全国政协文史资料委员会、国家档案局共同协商，邀请有关方面人士成立地方志小组，来进行这项工作；二是各省、市、自治区与地、州、市、县都成立地方志编纂委员会，积极筹划和开展地方志编修工作；三是欢迎和吸收离职的老同志积极参加地方志编修工作；四是可以考虑把编修地方志和档案工作结合起来；五是为了促进编修地方志工作和方志学研究，可以考虑成立一个中国地方志学会，开展方志学术研究活动，并可以通过这一学会进行必要的对外文化学术联络工作。

1981年7月25日至8月1日，中国地方史志协会成立大会暨首届地方史志学术讨论会在山西省太原市举行。这是中华人民共和国成立以来第一次规模盛大、意义深远的全国性地方史志工作会议和学术会议。会议主要研究解决怎样加强组织领导，统筹规划，大力开展地方史志工作。大会讨论通过了《中国地方史志协会章程》，选举产生了协会理事会和常务理事会。会议推举王首道、曾三为名誉会长，选举梁寒冰为会长，韩毓虎、董一博、李志敏、朱士嘉为副会长，李志敏为秘书长（兼），左建、周雷为副秘书长。8月1日，中国地方史志协会正式成立。大会通过了给党中央、国务院的建议书，建议在中共中央宣传部和国务院的领导下，由中国社会科学院、国家档案局、政协全国委员会共同协商，邀请有关方面的人士参加，重新组建全国性的编修地方史志的领导机构"中国地方史志小组"，专门负责全国编修地方史志的组织领导工作。会议还明确，各省、市、自治区可参照《中国地方史志协会章程》，组建本地区的地方史志协会及下属各地、州、县的地方史志协会分会，努力团结和联络当地的地方史志工作者、爱好者，吸收个人会员和团体会员，开展协会工作；中国地方史志小组和各地地方志编纂委员会成立后应着手组织有关单位和人员，酝酿制定全国地方史研究、编纂、教学、出版工作的统一规划，全国和各地地方史志协会应积极赞助并参与制定规划的工作，等等。

会议还根据当时全国普遍开展编修新方志工作的紧迫需要，专门组织四个工作小组分别起草了《关于新省志编修方案的建议》《关于新市志编修方案的建议》《关于新县志编修方案的建议》《关于旧志整理研究计划》四个草案，在会上就这四个草案进行了讨论，获原则通过。这四个文件虽不够成熟，"但也比较集中地反映了当前编纂新志工作中摸索所得的基本经验与要求""对正在进行和准备开展编纂新志工作，迫切需要业务指导的一些地区，是具有现实意义的"。[①] 会后，各地积极响应，陆续成立了省级地方志编纂委员会，仅1981年就有云南、广西、河南、四川、河北、安徽、山东等省先后成立地方志编纂委员会，组织开展本省地方志编纂工作。

协会成立后，实际上承担起宣传、联络、发动全国地方志工作者的作用，在1983年4月中国地方志指导小组成立之前对促进全国地方志工作发挥了重要作用。主要表现在六个方面：一是组织力量，起草了省、市、县三级志书的编纂方案，并拟定了相应的篇目，在此基础上，1982年7月由中国地方史志协会常务理事会一届二次（扩大）会议原则通过《关于新编地方志工作条例的建议》，明确了新编方志的方针原则、编纂体例、工作步骤等，奠定了其后《新编地方志工作暂行规定》的基础；二是多次召开会议，组织推动旧志整理工作；三是委托地方和有关高等院校举办方志研究班，积极推动一些高等学校开设地方志课程或举办专修班，推动修志干部的培训工作；四是召开了一系列学术会议和专题性会议，提高修志工作者的业务水平和保证志书质量；五是主办《中国地方史志通讯》，1983年更名为《中国地方志通讯》（1986年又改名为《中国地方志》）；六是编写《方志学概论》（推定来新夏任主编），编辑出版有关方志学的论文集，组织地方史志讲座，等等。

[①] 《中国地方史志协会成立大会暨首届地方史志学术讨论会会议纪要》，《中国地方史志通讯》1981年第5期。

第三节　中国地方志指导小组恢复重建过程

　　1981年8月，在中国地方史志协会成立大会上，代表们一致认为，中国地方史志协会可以协助有关方面做一些动员工作和组织工作，但决不能代替中共中央和地方各级党政机关的组织领导工作。大会通过了给党中央、国务院的建议书，建议在中共中央宣传部和国务院的领导下，重新组建"中国地方志小组"。会议期间，与会的中国社会科学院、国家档案部门、全国政协文史办公室的有关负责人进行了会商，一致赞成恢复和重建中国地方志小组。

　　会后，该意见由协会常务理事会报送中共中央宣传部副部长朱穆之，并转呈中共中央书记处审批。中央书记处书记习仲勋批示同意，并决定由全国政协党组承办，因政协党组表示"无力担此重任"而搁浅。1982年7月，曾三写信给中共中央政治局委员、中央书记处书记胡启立，建议党中央指定一位同志负责地方志小组工作，并由中国社会科学院负责承办。曾三的信由时任中央书记处书记邓力群批转中国社会科学院商复。1983年1月，中国社会科学院同意恢复中国地方志小组活动，由中国社会科学院领导，并建议将"地方志小组"改名为"地方志指导小组"，其日常工作暂由中国地方史志协会负责，所需10名编制由劳动人事部拨给，经费由中国社会科学院拨给。鉴于各省、区、市地方志编纂委员会一般由地方党政有关部门组成，中国社会科学院还建议中国地方志指导小组由中国社会科学院、中国科学院、国家档案局和全国政协等单位组成。随后，中国社会科学院向邓力群呈上《关于恢复地方志小组工作的请示报告》并请转中央书记处，正式提出了恢复中国地方志指导小组活动的请示，并初步提出小组成员名单。组长由曾三担任，副组长由梁寒冰、韩毓虎担任。邓力群圈阅同意，并批示中国地方志指导小组由中国社会科学院领导，编制问题请中国社会科学院报请劳动人事部解决。1983年4月，中国地方志指导小组在北京召开成立会议，第一届中国地方志指导小组宣告成立。

中国地方志指导小组成立后，小组成员很难兼顾地方志工作。1984年7月底，中国地方史志协会副会长董一博写信给中共中央总书记胡耀邦，汇报全国地方志工作情况和当前存在的一些亟待解决的问题，要求党中央加强对全国地方志工作的领导。胡耀邦对此非常重视，8月作出批示，并在该建议的后面批了"确要有一个敢抓敢闯的人牵头"的指示。接到批件后，胡乔木立即写信给中国社会科学院党组书记梅益、院长马洪，要求认真落实中央指示。9月初，中国地方志指导小组专门召开两次扩大会议，商议具体措施。10月，中国社会科学院党组向中共中央宣传部呈上《关于加强全国地方志编纂工作的报告》，提出改变现有状况的建议。

1985年3月，经中共中央宣传部批准，中国地方志指导小组增补成员，由原来的11人扩大为18人。4月，中国地方志指导小组在北京举行第五次会议，宣布了中国地方志指导小组成员和在京常务成员名单，任命了指导小组秘书长和副秘书长，从体制上充实了指导小组的力量。7月，中国地方志指导小组召开在京常务成员会议，决定逐步建立若干专业性指导组，加强对全国修志工作的分类指导。其后，中国地方志指导小组先后建立三个专业组，分别是1984年3月成立的旧志整理工作委员会、1986年1月成立的城市志指导组以及1986年6月成立的民族志指导组。

1985年4月，经国务院同意，中国地方志指导小组颁布《新编地方志工作暂行规定》，明确规定中国地方志指导小组负责指导全国修志工作，指导小组作为一个独立机构，由国务院委托中国社会科学院代管。1996年11月9日，国务院办公厅下发的《关于进一步加强地方志编纂工作的通知》，进一步明确中国地方志指导小组要深入开展调查研究，加强对全国地方志编纂工作的指导，制定和完善有关规章制度，及时总结、推广各地好的经验，注意发现带有普遍性的问题并提出切实可行的意见和建议。1997年5月，经中国地方志指导小组二届三次会议讨论通过了《关于地方志编纂工作的规定》，并于1998年2月正式颁布。2006年5月，国务院颁布施行《地方志工作条例》，明确规定国家地方志工作指导机构统筹规划、组织协调、督促指导全国地方志工作，从而最终确认了中国地方志指导小组的法定职责。

1983年以后，在各方关心支持下，中国地方志指导小组克服种种困难，开展各类活动，取得多项成绩：一是召开了多次中国地方志指导小组会议和各种专题讨论会，作出了一系列影响全局的决定。二是推动颁布了几个重要文件，如1983年9月中共中央宣传部批转中国社会科学院党组《关于地方志工作情况和意见的报告》、1985年4月国务院办公厅转发中国社会科学院《关于加强全国地方志编纂工作领导报告》（中华人民共和国成立后政府关心重视修志工作的首个文件，政府主持修志局面的开始形成）、1985年4月中国地方志指导小组全体会议讨论通过的《新编地方志工作暂行规定》（社会主义时期首轮新编地方志工作第一个条例性规定）。三是1986年12月召开了全国地方志第一次工作会议。中共中央政治局委员、国务院副总理万里接见了到会代表，中共中央政治局委员胡乔木、国务院副秘书长张文寿、中国社会科学院院长胡绳出席会议并分别作了讲话。会议在总结初步成果的基础上，提出各级地方政府要进一步加强和改善对地方志工作的领导，切实解决实际存在的问题，为修志工作创造和提供更加有利的条件。四是中共中央宣传部1989年1月批复同意新编地方志公开出版。1983年9月，中国社会科学院党组在中宣部报送的《关于地方志工作情况和意见的报告》中提出为了防止泄密，建议新方志采取内部发行并严控印数，该建议被采纳。其后几年，各地出版的各类志书均按要求在内部发行。1985年的《新编地方志工作暂行规定》提出："新方志的出版工作，由各地编纂委员会同党委宣传部统一安排。出版时必须严格审批手续。新志书一律在国内公开发行。关于是否对外发行问题，待请示中宣部再定。"① 1988 年 9 月，第七届全国人民代表大会常务委员会第三次会议讨论通过《中华人民共和国保守国家秘密法》，并以国家主席令形式公布，1989 年 5 月 1 日起施行。在此情况下，中国社会科学院 1988 年 11 月向中共中央宣传部报送《关于新编地方志公开出版的报告》，建议适应改革开放形势的需要，对原先关于新编地方志暂限内部发行的规定进行修改："今后各种志书编纂完成后，省志、自治区志、直辖市志经省、自治区、直辖市党委或政府验收合格、审查批准后可以公开发行；省辖市志、县志经省辖市、县党委或政府审查、批准，并报省、自治区、直辖市地方志编委会验收同意后，亦可以公开发行。"② 1989 年 1 月，中共中央宣传部批复同意，明确："各地在编纂地方志时，要严格遵守国家的有关法律和方针政策，并请党委、政府把好关。各地可根据实际情况，分别决定新编地方志公开出版或内部发行，不必一刀切。"③

第四节　修志格局初步形成

1985 年，中国地方志指导小组经调整后力量有所加强，但到了 20 世纪 80 年代末，组长曾三和主持日常工作的副组长梁寒冰等成员先后去世，健在者仅剩 10 人。1989 年以后，中国社科院领导一再调整，难以兼顾方志工作。因此，中国地方志指导小组陷入长期无人领导又极不健全的困境，只能勉力维持。在上述背景下，中国地方志指导小组从 1990 年起开始酝酿调整工作。

1995 年 7 月，在多方努力下，经国务院领导同意，中国地方志指

---

① 中国地方志指导小组：《新编地方志工作暂行规定》，《中国地方志通讯》1985 年第 4 期。

② 中国社会科学院：《关于新编地方志公开出版的报告》，中国地方志指导小组办公室选编《中国方志文献汇编》上册，方志出版社 1999 年版，第 257 页。

③ 中共中央宣传部：《关于新编地方志公开出版问题的批复》，中国地方志指导小组办公室选编《中国方志文献汇编》上册，方志出版社 1999 年版，第 255 页。

导小组进行了调整和充实，组建了第二届中国地方志指导小组，中共中央政治局委员、国务委员李铁映担任组长，原中国社会科学院党委书记、副院长郁文任常务副组长，中国社会科学院党委书记、副院长王忍之和中共中央办公厅副主任、国家档案局局长、中央档案馆馆长王刚任副组长，成员有28名。每年召开一次全国地方志年度工作会议，由各省地方志办公室主任参加，研究如何贯彻执行中国地方志指导小组的工作规划。①

1996年5月，在李铁映的主持下，中国地方志指导小组召开了全国地方志第二次工作会议。中共中央政治局常委、国务院总理李鹏接见了全体与会人员，并作了重要指示。会议总结了新编地方志工作十几年来的经验，对一些重大的问题都有明确的指示和规定，对中国地方志事业的发展产生了深远影响。李铁映在讲话中说："修志工作绝不是可有可无的事，而是各级政府的职责，主要是省、市、县三级政府主要领导同志的职责，是两个文明建设的重要组成部分。因此，要坚持'一纳入'，即把修志工作纳入各地经济社会发展计划和各级政府的任务之中。要坚持'五到位'，即领导到位，机构到位，经费到位，队伍（特别是职称）到位，条件到位。要坚持党委领导，政府主持，专家修志，三审定稿制度。方志是'官修'的地情书、国情书。对各级政府领导来说，修志可以说是'官职''官责'。"② 李铁映在充分总结经验的基础上，代表党中央、国务院提出了"一纳入""五到位"的工作要求和"党委领导，政府主持，专家修志，三审定稿制度"的工作体制，并明确提出修志是"官职""官责"。

1996年11月，国务院办公厅印发《关于进一步加强地方志编纂工作的通知》，明确提出："地方各级人民政府要继续重视地方志编纂工作，切实加强领导。编纂地方志是社会主义文化建设事业的重要组

---

① 中国地方志指导小组沿革（1958—2002年），中国方志网，http：//www.difangzhi.cn。
② 李铁映：《求真存实修志资治服务当代垂鉴后世——在全国地方志第二次工作会议上的讲话》，《中国地方志》1996年第21期。

成部分，是承上启下，继往开来，服务当代，有益后世的千秋大业。各地应把地方志编纂工作列入政府的议事日程，明确一位领导同志负责，及时协调解决工作中出现的问题。要为修志机构提供必要的工作条件和经费……"①

1998年2月，中国地方志指导小组颁布施行《关于地方志编纂工作的规定》，原《新编地方志工作暂行规定》停止使用。这个规定的出台，使得我国地方志编纂工作的制度化和规范化大大向前推进了一步。规定根据首轮修志基本完成、续修工作刚刚启动的实际情况，明确提出："编纂地方志应延续不断，各级地方志每二十年左右续修一次，各地上届志书完成后，要着手为下届志书续修积累资料。"关于新志的组织领导，规定提出"坚持'党委领导、政府主持'的修志体制。各省、自治区、直辖市的地方志编纂委员会及其办公室，负责组织本地区修志工作。地方志编纂委员会办公室应是当地政府直属的具有行政职能的一级单位。设区的市、地区、自治州、盟和县、自治县、旗、不设区的市、市辖区也要有常设的修志机构。各级修志机构的经费列入各级地方财政预算。各级修志机构的主要任务是：制定规划；开展调查研究，积累资料；组织志书编纂；审定验收志稿；整理旧志；总结和交流修志经验；进行方志理论研究；培训队伍；编纂出版地方年鉴；提供地情咨询服务；编写地情丛书等""地方各级政府要配备德才兼备的干部担任领导和主编。地方志专职编纂人员要相对稳定""地方各级政府要加强对地方志编纂工作的领导，要把这项工作列入政府的议事日程，明确一位领导同志负责，及时协调和解决工作中的问题；要切实保证修志机构的经费和必要的工作条件，定期评聘业务人员的专业技术职务，妥善解决工作人员的生活福利待遇等问题"。规定还第一次将国家部委和军事部门修志工作纳入范围，提出："国家部委和军事部门志书

---

① 国务院办公厅：《关于进一步加强地方志编纂工作的通知》，中国地方志指导小组办公室选编《中国方志文献汇编》上册，方志出版社1999年版，第242页。

的编纂，由其领导部门决定。"①

在中国地方史志协会（1985年8月改名为中国地方志协会）与中国地方志指导小组的指导下，全国各省、区、市先后建立了省、市（包括地、州、盟）、县（包括县级市、旗）三级地方志编纂委员会。1978年10月，中共湖南省委率先决定恢复《湖南省志》的编纂工作。次年8月，湖南省革命委员会正式下文，恢复省志编纂委员会的工作。这是"文化大革命"后最先恢复省级修志工作的省份。1980年4月中国史学会代表大会的召开，大大加快了各省、区、市建立省级地方志机构的步伐。这些机构绝大多数为正厅级或副厅级事业单位，少数为正处级单位。与"文化大革命"前不同的是，这些机构成立以后，就承担起负责全省各级各类地方志组织、指导、编纂、审稿、验收的职能，而且随着地方志事业的发展，还组织开展读志用志、为各级领导决策提供咨询服务、编纂地方志综合年鉴、开展方志理论研究、建立地情信息资料库等各项工作。到1996年6月，西藏自治区地方志编纂委员会成立，全国内地31个省、区、市全部成立了省级地方志机构。自此，党委领导、政府主持、地方志编委会组织实施的格局基本上在全国范围内形成，为新志编修事业提供了前所未有的有力保证。

第五节　第三届中国地方志指导小组工作情况

2001年12月，经国务院同意，第三届中国地方志指导小组组建，中共中央政治局委员、中国社会科学院院长李铁映担任组长，中国社会科学院副院长朱佳木任常务副组长，国务院副秘书长高强、军事科学院副院长徐根初与国家档案局局长、中央档案馆馆长毛福民任副组长，成员有33名。与第二届中国地方志指导小组相比，国务院副秘书

---

① 中国地方志指导小组：《关于地方志编纂工作的规定》，《中国地方志》1998年第1期。

长高强、军事科学院副院长徐根初（兼任全军军事志指导小组副组长）担任副组长，大大加强了领导力量。2003年12月，鉴于政府换届和机构改革的进展，经国务院同意，第三届中国地方志指导小组对有工作变动的领导和成员进行了调整。调整后，全国政协副主席、中国社会科学院院长陈奎元任组长，朱佳木任常务副组长，国务院副秘书长陈进玉、全军军事志指导小组副组长（待定）与国家档案局局长、中央档案馆馆长毛福民任副组长。

2001年12月，全国地方志第三次工作会议在北京召开，认真总结第二次工作会议以来地方志工作的经验，研究今后五年地方志工作，动员并部署新一轮修志工作。李铁映出席会议并讲话。会议结合党中央、国务院关于在21世纪要继续加强编修地方志工作的指示精神，结合首轮新方志编纂任务已基本完成的实际情况，提出要适时启动新一轮修志工作。会议要求，今后五年内，不管是否完成首轮志书编纂任务，都要启动第二轮编纂工作，并将其纳入政府工作规划中。会议重申李铁映关于加强地方志工作领导的一系列要求，如修志工作要坚持党委领导、政府主持、地方志编委会组织实施的体制；修志工作是省、市、县三级政府主要领导的职责；修志工作要做到"一纳入""五到位"等。会议强调，为使地方志事业绵延不断，必须加强制度化、规范化建设，并逐步创造条件，实现国家立法。会议还提出，在全国性法规出台之前，各地可结合当地情况制定地方法规性文件，为全国地方志立法奠定基础。①

第三届中国地方志指导小组组建前后，正是我国从计划经济体制向社会主义市场经济体制过渡的时期，随着地方志工作的深入开展，一些地方的方志工作发展不平衡、协调不得力、随意性大、机构和人员不稳定等问题日益突出。为从根本上解决这些问题，第三届中国地方志指导小组大力推进地方志工作的法制化建设。2003年7月，四川

---

① 《全国地方志第三次工作会议纪要》，《中国地方志》2002年第1期。

省第十届人民代表大会常务委员会第四次会议通过并公布《四川省地方志工作条例》（以下简称"条例"），这是全国第一个由省人大常委会颁布的地方性地方志法规，也是全国第一个地方志工作地方性法规，具有重要的象征意义。2005年9月，山东省第十届人民代表大会常务委员会第十六次会议通过并公布《山东省地方史志工作条例》。经过数年的不懈努力，2006年5月18日，国务院总理温家宝签署了国务院令第467号，公布《地方志工作条例》，自公布之日起施行。条例明确规定了地方志工作的地位、性质、领导、职责、要求、目的，以及志书编修的间隔年限、审查验收等，将我国地方志工作纳入了法制化轨道。条例明确地方志包括地方志书和地方综合年鉴，将地方综合年鉴纳入地方志的范畴。条例明确了政府的职责，即省、自治区、直辖市人民政府制定本行政区域地方志编纂的总体工作规划，并报国家地方志工作指导机构备案；县级以上地方人民政府应当加强对本行政区域地方志工作的领导，地方志工作所需经费列入本级财政预算。条例规定以县级以上行政区域名称冠名的地方志书、地方综合年鉴，分别由本级人民政府负责地方志工作的机构按照规划组织编纂，其他组织和个人不得编纂。条例还明确了地方志工作机构的职责，规定县级以上地方人民政府负责地方志工作的机构主管本行政区域的地方志工作，职责包括：组织、指导、督促和检查地方志工作；拟定地方志工作规划和编纂方案；组织编纂地方志书、地方综合年鉴；收集、保存地方志文献和资料，组织整理旧志，推动方志理论研究；组织开发利用地方志资源。条例出台是方志发展史上具有里程碑意义的大事，对于实现依法修志，建立地方志工作长效机制，保证地方志事业持续、稳定、健康发展，具有极其重要而深远的意义。其后，各地地方志工作立法进入快车道。具体内容可参见本书第九章"依法治志"部分。

2008年5月，人力资源和社会保障部复函中国地方志指导小组，批准中国地方志指导小组办公室参照《中华人民共和国公务员法》管理全国各级方志机构。在此前后，全国省、市、县三级地方志工作机构大都办理了参公管理。

为加强对各地地方志工作的组织指导,第三届中国地方志指导小组除从2003年起建立起全国地方志系统信息统计上报制度、2005年起恢复每年召开一次全国地方志年度工作会议(全国省级地方志工作机构主任会议)交流经验、2006年起每四年与人力资源和社会保障部联合开展一次全国地方志系统先进集体和先进工作者表彰工作外,还在充分总结首轮修志经验的基础上,研究制定了一系列关于第二轮修志的重要政策指导性文件:(1)2007年11月,中国地方志指导小组印发《关于第二轮地方志书编纂的若干意见》。意见分为指导思想、基本原则、编纂方式、体例篇目、内容记述、志书名称、出版印刷、质量保障八部分。在编纂方式上,意见明确:"二轮志书编纂的主体形式是续修。行政区域、管理系统发生变化的,或前志质量不高的地区,可以重修。未开展首轮修志或新增设的行政区域,需要创修。"[①]该意见还提出,要大力加强制度建设,坚持在首轮修志实践中建立的目标考核责任制、督查通报制、评审验收制等行之有效的工作制度,并根据新情况建立和完善保障志书质量的各种规章制度。(2)2007年11月,中国地方志指导小组印发《关于建立地方志书编纂规划备案制度的规定》。该规定明确从全国范围的第二轮修志工作开始,建立地方志书编纂规划备案制度,以规范地方志编纂工作。规定提出,每轮修志工作启动前,各省(自治区、直辖市)、设区的市(自治州)、县(自治县、不设区的市、市辖区)必须制定地方志书编纂规划,编纂规划应当包括指导思想、篇目体例、目标、主要任务、分工、完成时间和实施办法等内容;编纂规划经同级人民政府批准,报上一级地方志工作机构备案,各省(自治区、直辖市)、新疆生产建设兵团的编纂规划报中国地方志指导小组备案;编纂规划如有调整,应及时将调整情况上报备案;编纂规划可以适当方式公布;各级地方志工作机构

[①] 中国地方志指导小组印发《中国地方志指导小组关于第二轮地方志书编纂的若干意见》的通知,《中国地方志》2007年第12期。

应当对本行政区域地方志书编纂规划的落实情况，进行指导、督促和检查；军事志、武警志以及部门志、行业志等编纂规划备案制度，由各主管部门自行决定。（3）2008年9月，中国地方志指导小组印发《地方志书质量规定》（以下简称"规定"）。规定明确了志书质量的总体要求是观点正确，体例严谨，内容全面，特色鲜明，记述准确，资料翔实，表达通顺，文风端正，印制规范。规定分为总则、观点、体例、内容、记述、资料、行文、出版和附则九章，共50条，内容涉及政治标准、资料标准、体例标准、要素（内容）标准、创新标准、行文标准、出版印制标准等，全面系统，具有可操作性。规定有利于把志书的编纂纳入更为科学、规范的轨道，将质量观念和质量管理贯穿于修志工作的全过程，为志书编纂、审查、验收和评价提供了客观的参照标准和基本的衡量尺度。规定的出台标志着我国初步的地方志质量标准体系开始建立，地方志事业逐步迈进比较成熟的发展轨道。

第六节 第四届中国地方志指导小组工作情况

2008年10月，经国务院同意，第四届中国地方志指导小组组建，全国政协副主席、中国社会科学院院长陈奎元任组长，中国社会科学院副院长朱佳木任常务副组长，国务院副秘书长项兆伦、军事科学院副院长刘继贤、国家档案局局长杨冬权任副组长，成员27人。2012年11月，经国务院同意，第四届中国地方志指导小组领导和成员进行调整，陈奎元仍任组长，中国社会科学院原副院长朱佳木任常务副组长，国务院副秘书长江小涓、军事科学院副院长任海泉、国家档案局局长杨冬权任副组长。

2008年11月，第四次全国地方志工作会议在北京召开。中共中央政治局委员、国务委员刘延东，全国政协副主席、中国社会科学院院长、中国地方志指导小组组长陈奎元出席会议并讲话。刘延东就做好第二轮修志工作提出四点要求：一是要深入贯彻落实《地方志工作条例》，推动地方志事业科学发展；二是要继续坚持质量第一的原则；三是要继续加大支持力度；四是要继续加强对方志资源的管理和开发利用。刘延东要求，各地要按照《地方志工作条例》规定，切实加强领导，健全修志机构，把修志工作所需经费纳入本级财政预算，保证必要投入，改善修志工作条件，改善志书收藏条件。

第四届中国地方志指导小组组建后，大力推进地方志工作法治化建设，地方志事业呈现出前所未有的大好局面，地方志工作取得新的大的突破，主要表现在：一是地方志编修取得重大成果，主要包括全面完成首轮修志工作，累计编修省、市、县三级地方志书5800部；深入展开第二轮修志工作，部分省份完成第二轮修志任务，如广东省；受国务院委托，中国地方志指导小组牵头组织编纂中华人民共和国成立后第一部由国家层面组织编纂的专题性志书《汶川特大地震抗震救灾志》，共11卷13册，约1400万字。二是年鉴编纂取得快速发展。各地新增综合年鉴达400多种、专业年鉴200多种，增加后全国范围内的综合年鉴达到1700余种、专业年鉴1200余种。2012年11月，中国地方志指导小组印发了《地方综合年鉴编纂出版规定（试行）》，各地编纂的综合年鉴出版质量得以规范。三是旧志整理工作成绩斐然。全国地方志系统整理旧志700多种，累计整理2000多种。大规模集中整理旧志也取得阶段性成果，其中广东省全部完成旧志收集整理并出版《广东历代方志集成》。四是方志学科建设和理论建设取得新进展。《中国方志通鉴》《当代志书编纂教程》出版发行，《方志百科全书》启动编纂工作，积极开展对港澳台和对外学术交流，建立中国地方志学术年会制度以发挥学术引领作用等。五是地方志系统设施设备信息化建设迈上新台阶。全国建成国家方志馆1个、省级馆15个、市级馆60多个、县级馆近200个；全国省级网站达到26个、市级网站近200个、县级网站470多个。六是地方志资源开发利用开创新局面。各地积极开展地情研究，为党委政府科学决策提供信息咨询服务，努力将地方志工作与当地经济社会发展结合起来。七是地方志工作机构与队伍建设取得新成绩。各地地方志工作人员通过专题培训、举办讲座、相互交流、与高校联合办学、出国出境考察学习等方式开展业务培训，努力改善队伍知识结构，提高队伍整体素质。各地积极推进地方志工作机构列入参照公务员法管理范围。八是地方志工作法制化建设不断完善。全国累计有25个省（自治区、直辖市），150多个市、县颁布地方志法规或政府规范性文件。

至此，经过两轮修志经验积累，地方志书编纂形成了完整的编纂流程及相关制度。（1）制定志书编纂总体方案，大致包含指导思想、组织领导、编纂任务、时间要求、编纂经费、编纂体例、编纂质量、任务分配、工作步骤、印刷出版等方面的内容。（2）制定工作责任制，包括明确主编、副主编及编纂人员资料收集、志稿编纂、对口单位业务指导、初稿的编纂、总纂稿的编纂以及审查程序等进行分工，确保高效、有序、正常运转。（3）制定篇目，篇目主要为编纂任务的分配和资料的收集提供依据，此后将根据资料收集情况与对地情认识深化情况，不断对篇目进行调整修改，一直持续到定稿为止。（4）制定《行文规范》，包括志书类型、志名与标题书写、结构层次、体裁构成、文体文风、文字与标点符号使用、图照表制作与使用、时间及名称称谓表述、数字与量和单位运用、注释引文、署名方式等方面的规范。（5）开展业务培训制度。（6）分类指导制度，根据承编单位的不同情况开展指导工作，及时有针对性地解决编纂过程中存在的问题，保证编纂工作有序开展，并适时开展督查考核活动。（7）制定凡例，包括指导思想，编纂原则，修志宗旨，时间断限，记述范围，体裁，结构层次，文体，文字，入志人物标准，地名、政区及机构名称、简称、历史纪年、标点、数字数据及量和单位等用法，资料来源以及特别需要说明的问题，以规范志书的编纂。（8）制定资料收集、整理与保管制度，包括对志书资料收集的范围（档案资料、图书资料、音像资料、口碑资料、田野调查资料等），资料收集的办法（公开征集，到档案馆、图书馆等有关单位摘抄、复制，走访当事人、亲历者，实地考察等），资料的整理（分类、考证、比较等）以及资料的保管使用作出明确规定。(9) 试写样稿制度，即在全面编纂志稿前选择若干资料丰富的内容进行试写，然后进行评议，取得经验后开始全面编纂。(10) 志稿评议制度，包括两个层次的评议：第一层次是分志初稿评议；第二层次是总纂稿评议，评议内容包括观点是否正确、保密和敏感问题处理是否得当；史实是否准确无误；篇目设置是否科学合理；内容是否全面系统；地方特色、时代特征、行业特点是否体现；文体文风是否符合要求；数据是否准确；图表设计是否合理；照片选择是否反映当地特点；等等。(11) 制定总纂志稿审查制度，包括各分志稿应送回有关单位部门审查、志稿分送有关涉密单位审查、志稿分送当地新老领导人审查、志稿送统计局对统计数据作专项审查、聘请专人对语言文字和图表等进行专项审查，各项均需有关单位行政主管签署审查意见并盖单位公章。(12) 制定审查验收制度，志书审查均由省级地方志工作机构制定，《地方志工作条例》施行后则授权省级人民政府规定对地方志书进行审查验收的主体、程序等，部分地区在《地方志工作条例》实施办法或实施细则中作了规定，部分地区由地方志工作机构另行出台专门规定；未经审查验收批准的志书不准出版。

第七节　第五届中国地方志指导小组工作情况

2012年11月党的十八大召开以后，习近平总书记发表了一系列关于传承弘扬中华优秀传统文化的重要讲话，深刻阐述了中华优秀传统文化的价值意义、基本内涵、地位作用和传承弘扬的原则要求，提出了一系列新思想新观点新论断。2014年2月25日，习近平在首都博物馆参观时指出，要高度重视修史修志工作。要在展览的同时高度重视修史修志，让文物说话、把历史智慧告诉人们，激发我们的民族自豪感和自信心，坚定全体人民振兴中华、实现中国梦的信心和决心。习近平总书记的系列论断和重要指示为新形势下传承弘扬中华优秀传统文化、推进地方志事业科学发展提供了根本遵循。①

在这种大背景下，第五届中国地方志指导小组完成了换届组建工作。2013年12月，经国务院同意，第五届中国地方志指导小组组建，中国社会科学院院长王伟光任组长，中国社会科学院副院长李培林任常务副组长，国务院副秘书长江小涓、军事科学院副院长任海泉（后改为何雷）、国家档案局局长杨冬权任副组长，成员27人。

2014年4月，经国务院批准，第五次全国地方志工作会议在北京召开。中共中央政治局常委、国务院总理李克强就会议召开作出重要批示，批示说："地方志是传承中华文明、发掘历史智慧的重要载体，存史、育人、资政，做好编修工作十分重要。五年来，全国广大地方志工作者执着守望、辛勤耕耘，地方志工作成绩斐然，这项事业呈现良好发展势头。谨向同志们致以诚挚问候！修志问道，以启未来。希望你们继续秉持崇高信念，以更加饱满的热情、以存真求实的作风进一步做好地方志编纂、管理和开发利用工作，为弘扬优秀传统文化、服务经济社会发展作出新的贡献。"② 会前，中共中央政治局委员、国务院副总理刘延东与部分代表座谈并发表讲话。刘延东提出，必须从实现党的十八大提出的"两个一百年"的奋斗目标、习近平总书记提出的实现中华民族伟大复兴的中国梦的战略全局高度重视和加强地方志工作，将其作为文化强国建设的一项重要基础工作来抓，进一步推进地方志事业的发展和繁荣，为全面建成小康社会和全面深化改革提供历史借鉴和智力支持。刘延东强调，要继续深入贯彻落实《地方志工作条例》，进一步明确地方各级政府管理和发展地方志事业的重要职责，切实做到认识到位、领导到位、机构到位、编制到位、经费到位、设施到位、规划到位、工作到位，将地方志工作纳入各地经济社会发展规划之中；要进一步发挥各级地方志工作机构的统筹规划、组

---

① 刘延东：《与第五次全国地方志工作会议部分会议代表座谈时的讲话》，《中国地方志》2014年第5期。

② 《第五次全国地方志工作会议纪要》，《中国地方志》2014年第5期。

织协调、督促指导等职能,动员和组织各种社会力量参与地方志事业;要把解决问题与建立长效机制紧密联系起来,从地方志工作和事业发展的要求出发,创新体制机制,建立健全相关制度,进一步提高工作水平,推动地方志事业全面协调可持续发展。①

会上,王伟光作《发扬成绩 谋划长远 奋力书写地方志事业发展新篇章》的工作报告。工作报告全面系统总结了第四次全国地方志工作会议后五年里修志工作、年鉴编纂、旧志整理、方志理论和方志学学科建设等方面取得的成绩和积累的经验,同时指出了下一步工作方向,就今后五年工作作出了部署。会议还就制定《全国地方志事业发展规划纲要》征求了意见。

随后,新一届中央领导集体更加重视地方志工作。习近平总书记2014年12月在澳门大学考察时赠送《北京大学图书馆藏稀见方志丛刊》等书籍;2015年7月在中共中央政治局第25次集体学习时强调要整合协调党史、军史、地方志等机构力量对抗日战争进行系统研究,提出地方志工作机构要在抗战研究上发挥应有作用。李克强总理2014年11月就《汶川特大地震抗震救灾志》公开出版专门作出重要批示,要求有关方面认真研究志书总结的抗震救灾经验,不断完善近几年探索形成的"分级负责、相互协同"抗灾救灾应急机制,切实提高我国应对特大自然灾害的能力和水平;2015年12月就全国地方志系统先进模范座谈会召开作出重要批示:"方志流传绵延千载,贵在史识,重在致用。各级政府都要关心和支持地方志事业发展,也希望地方志工作者继续发扬方志人精神,志存高远,力学笃行,直笔著信史,彰善引风气,为当代提供资政辅治之参考,为后世留下堪存堪鉴之记述。"② 刘延东副总理2014年11月、2015年1月又分别就中国地方志指导小组上报的《当前全国地方志工作和事业发展情况

---

① 《第五次全国地方志工作会议纪要》,《中国地方志》2014年第5期。
② 李克强:《关心和支持地方志事业发展 为当代提供资政辅治之参考 为后世留堪存堪鉴之记述》,中国政府网,http://www.gov.cn/guounyuom/2015-12/29/comtent-5029291.htm。

报告》和编制《全国地方志事业发展规划纲要》作出重要批示，2015年12月又接见参加全国地方志系统先进模范座谈会的先进集体和先进个人并发表重要讲话。在不到两年的时间里，中央领导如此集中地就地方志工作作出重要指示、重要批示或发表重要讲话，明确将地方志工作融入国家发展战略，希望地方志工作为提升国家文化软实力做出更大贡献，对地方志事业发展寄予无限期待与厚望，这是前所未有的，既是对广大地方志工作者的鼓舞，又对地方志事业可持续发展具有重要指导意义。

2015年8月，国务院办公厅印发《全国地方志事业发展规划纲要（2015—2020年）》。规划纲要以落实"一纳入、八到位"为突出主线，坚持正确方向、依法治志、全面发展、改革创新、质量第一、修志为用六个基本原则，明确总体目标是到2020年，全面完成第二轮修志规划任务，实现省、市、县三级综合年鉴全覆盖。规划纲要分为发展基础与机遇、指导思想与基本原则、总体目标与主要任务、保障措施、加强组织领导五大部分，提出了全面完成第二轮修志规划任务，大力推进综合年鉴工作，重视专业志鉴、民族地区地方志、乡镇村志和地方史编纂工作，深入开展旧志整理工作，加强地方志理论研究和学科建设，加强人才队伍建设等11项主要任务以及制度、经费等5方面保障措施。规划纲要明确了两个核心目标：一是到2020年，完成第二轮地方志书规划任务，省、市、县三级地方志书全部出版；二是到2020年，做到地方综合年鉴由地方志工作机构组织编纂，一年一鉴，公开出版，实现省、市、县三级综合年鉴全覆盖。规划纲要是我国首个全国地方志事业规划性文件，其颁布施行，标志着全国地方志从一项工作向一项事业的转型，标志着全国地方志事业走上了规划先行、以科学规划引领发展的道路，是地方志事业发展进程中的重要里程碑。

随后，各省（区、市）积极贯彻落实规划纲要，纷纷制定本地的发展规划或贯彻落实规划纲要的实施意见。截至2016年7月底，北京、天津、河北、山西、吉林、黑龙江、福建、江西、山东、河南、广东、云南等省（市）先后出台本地地方志事业发展规划或规划纲要，内蒙古、江苏、湖北、广西、新疆等省（区）先后出台贯彻《规划纲要》的实施意见或方案，辽宁、湖南等省出台进一步加强地方志工作的意见。

2016年3月，《中华人民共和国国民经济和社会发展第十三个五年规划纲要》正式发布。规划第十六篇"加强社会主义精神文明建设"明确提出"加强修史修志"，这是首次在国民经济和社会发展五年规划中写明加强地方志工作的内容，明确将地方志事业作为国家战略实施在文化领域不可或缺的重要一环，纳入"四个全面"战略布局。这是全面落实《全国地方志事业发展规划纲要（2015—2020年）》，特别是全面落实"一纳入、八到位"的"一纳入"在国家国民经济和社会发展五年规划层面的重要突破，对推进地方志事业科学发展有着非常重要的意义。与此相应，北京、上海、江西、广东、云南、青海等省（市）"十三五"规划中都写入了有关加强地方志工作的内容。

第八节　各省、自治区、直辖市地方志工作机构组建情况

北京市　1986年9月，中共北京市委、市政府批准成立北京市地方志筹备小组。1988年9月，中共北京市常委会决定成立以市长为主任的市地方志编纂委员会。同年10月，北京市政府发出通知，正式成立市地方志编纂委员会，编委会下设办公室，列为市政府直属事业单位，级别为正厅级。2006年，办公室实行参公管理。

天津市　1984年5月，中共天津市委发出通知，决定建立天津市地方史志编修委员会，编委会下设总编辑室。1985年2月，天津市委再次发出通知，建立天津市地方史志编修委员会，主任由市长担任。

1997年5月，天津市委、市政府决定将市地方史志编修委员会办公室定格为具有行政职能的副局级事业单位，并归市政府办公厅管理。2005年3月，办公室实行参公管理。

河北省 1981年10月，中共河北省委常委会批准重新成立河北省地方志编纂委员会。1982年4月，成立省地方志编纂委员会办公室，确定为处级单位，由省政协代管。1983年10月，省地方志办公室改属省民政厅代管。1986年9月，经省政府常务会议决定，省地方志办公室挂靠省政府办公厅。

山西省 1980年5月，中共山西省委、山西省政府联合发出通知，成立山西省地方志编纂委员会，由省委第一书记任主任。编纂委员会下设办公室，为一级厅局单位。1994年6月，山西省委、山西省政府发出通知，决定撤销省委党史研究室、省地方志编纂委员会及其办公室，组建山西省史志研究院，为山西省委直属的厅局级事业单位。山西省史志研究院下辖地方志研究所，负责地方志的编研工作。1997年2月，经省政府批准，地方志研究所同时挂山西省地方志办公室牌子，具有行政职能。

内蒙古自治区 1982年9月，内蒙古自治区政府发出通知，成立由自治区党委常务书记任主任的自治区地方志编纂委员会。编纂委员会下设总编室，相当于厅局级机构，负责组织内蒙古自治区区志的编纂和指导全区地方志的编纂工作。1984年7月，经自治区党委决定，自治区地方志编纂委员会为厅局级机构（虚设），下设总编室，为处级机构，划归自治区政府办公厅管理。1992年2月，总编室改名为办公室。2005年，办公室实行参公管理。2009年，办公室升格为副厅级参公单位。

辽宁省 1984年4月，经中共辽宁省委、省政府批准，正式成立辽宁省地方志编纂委员会，由省委书记、省长担任主任。编纂委员会下设办公室，隶属省政府办公厅。1986年1月，省地方志办公室定为副厅级事业单位。1997年3月，省地方志编委会办公室挂省政府地方志办公室牌子。

吉林省 1983年8月，中共吉林省委决定成立吉林省地方志编纂委员会，由省人大常委会主任任主任。编纂委员会下设办公室，为副厅级机构。1985年8月，吉林省委办公厅、省政府办公厅发出通知，将吉林省地方志编纂委员会改为常设机构，列入正厅级建制，原办公室撤销。2004年11月，省地方志编纂委员会被列入吉林省依照公务员制度管理单位。

黑龙江省 1982年1月，中共黑龙江省委发出通知，批准成立黑龙江省志编审委员会，由省委书记、省长担任主任。编审委员会下设黑龙江省地方志研究所，为职能机构。1987年3月，省志编审委员会改名为省地方志编纂委员会，省地方志办公室为其常设机构，按厅级事业单位管理。1988年5月，省委、省政府决定，省地方志编纂委员会的常设工作机构为黑龙江省地方志办公室，是省政府直属的厅级事业单位，撤销省地方志研究所。1991年4月，经中共黑龙江省委同意，省地方志办公室增挂"当代黑龙江研究所"的牌子。

上海市 1986年8月，中共上海市委批准成立上海市地方志编纂委员会。编纂委员会下设办公室。1987年9月，上海市委、市政府发文，市地方志编纂委员会办公室归中共上海市委宣传部，是中共上海市委宣传部领导下的正局级事业单位。2008年，办公室实行参公管理。

江苏省 1986年1月，江苏省地方志编纂委员会成立，由省长担任主任。编纂委员会下设办公室，由江苏省社会科学院代管。1990年1月，办公室划归省政府办公厅代管。1995年9月，确定省地方志编纂委员会办公室为省政府直属副厅级事业单位，参照公务员管理。

浙江省 1984年5月，浙江省政府批准成立浙江省地方志编纂室，负责指导全省修志工作。编纂室设在浙江省社会科学院。1991年11月，中共浙江省委、省政府决定成立浙江省地方志编纂委员会，由省长担任主任。编纂委员会下设办公室，仍设在浙江省社会科学院。

1996年9月，浙江省地方志编纂委员会办公室更名为浙江省地方志编纂办公室，2003年11月又改名为浙江省地方志编纂委员会办公室。2006年4月，办公室由县处级升格为副厅级，为省社会科学院下属社会公益类纯公益性事业单位。2009年3月，省地方志办公室增挂省人民政府地方志办公室牌子。

安徽省 1981年11月，中共安徽省委发出通知，成立安徽省地方志编纂委员会。编纂委员会下设办公室，为省委直属事业机构，正厅级建制。1983年，省地方志办公室改为省政府直属事业机构。1997年1月，省地方志办公室机关依照国家公务员制度管理。

福建省 1983年5月，中共福建省委常委会决定成立福建省地方志编纂委员会。1984年1月，福建省政府发出通知，成立福建省地方志编纂委员会。编纂委员会相当于厅局级机构。

江西省 1983年12月，中共江西省委决定成立江西省地方志编纂委员会，同时成立省地方志编纂委员会办公室，属中共江西省委领导。1984年8月，省地方志编纂委员会组建省志编辑室。1985年6月，省地方志编纂委员会改由省政府领导。1991年2月19日，省政府办公厅发文合并省地方志编纂委员会办公室、省志编辑室，改名为江西省地方志编纂委员会办公室，为江西省地方志编纂委员会领导下的实体性办事机构（副厅级）。1993年，省政府办公厅明确省地方志编纂委员会办公室为省政府直属事业单位（副厅级）。

山东省 1981年10月，山东省政府办公厅发文，成立山东省地方史志编纂委员会。编纂委员会下设办公室，为处级单位。1983年12月，省政府决定省地方志史志编纂委员会办公室为比厅局低半格的单位。1996年4月，山东省政府办公厅批准省史志编纂委员会办公室改为省地方史志办公室，为副厅级事业单位，隶属省政府办公厅领导。

河南省 1981年10月，中共河南省委决定成立河南省地方志编纂委员会。编纂委员会下设总编辑室，负责日常编务工作。1983年8月，省地方志编纂委员会改名为省地方史志编纂委员会。1995年5

月，省地方史志编纂委员会改名为省地方史志办公室，为副厅级事业单位，由省政府办公厅领导，实行公务员管理。

湖北省 1980年12月，湖北省政府发出通知，成立由省长担任主任的湖北省地方志编纂委员会。编纂委员会下设办公室，为省政府直属副厅级事业单位，是省政府负责全省地方志工作的工作机构。

湖南省 1979年8月，湖南省委决定成立省志编纂委员会，在全国率先恢复修志工作。1983年，湖南省志编纂委员会改名为湖南省地方志编纂委员会。1986年1月，省地方志编纂委员会被列为正厅级事业单位。2002年，省地方志编纂委员会纳入公务员制度管理。

广东省 1984年3月，中共广东省委、省政府决定，成立广东省地方志编纂委员会。编纂委员会下设办公室，为副厅级事业机构，行政上归省政府办公厅，业务上受省社会科学院指导。1992年3月，中共广东省委、省政府决定，将省地方志编纂委员会改名为省地方史志编纂委员会，下设办公机构改名为广东省地方史志办公室，列为省政府副厅级事业单位，属常设机构。1998年，办公室依照公务员制度管理。2006年5月，办公室实行参公管理。2009年10月，广东省地方史志办公室更名为广东省人民政府地方志办公室。2011年3月，办公室定为正厅级。

广西壮族自治区 1981年9月，广西壮族自治区党委决定恢复被撤销的广西壮族自治区通志馆，组织指导全区修志工作。1984年8月，通志馆恢复为正厅级事业单位。1986年2月，广西壮族自治区地方志编纂委员会正式成立。编纂委员会成立后，广西壮族自治区通志馆作为办事机构，行使自治区地方志编纂委员会办公室的职能。2006年1月，自治区通志馆撤销，由自治区地方志编纂委员会办公室主管自治区地方志工作；2月，办公室揭牌，为自治区政府直属相当于正厅级事业单位；12月，办公室实行参公管理。

海南省 1988年，海南省地方志编纂委员会成立。同年6月，省地方志编纂委员会办公室成立，为副厅级事业单位，归省政府办公厅管理，配备事业编制18名，下设秘书资料处和编审处两个正处级机构。1993年10月，原海南省地方志编纂委员会撤销，海南省地方志编纂委员会办公室改称海南省地方史志办公室。2002年1月，海南省地方史志办公室和中共海南省委党史研究室合并，成立海南省史志工作办公室，隶属省委，为正厅级事业单位，保留"海南省地方志办公室"牌子，为省委、省政府工作机构。2003年11月，海南省委、省政府决定恢复成立省地方志编纂委员会。

重庆市 1985年10月，重庆市地方志办公室正式成立，与重庆市地方志编纂委员会总编室实行"一套班子、两块牌子"，为正局级事业单位。2006年12月31日，重庆市地方志办公室纳入参公管理事业单位。

四川省 1981年10月，中共四川省委决定成立四川省地方志编纂委员会。1983年7月，四川省政府办公厅明确省地方志编纂委员会为省政府直接领导下的常设机构。1986年6月，省地方志编纂委员会被列为省政府直属正厅局级单位。2006年12月，编纂委员会实行参公管理。2015年7月，省地方志编纂委员会改名为四川省地方志工作办公室。

贵州省 1980年12月，中共贵州省委、省政府成立贵州省志编写筹备组。1983年11月，贵州省政府发出通知，成立贵州省地方志编纂委员会。编纂委员会下设办公室。2011年3月，贵州省档案局（贵州省档案馆）和贵州省编纂委员会地方志办公室重组，合署办公，属省政府直属正厅级事业单位。

云南省 1981年8月，经云南省政府批准，云南省志编纂委员会成立，省长任主任委员。编纂委员会下设办公室，设在云南省社会科学院内。1986年，云南省志编纂委员会更名为云南省地方志编纂委员会。省地方志编纂委员会办公室是其职能部门，为正处级省属事业单位。2008年，办公室归省政府办公厅直接管理，并实行参公管理，办公室主要负责人高配副厅级。

西藏自治区 1996年6月，西藏自治区地方志编纂委员会成立。同时，成立西藏自治区地方志办公室，与西藏自治区党委党史研究室合署办公，是正县级全额拨款事业单位。2001年11月，西藏自治区地方志办公室升格为副厅级全额拨款事业单位。2001年12月，西藏自治区地方志编纂委员会调整更名为西藏自治区地方志工作委员会。

陕西省 1982年6月，陕西省政府发出通知，成立陕西省地方志编纂委员会，由省委书记任主任。省地方志编纂委员会为省政府直属的具有行政职能的正厅级事业单位，下设办公室主持日常工作，为县级事业单位。1996年，省地方志编纂委员会改为协调、指导机构，由省长任主任；另设省地方志办公室，职能、职级同原省地方志编纂委员会。

甘肃省 1984年2月，中共甘肃省委发出通知，成立甘肃省地方志编辑委员会，为地级事业单位。1985年5月，甘肃省政府明确修志具体工作由甘肃省地方史志编纂委员会及其常设工作实体甘肃省地方史志编辑部承办，实行主编负责制。1985年12月，甘肃省政府明确甘肃省地方史志编辑部是政府隶属下的厅（局）级事业单位。但编辑部一直未成立，具体编务由主编负责，以编委会名义开展工作。1994年6月，甘肃省地方史志编纂委员会改名为甘肃省地方史志办公室。1999年5月，甘肃省地方史志办公室依照国家公务员制度进行管理。

青海省 1986年6月，中共青海省委决定成立省地方志编纂委员会，由青海省社会科学院代管。编纂委员会下设编辑部，作为常设机构。1995年10月，省地方志编纂委员会由省社会科学院移交省政府办公厅管理。编辑部为正厅级事业单位（行政管理）。2002年12月，青海省地方志编辑部撤销，青海省地方志编纂委员会办公室成立。

宁夏回族自治区 1985年7月，宁夏回族自治区党委办公厅批准成立宁夏回族自治区地方志编审委员会，自治区政府主席任主任。1987年6月，自治区党委常委会议决定，宁夏修志工作划归政府工作序列，由自治区政府直接领导。编审委员会下设办公室，为宁夏社会科学院代管的正处级单位。

新疆维吾尔自治区 1983年4月，新疆维吾尔自治区地方志编纂委员会成立，下设地方志总编室，为自治区政府领导的二级局事业单位。1987年1月，自治区地方志编纂委员会下设的总编室撤销，自治区地方志编纂委员会成为实体机构。

第六章 辉煌成果

新编地方志是继承我国古老的历史文化传统,同时适应新时代经济、社会发展需要而逐步发展起来的。新编地方志工作已经走过70年的时间,70年来,在毛泽东、周恩来、邓小平、江泽民、胡锦涛、习近平等党和国家领导人的高度重视和关怀下,在各级党委和政府的领导和主持下,广大地方志工作者爱岗敬业、辛勤耕耘、开拓创新,向社会奉献出了规模宏大、卷帙浩繁的地方志书,极大地丰富了中华文明的地情、国情文献资料宝库,取得了辉煌成就。

第一节 新编地方志发端

新编地方志发端期的特点是以县志为主,多为油印初稿。

20世纪五六十年代,全国较早开展新方志编修工作的有湖北、湖南、山西、山东、黑龙江、广东、北京、吉林、河南、江苏、江西、云南、甘肃、青海、河北、广西等省(区、市)。据国家档案局1960年调查,全国有20多个省(区、市)的530多个县开展了地方史志编修工作,约有250多个县编出了初稿,但多为油印稿,正式出版的新志有十余种。[①]

《湖南近百年大事记述》 为《湖南省志》第一卷,1959年2月

---

① 邱新立、王芳:《中国五、六十年代地方志的编修始末及成果概述》,《中国地方志》2000年第1期。

由湖南人民出版社出版，这是中华人民共和国成立后出版的第一部省级志书。全书 69 万字，分上、下篇。

《怀来新志》 由怀来新志编辑委员会编，1959 年 6 月百花文艺出版社出版。该志书通篇采用散文笔法的记述体，设"在怀来盆地上""塞上风云""人民翻身做主人""人民公社好""工业的飞跃""农业的飞跃""怀来在前进"等篇目，具有强烈的时代烙印。作家徐迟、许法新等参加了该志的编写。

《昌黎方言志》 由河北省《昌黎县志》编纂委员会与中国科学院语言研究所联合编撰，1960 年 7 月科学出版社出版。全书 36 万字，

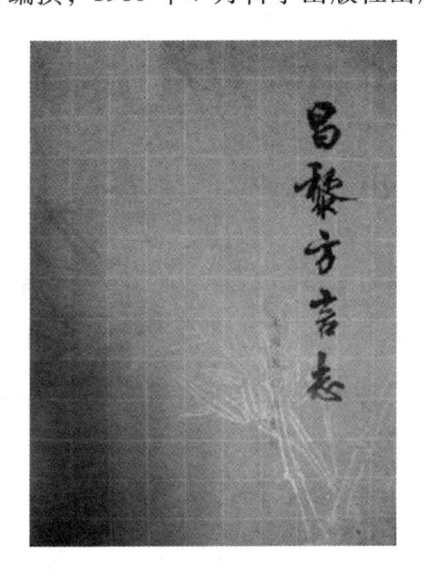

是用现代科学方法,在对全县的方言进行上百个点调查的基础上完成的。该志是我国第一部正式出版的方言专志,产生过较大社会反响,1984年由上海教育出版社再版。

此外,还有湖北人民出版社出版的《清水县简志》《咸宁县简志》《孝感县简志》《汉川县简志》《应城县志》,贵州人民出版社出版的《镇宁县志》《水城县志》《大方新志——高歌猛进的大方》,湖南人民出版社出版的《湖南省志·地理志》(上、下册),甘肃人民出版社出版的《甘肃气候志》,内蒙古人民出版社出版的《内蒙古农作物品种志》等。

20世纪五六十年代的中国新方志编修工作,是由我国哲学社会科学领域著名专家学者组织发起,地方志小组推动开展起来的。成稿的志书,内容多"新旧对比""忆苦思甜",时代的烙印比较强烈,资料还比较单薄,修志队伍也缺乏培训,编纂比较粗糙,但毕竟有了一个良好的开端。这一时期的修志活动也为1980年以后的全国新编地方志工作提供了经验,打下了基础,起到了承前启后的作用。

第二节 首轮新编地方志

首轮新编地方志的特点可以总结为:三级志书,成就斐然。

"文化大革命"结束后,全国修志工作逐渐开始恢复,黑龙江省呼玛县、山西省寿阳县和平定县、广西武宣县等是较早恢复修志工作的县。中共十一届三中全会以后,随着我国改革开放各项事业的发展,地方志事业迎来了"盛世修志"的大好局面。1979年5月1日,山西省临汾县委组织部李百玉以《县志应当续订重修》致信中共中央宣传部和光明日报社,建议在全国开展修志工作。7月9日,时任中宣部部长的胡耀邦同志在李百玉给中宣部的信上批示"大力支持在全国开展修志工作",全国陆续揭开了大规模编修新方志的序幕。

第六章 辉煌成果

1981年8月，中国地方史志协会在太原成立，大大促进了全国各省的地方志编修，许多省纷纷恢复、组建、成立修志机构，着手地方志编修工作。据统计，仅截至1982年7月底，全国已有湖南、山西、湖北、四川、安徽、河南、山东、黑龙江、云南、陕西10个省、30多个地区、70多个市、500多个县建立了修志机构，开展修志工作。1983年4月，中国地方志小组恢复并改名为中国地方志指导小组，进一步推动了全国地方志事业的开展。据不完全统计，截至1984年2月底，全国建立修志机构的有20个省级单位，占30个省的三分之二；80个地区单位，占209个地区的三分之一；104个市级单位，占313个市的三分之一；1094个县级单位，占2137个县的一半以上。①

1985年4月19日，国务院办公厅以国办发〔1985〕33号文件，转发中国社会科学院关于加强全国地方志编纂工作领导的报告，要求"各地要对地方志编纂工作进行一次检查，进一步加强领导，充实人员，加强队伍建设，切实解决地方志编纂工作中的问题"。该文件的颁布，标志着地方志工作正式纳入各级政府的工作日程，全国修志工作进入了新的发展阶段，一个党委领导、政府主持的修志局面开始形成。同年7月，中国地方志指导小组颁发《新编地方志工作暂行规定》，是中华人民共和国成立后第一个由国家授权发布的关于编纂新方志的纲领性文件，确定了首轮修志的一系列重要原则。

1996年11月，国务院办公厅出台《关于进一步加强地方志编纂工作的通知》，进一步明确了地方志工作在社会主义文化建设事业中的地位，完成了省、市、县三级志书体系的建构，确定了志书"每20年左右续修一次"的国家要求，标志着中华人民共和国地方志工作步入制度化阶段。这一规定从制度上保证了我国已经有两千多年的修志传统得到了延续。

1998年2月，中国地方志指导小组颁布《关于地方志编纂工作的

---

① 以上数据来自中国地方志指导小组办公室历年统计资料，具体参见中国方志网，http://difangzhi.cn。

规定》，对修志体制、修志机构、修志经费、志书体裁等普遍性问题作出了更为具体的规定。与此同时，各级地方政府和地方志工作机构根据党中央、国务院有关部门的规定，也制定了一系列的规章制度，从而有力推动了地方志工作的开展。

至21世纪初全国首轮修志工作接近尾声，经过20多年的发展，在全国广大地方志工作者的艰苦努力和辛勤耕耘下，首轮新编地方志事业取得丰硕成果。截至2005年11月，全国31个省（区、市）首轮三级志书规划编纂6000余部，已出版5000余部。其中，省级志书规划2615部，已出2176部，完成83.2%；市级志书规划288部，已出版261部，完成90.6%；县级志书规划2506部，已出版2371部，完成94.6%。全国三级志书共完成规划任务的88.8%，其中，安徽、黑龙江、山东、河南、湖北、重庆、云南等省率先完成规划任务。[①]

《呼玛县志》 由中共呼玛县委、县政府《呼玛县志》编辑委员

---

① 以上数据来自中国地方志指导小组办公室历年统计资料，具体参见中国方志网，http://difangzhi.cn。

第六章 辉煌成果

会编修，1980年1月内部印行，这是"文化大革命"结束后全国首轮最先编成出版的新县志。该志共42章140节，正文设呼玛县概况、清朝时期、中华民国时期、满洲国时期、"九三"光复后新中国成立前时期、新中国成立后时期、附录七编，先分时期，后分门类，这种"分期体"写法，以后出版的志书基本没有采用。

《如东县志》 1983年9月由江苏人民出版社出版，是首轮修志公开出版发行的第一部新方志，也是首轮修志中先期出版的志书中比较成功的一部，1993年获全国新编地方志优秀成果二等奖。

《武进县志》 1988年10月由上海人民出版社出版，是全国第一部正式出版、向国内外公开发行的县志。

《黄山志》《巢湖志》 1988年、1989年由黄山书社出版，是全国公开出版的第一部山志、湖志。

此外，20世纪80年代较早公开出版或内部发行的志书还有江西省《万年县志》《玉山县志》、山东省《庆云县志》、甘肃省《华池县志》、内蒙古自治区《托克托县志》、宁夏回族自治区《盐池县志》等。

为了全面检查、检阅新编志书编纂质量，首轮修志期间，中国地方志指导小组先后组织了两次全国性的地方志优秀成果评奖活动和三次新编地方志成果展览。两次评奖活动分别是：1993年首次评奖活动。同年4月27日，中国地方志指导小组印发《开展全国新编地方志优秀成果评奖办法的通知》，同时印发指导小组办公室制定的《全国新编地方志优秀成果首次评奖办法》。评奖范围和对象限于20世纪70年代末至1993年上半年正式出版的三级志书。9月3—9日，全国新地方志评奖会在北京举行，共评选出一等奖164部、二等奖247部、三等奖129部，共540部，占该时期出版总数1379的39.2%。1994年1月26日，指导小组正式向全国地方志系统通报评奖结果。1997年举行第二次评奖活动，同年5月7—8日，中国地方志指导小组二届三次会议在北京召开，讨论通过《全国地方志评奖实施办法》，并于8日印发。

下篇 中华人民共和国方志事业

全国地方志评奖实施办法

(1997年5月8日中国地方志指导小组二届三次会议通过)

第一条 宗旨：为贯彻落实全国地方志第二次工作会议的要求，在修志队伍中，大力倡导"求实、创新、协作、奉献"的敬业精神，树立出佳作、创名志的意识和抱负，高质量地完成社会主义时期第一届新方志的编写任务，制定本办法。

第二条 奖励名称：设立《全国地方志优秀奖》和《全国地方志荣誉奖》。《全国地方志优秀奖》是全国方志界最高的奖励。

第三条 评奖范围：从1993年7月1日至1996年12月31日已出版的省、市、县三级志书；已参加93年全国评奖的志书，不再参评。

第四条 评奖基本标准：

1. 观点鲜明正确，以马列主义毛泽东思想和邓小平建设有中国特色社会主义理论为指导，贯彻党的路线方针政策；
2. 篇目结构合理，体例完备严谨，在继承旧志优良传统的基础上有所创新；
3. 资料翔实准确，内容充实深刻，认真贯彻存求实的原则；
4. 时代特点、地方特色和民族特色鲜明；
5. 行文朴实简练流畅，有较强的可读性；
6. 图表运用得当，印制装帧精美大方，全书差错率不超过万分之一。

第五条 组织领导：由中国地方志指导小组邀请有关专家学者和领导同志组成全国地方志评奖委员会，负责各地申报的优秀志书的评审工作；具体事务由中国地方志指导小组办公室负责组织实施。

第六条 申报程序：

1. 各省、市、自治区设立由专家学者、领导干部和有实践经验的编写人员组成评选小组，负责本地区参评志书的推荐工作。

2. 各评选小组根据规定时间内已出版的三级志书的数量和质量进行评选。其推荐总数额为百分之十，其中百分之三推荐为《全国地方志优秀奖》，百分之七推荐为《全国地方志荣誉奖》，作为本地的参评志书，报全国地方志评奖委员会进行评审。

评选工作在各地评奖的基础上进行；未进行评奖的地区，从较优秀的志书中评选。

3. 各地推荐参评的志书，需填写《全国地方志评奖申报表》一式40份并附样书每种五部，于规定时间内，报送中国地方志指导小组办公室。

4. 报送申报表及样书的时间为：从1997年6月15日起至1997年6月30日截止，逾期不再接收。

第七条 原则和方法：严格掌握质量标准，以质量为准绳，宁缺勿滥；坚持公正的原则，精心组织，认真评审：

1. 根据各地报送参评志书的数量和质量，确定本届的总奖励名额。
2. 按照各地申报参评志书的类别，邀请有关专家预审，并向评委会提出报告；由评委会分类分项进行评审。
3. 评奖委员在评议本人主编的参评志书时必须回避，但本人有表决权。
4. 评审采取无记名投票的方式表决，以三分之二多数票通过；参加表决的人数不得少于评委会全体委员的三分之二。
5. 评奖委员会通过的志书，经中国地方志指导小组审批后，通报全国修志系统，并举行颁奖仪式。

第八条 奖励办法：获得《全国地方志优秀奖》的志书，由中国地方志指导小组颁发证书，予以物质奖励。获得《全国地方志荣誉奖》的志书，由中国地方志指导小组颁发证书，予以表彰。

第九条 各省、自治区、直辖市地方志书和地方年鉴的评奖活动，由各地根据实际情况，制定实施办法，自行安排组织。

中国地方志指导小组
一九九七年五月八日

评奖范围和对象是1993年7月至1996年12月31日正式出版的三级志书。同年7月28日至8月1日召开终评会，共评出全国地方志一等奖51部、二等奖127部，占该时期正式出版的三级志书总数1718部的10%。8月20—22日在宁波举行颁奖大会。

图为全国地方志奖颁奖大会代表合影

全国新编地方志成果展共计召开三次，分别是：第一次是1993年3月5—11日，在中国革命博物馆联合举办"全国新编地方志成果展览会"，500多人出席开幕式。此次展览会展出5000余种志书、年鉴、地情书等，《人民日报》《光明日报》等多家媒体都作了充分报道，极大地宣传了新编地方志工作；第二次是1995年9月3—5日，在长春市地质学院地质宫举办的"全国方志、地方年鉴及有关历史图书博览会"，由吉林省地方志编纂委员会承办。此次博览会共有39个单位参

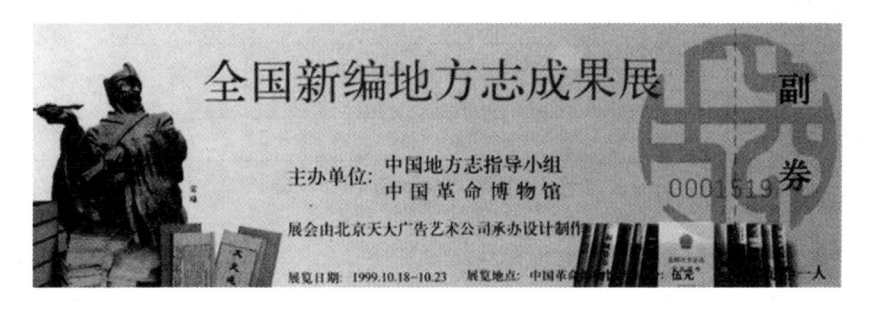

图为1999年10月18—23日在中国革命博物馆举办的
"全国新编地方志成果展"门票

图为 1999 年全国新编地方志成果展纪念封

展，展出 1500 余种图书。第三次是 1999 年 10 月 18—23 日，在中国革命博物馆举办的"全国新编地方志成果展览"，李铁映、雷洁琼、邓力群等领导及各界人士 8000 多人出席开幕式。此次展览展出三级志书 4000 余部，以及部门志、行业志等总计 10000 余部。

首轮修志出版的志书中，许多志书由当时的国家领导人或书法家、知名人士等题写书名或题词、题签、作序，成为修志成果弥足珍贵的组成部分。现据《中国方志通鉴》"编年简史"略作统计，整理制作表如下：

志书名称	题名人	题写书名	题词	题签	作序	题写时间
五台县志	徐向前		实事求是地编纂县志是马克思主义的科学态度	√		1981.12.23
江陵县教育志	徐向前	√				1981
山西省志	徐向前		广搜博采，编写新志，是大好事，祝其早成			1984.12
彭县志	李一氓	√				1981.12.24
如东县志	赵朴初	√				1982.5
巴彦县志	赵朴初	√				1984.9
川沙县志	赵朴初	√				1986

第六章 辉煌成果

续表

志书名称	题名人	题写书名	题词	题签	作序	题写时间
宝应县志	赵朴初	√				1986
昆山县志	赵朴初	√				1987
江山县志	赵朴初	√				1988.8.28
宝应县志	赵朴初	√				1988
江山市志	赵朴初				√	1990.2
内江市志	张大千	√				1982.7
内江县志	张大千	√				1982.7
武进县志	史良		编纂县志，教育后人，造福桑梓			1982.12.20
湖塘镇志	史良	√				1982.12.20
戚墅堰志	史良	√	江山如此多娇			1984.5
江苏省常州拖拉机厂志	胡厥文	√				1983.7
临洮县志	胡厥文	√				1986.5
繁昌县志	谭震林		实事求是，群策群力，努力编写好《繁昌县志》			1983.9
红安县志	李先念	√				1983.12.20
湖北省志	李先念		坚持辩证唯物主义与历史唯物主义，为社会主义物质文明和精神文明服务			1984.6.20
荆江大堤志	李先念	√				1990
扶绥县志	吴西	√				1983.12
江津县志	聂荣臻	√				1983.7
上海航天志	聂荣臻	√				1989.12
九江县志	许德珩	√	坚持辩证唯物主义与历史唯物主义精神，实事求是，编辑好地方志，建设新九江			1984
湖口县志	许德珩	√				1985.6
湖北省志	陈丕显		继承历史文化优良传统，努力编纂好湖北省地方志			1984.6
太仓县志	陈丕显	√				1990
渭南县志	屈武	√				1984.7.9

续表

志书名称	题名人	题写书名	题词	题签	作序	题写时间
大冶县志	武修权	✓	大冶老苏区，革命有贡献，开展新局面，务争创前列			1984.7
青浦县志	陈云	✓				1984.8.26
青浦县志	陈云				✓	1985.12
哈尔滨通志	陈云	✓				1985.4
临淄区志	陈云	✓				1986.7.26
上海公安志	陈云	✓				1993.1
上海工运志	陈云	✓				1991.3.20
沁水县志	薄一波	✓				1984.10
山西通志	薄一波		明春秋大义，承上启下，继往开来；为人民立言，服务当代，裨益后世			1991.2
潼南县志	杨尚昆	✓				1984.11.25
无锡县志	陆定一	✓				1994.1
兴国县志	肖华	✓				1984
环县志	习仲勋	✓				1985.2.13
洛阳矿山机器厂志	习仲勋		同心同德，团结奋斗，坚持改革，开拓前进			1986.4.5
甘肃省志	习仲勋		编好志书是件益国利民的千秋大业			1988.11.14
上虞县志	胡愈之			✓		1985.7
沈阳市科协志	周培源				✓	1985.11.29
宜兴县志	周培源		运用唯物史观，回顾过去，总结现在，瞻望将来，努力建设两个文明			1985.11
沈阳市科协志	严济慈	✓				1985.12.5
通城县志	王任重	✓	鉴古知今振兴通城。人民群众是创造历史的主人。编纂县志为建设两个文明服务			1985.12
仁寿县志	杨汝岱	✓				1986.10
荆江大堤志	王任重				✓	1990
赤峰市志	乌兰夫	✓				1987

第六章 辉煌成果

续表

志书名称	题名人	题写书名	题词	题签	作序	题写时间
巴林右旗志	乌兰夫	√	巴林右旗各族人民团结奋斗建设四化			1990.4
土默特志	乌兰夫	√				1990.4
重庆市志	陈锡联		求实存真，继承创新，编修好重庆市志			1986.4.14
青龙乡志	周谷城	√				1986.5
奉贤县志	周谷城	√				1987.9
宿县志	周谷城	√				1988.12
开县志	刘伯诚	√				1989
建湖县志	周谷城	√				1994.7
新县志	李德生		扬故土之美，表桑梓之杰			1986.5
通化市志	肖劲光	√				1986.6
辉南县志	肖劲光	√				1986.6
黄河志	胡耀邦	√				1986.7.14
崇明县志	胡耀邦	√				1986.11.17
奉贤县志	胡耀邦		盛世修志			1986.11.19
庄浪县志	胡耀邦		√			1998.11
淄博市志	彭真	√				1986.11
桓台县志	彭真	√				1986
奉贤县志	江泽民		鉴古知今，信今传古			1986.11
扬州市志	江泽民		修好扬州市志，造福家乡人民			1986.11
宝钢志	江泽民		宝钢是在我国改革开放中建设的大型现代化钢铁企业；"宝钢志"的编写有其深刻的历史和现实意义			1988.3.12
上海县志	江泽民		"上海"七百年，名城扬世界			1989.8
广陵区志	江泽民	√				1990.2
上海农业科研志	江泽民		弘扬中华农业遗产，繁荣现代科学技术			1991.5.10
上海制皂厂志	江泽民	√				1992.5.12
泰山志	江泽民	√				1993.7.5
扬州市志	江泽民	√				1994.4.22

145

续表

志书名称	题名人	题写书名	题词	题签	作序	题写时间
江都县志	江泽民	√				1994.4
上海轻工业志	江泽民	√				1995.11.8
上海交通大学志	江泽民	√				1996.4.5
盐城县志	胡乔木		继承和发扬盐城人民的光荣革命传统			1986.11
大足县志	胡乔木	√				1988.12
盐城人物志	胡乔木	√				1990.12
镇原县志	耿飚		温古史识今朝创建未来			1987.4.10
丰满发电厂志	李鹏	√				1987.7.3
黄河志	李鹏				√	1991.8.20
韶山志	李鹏		继承老一辈革命家光荣传统			1993.5
泰山志	李鹏		泰山离天近，山外更有山			1993.7
海河志	李鹏				√	1996.2.10
乐山市五通桥区志	李鹏	√				1992.5
广安县志	李鹏	√				1994.4
高县志	李鹏		编修高县县志，促进经济发展，人民安居乐业			1998.1
大足县志	李鹏		√			1996.12
定西县志	费孝通	√				1988.7.25
庄浪县志	费孝通	√				1998.11
甘肃省志	马文瑞		研究历史，古为今用；开拓未来，造福后代			1988.10.20
甘肃省志	李登瀛		尊重历史，服务现实			1989.7
甘肃省志	杨静仁		《甘肃省志》的出版必将激励人们为振兴甘肃经济而奋斗			1989.8.31
张家川回族自治县志	杨静仁			√		2000.12
甘肃省志	王世泰		发扬中华民族撰史修志的优良传统			1989.8
临夏州志	王震	√				1990.6.1

第六章　辉煌成果

续表

志书名称	题名人	题写书名	题词	题签	作序	题写时间
肥城县志	田纪云		以志为鉴，振兴肥城			1990.7.23
黄河防洪志	田纪云				√	1991.5.7
黄河规划志	钱正英				√	1990.8.13
盐城县志	张爱萍		勿忘历史，创造未来			1991.4
农一师志	王恩茂		革命战争功勋卓著，屯垦戍边成绩非凡			1992.8.17
常州农工党志	卢嘉锡	√				1993.9
江苏名镇志江苏名村志	张爱萍	√				1993.12
普陀区志	吴邦国			√		1994
上海财政税务志	吴邦国		为国家繁荣富强积累建设资金			1994.10
吴县志	胡绳		掌握县情，踏实前进。改革开放，无限前程			1994.2
南化志	李岚清		深化改革，转换经营机制，使老企业焕发青春活力			1994.3.2
天津通志	李岚清		发挥地方志书的教育作用，为提高人民的文化素质做贡献			1994.6.11
南化志	荣毅仁		继往开来，再展宏图			1994.3.3
封浜志	于光远	√				1994.8
滨州地区志	李铁映	√				1996.1
农四师志	李铁映	√				1999.8
大足县志	杨尚昆		√			1996.12
桂林市志	程思远		√			1997.12
济南市志	姜春云		鉴往知今，振兴济南			2002.3

注：据中国地方志指导小组办公室编《中国方志通鉴》整理（截至 2002 年），排序以题写时间先后为序，同一人相对集中排列。

第三节　第二轮新编地方志

第二轮新编地方志的特点是推陈出新，创新发展。

20世纪80年代末90年代初,有个别省份开展了续志工作,如1989年12月黑龙江省《呼玛县志(1978—1987)》由中国文史出版社出版,是全国大规模开展新方志编纂工作以来的第一部续志;1993年3月江西省《瑞昌县续志(1985—1989)》由黄山书社出版。至20世纪末21世纪初,伴随着首轮修志工作的收尾,全国第二轮修志工作全面启动。

1996年5月4—7日,全国地方志第二次会议在北京召开。会议提出在2000年完成本轮修志任务,并着手实施下一轮修志等重大任务。1998年1月19—20日,中国地方志指导小组二届五次会议召开。会议提出已完成本届修志任务的地区要及时转入下届志书的编前准备,包括资料准备、思想理论准备、队伍准备等各方面工作,续修工作要有计划、有步骤、有领导地进行。此后,湖南、河北、黑龙江、安徽、吉林、广东、上海、江苏、陕西等省市先后下发文件,采取措施,抓紧首轮修志扫尾工作,并启动三级志书的续修。随着改革的进一步深化,地方志工作为适应新形势需要,迫切需要通过立法加以规范。在党和国家的大力支持下,地方志立法工作启动,2006年5月18日,国务院《地方志工作条例》颁布实施,这是我国第一部有关地方志工作的行政法规,掀起了依法修志新篇章。中国地方志指导小组在二轮修志工作全面开展之时,就把提高志书编纂质量作为地方志工作的头等重要大事来抓,先后出台《关于第二轮地方志书编纂的若干意见》和《地方志书质量规定》,对志书质量提出统一的标准和要求。至2008年11月第四次全国地方志工作会议召开之际,全国出版首轮三级志书5800余部,出版二轮三级志书370余部,编纂部门志、专业志、行业志、山水名胜古迹志16000余部。在全国各级地方志工作机构和广大地方志工作者的辛勤耕耘下,地方志工作取得了新成绩,经过五年时间的发展,至2014年4月第五次全国地方志工作会议召开之际,全国首轮修志工作全面完成,累计出版三级志书5800多部。二轮修志工作深入开展,广东省率先全面完成二轮修志规划任务。全国累计出版二轮三级志书1400多部，部门志、行业志、专题志20000多部，乡镇村志4000多部。

2015年8月国务院办公厅印发《全国地方志事业发展规划纲要（2016—2020年）》，开启了依法治志的新时代。该纲要是国家对全国地方志事业发展的重要指导性文件，是国家实施"四个全面"战略布局在文化领域的一项重大举措。中国地方志指导小组及其办公室围绕地方志事业发展实际和需要，依法履行统筹规划、组织协调、督促指导职能，锐意进取，开拓创新，积极实施中国志书精品工程、民族地区与经济欠发达地区志书出版资助工程、中国名镇志文化工程等"十大"工程，组织编纂《汶川特大地震抗震救灾志》，不断推陈出新，创新发展。

《汶川特大地震抗震救灾志》 由中国地方志指导小组负责全志组织协调，中国地方志指导小组、国务院新闻办公室、中国地震局、解放军总参谋部、民政部、卫生部、国家发展和改革委、人力资源和社会保障部等牵头编纂。2008年11月启动编纂工作，2015年8月方志出版社出版。全书共11卷13册，包括总述、大事记、图志（上、

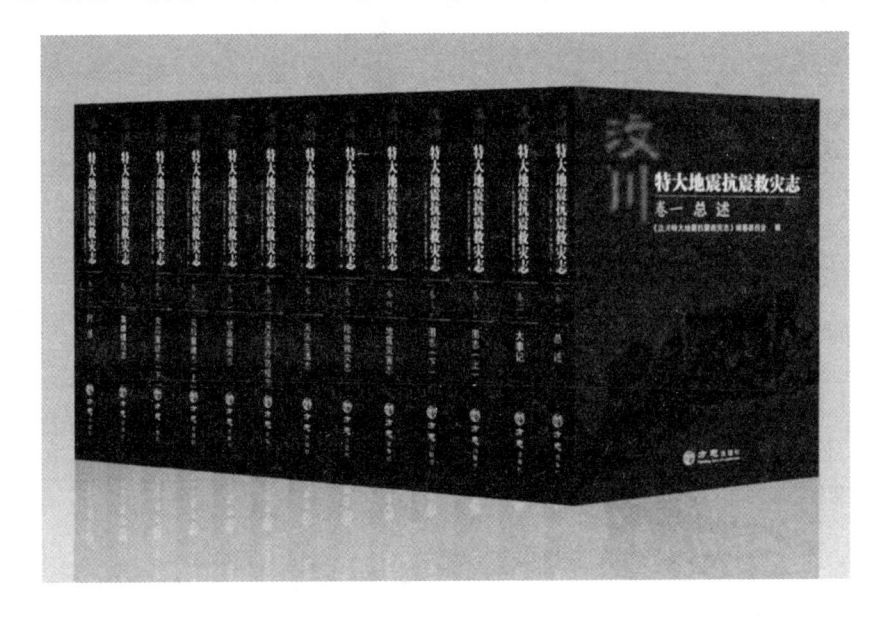

下）、地震灾害志、抢险救灾志、灾区生活志、灾区医疗防疫志、社会赈灾志、灾后重建志（上、下）、英雄模范志、附录，总字数约1400万字。该志全景式地展示了抗震救灾和恢复重建的过程，客观系统地记述了汶川特大地震灾害，是中华人民共和国成立以来首部由国家层面组织、针对特大自然灾害编纂的专题性志书。该志被列入"十二五"国家重点出版物出版规划项目、中国志书精品工程。

《中国名镇志丛书》　　该丛书是中国名镇志文化工程龙头产品，首批编纂出版十本，2016年2月由方志出版社出版。包括江苏省昆山市周庄镇志编纂委员会编纂的《周庄镇志》、河北省秦皇岛市山海关区第一关镇志编纂委员会编纂的《第一关镇志》、浙江省绍兴市柯桥区钱清镇志编纂委员会编纂的《钱清镇志》、山东省临朐县冶源镇志编纂委员会编纂的《冶源镇志》、江苏省苏州市吴中区甪直镇志编纂委员会编纂的《甪直镇志》、江苏省苏州市吴江区同里镇志编纂委员会编纂的《同里镇志》、湖北省京山县三阳镇志编纂委员会编纂的《三阳镇志》、上海市金山区枫泾镇志编纂委员会编纂的《枫泾镇志》、四川省宜宾市翠屏区李庄镇志编纂委员会编纂的《李庄镇志》以及天

津市北辰区天穆镇志编纂委员会编纂的《天穆镇志》。这十部志书在坚持志体的基础上，创新运用志书体裁，篇目设置、资料选择等突出了名镇的"名"与"特"，充分展示了名镇的文化魅力，对留住乡愁，记住乡思，激发人们的爱乡、爱国情怀具有重要意义。

《全国地方志事业发展规划纲要（2016—2020年）》出台后，全国各地联动，多措并举抓学习、宣传和落实，稳步推进二轮修志工作。截至2015年年底，全国编纂完成首轮、二轮三级志书8000多种，编修部门志、行业志、专业志、乡镇村志27000多种。其中，二轮三级志书累计出版2200多部，部门志、行业志、专题志累计完成23000多部，乡镇、村志累计出版4500多部。

第四节　旧志整理

旧志整理进展顺利，成果引人注目。

持续不断地编修地方志是我国优秀的文化传统，至今已有2000多年的历史。据统计，国内保存的各类历代志书有近万种，约十余万卷，是人类珍贵的文化遗产。中华人民共和国成立后，全国地方志系统在开展志书编纂的同时，旧志整理工作也受到高度重视。全国地方志系统的旧志整理工作始于1982年，1月朱士嘉提出《整理研究地方志的意见书》，3月国务院召开"古籍整理出版规划会议"，将方志整理纳入古籍整理规划。1984年3月，中国地方志指导小组成立旧方志整理工作委员会，作为业务指导机构负责地方志系统的旧志整理工作。之后，陕西、河南、福建、安徽、贵州、黑龙江、四川、浙江、山西、吉林、广东、广西等省区相继开展旧志资源的普查和整理工作，摸清家底让"旧志还家"。据不完全统计，至2006年，广东省摸清有旧志400余种，已收集到通志和府、州、县志250余种；广西有旧志250余种，收集到历代志书230余种。山西省整理刊印旧志139种，黑龙江整理旧志39种，江苏省整理旧志60余种，上海市整理出版旧乡镇志

17种，山东省标点复印旧志60余种，贵州省整理旧志20余种。① 整理出版的旧方志中，有的是弥足珍贵的孤本、善本，如2004年10月浙江省义乌市志编辑部影印出版的崇祯《义乌县志》（明熊人霖著，一函六册），即是国家一级文物，属海内孤本，取得良好的社会影响。

各地还编辑了许多方志目录、提要、索引等工具书，为社会广泛应用。如1985年1月中国科学院北京天文台编、中华书局出版的《中国地方志联合目录》，即是当时国内外著录最全的一部中国地方志综合目录，收录全国30个省区市190个公共、科研、大专院校图书馆、博物馆、文史馆、档案馆所收藏的地方志8264种，包括流散在日本、美国各图书馆的近100种孤本、珍本。1993年10月江苏古籍出版社出版的《江苏旧方志提要》，收录志书1170种，包括现存志书714种、佚志372种、存目待考84种，因首次收录山水志，其收录数量比《中

---

① 以上数据来自中国地方志指导小组办公室历年统计资料，具体参见中国方志网，http://difangzhi.cn。

国地方志联合目录》所收江苏部分新增加了220多种。伴随着新方志编纂工作的深入推进，旧志整理成果斐然。截至2015年年底，全国地方志系统累计整理旧志2500多种，如《广东历代方志集成》《上海府县旧志丛书》《四川历代方志集成》（清·宣统）《山东通志》等。①

《广东历代方志集成》 广东省人民政府地方志办公室组织收集、整理、编辑，2009年由岭南美术出版社出版。全书编辑历时四年多，共搜集中华人民共和国成立前历朝历代编撰、现存且可查、分散收藏在国内外的省通志、府州志、县志433种。全书由省部、广州府部、韶州府部、南雄府部、惠州府部、潮州府部、肇庆府部、高州府部、雷州府部、琼州府部和廉州府部共11部、276册组成，另有目录一册。所收方志不少为孤本、善本。《广东历代方志集成》是研究广东历史最翔实、最丰富和最重要的历史资料。

《上海府县旧志丛书》 上海市地方志办公室和相关区县地方志办公室整理汇编，2007年启动，历时九年，2016年由上海古籍出版社出版。全书11卷36册，辑有59种于1949年前修纂的上海地区府县

---

① 以上数据来自中国地方志指导小组办公室历年统计资料，具体参见中国方志网，http：//difangzhi.cn。

卫厅志书，附录各类府县级方志资料20种，合计79种，包括《奉贤县卷》《南汇县卷》（全二册）《崇明县卷》（全三册）《川沙县卷》（全二册）《松江府卷》（全十一册）《松江县卷》（全三册）《嘉定县卷》（全四册）《宝山县卷》（全二册）《青浦县卷》《金山县卷》《上海县卷》（全五册），总计3744万字。

《山东通志》（清·宣统）　2014年山东省地方史志办公室整理影印出版。宣统版《山东通志》由晚清山东巡抚张曜、杨士骧等经营，著名学者孙葆田等数十位晚清著名学者参与编修。此版《山东通志》自光绪十六年（1890年）设局修纂，到宣统三年（1911年）修

成，耗时达 20 年。宣统版《山东通志》分为舆图、通纪、疆域志、职官志、田赋志、学校志、典礼志、兵防志、河防志、艺文志、人物志、杂志 12 函、218 卷、共计 635 万字，是山东历史上规模最大、内容最翔实、体例最完备的一部通志。被《中国地方志总目提要》《续修四库全书总目提要》称为清代山东地方之巨帙佳乘，保存齐鲁文献最为完备。

第七章　开发利用

做好方志资源开发利用,首先要明确什么是方志资源。至于什么是方志资源,《辞海》等工具书上没有定义,现在的文件、讲话、文章中只是直接使用这个词,也没有明确的提法。综合各方面论述,狭义的方志资源指地方志书(包括历代方志与新编志书——含综合志书、部门志、专业志等)、年鉴(包括民国时期年鉴与新编年鉴——含综合年鉴、部门年鉴、专业年鉴等)、地方志工作机构编纂的地情书、年报资料及其在社会调查、修志编鉴过程中收集到的资料。广义的方志资源是指除上述资源外,还包括谱牒等其他地方文献、地情资料与地情研究成果。概而述之,方志资源指包括地方志成果及地方志编修过程中收集的相关地情文献资料在内的,一地自然、政治、经济、文化、社会等各个方面历史与现状情况的信息。而方志资源开发利用是指对方志资源进行挖掘、整理、宣传、加工、改造等,使之更好地为经济社会发展和人民群众所利用的过程。

第一节　资政存史

利用方志资政存史,实现方志在社会实践中的价值,可以从以下方面得以体现。

一 利用方志资源为党委政府科学决策服务

明朝杨宗气曾在《山西通志》的序言中写道："治天下者以史为鉴，治郡国者以志为鉴"，充分说明了方志资源的资政价值。

淮安市志办根据志书记载，紧密围绕市委、市政府的大政方针，提出了富有创造性的"三淮一体"大城市建设方案——原地级淮阴市、原县级淮安市、原淮阴县，盘活历史人文资源，提升本地区整体知名度。该方案被当时的淮阴市委市政府采纳，并通过国务院批准，实现了该市行政区划的重大调整和地名变更。2001年，"三淮"整合为新地级淮安市。多年来，淮安市志办曾先后提出关于建设大运河文化博物馆的建设和关于深度开发地方传统特产等17项建议，均先后被淮安市政府不同程度地采纳，为当地政府的科学决策发挥了重要作用。

2003年，齐齐哈尔市发生的"8·4"事件震惊中外，该市市志办利用志书的记载，及时向市委和市政府有关领导报送《关于侵华日军陆军化学研究所有关情况的报告》，为妥善处理侵华日军遗留毒气弹泄露事件提供有力证据。

2006年12月，时任浙江省委书记的习近平在苍南县考察调研灾后重建工作时，调阅《苍南县志》，并在座谈会上向与会人员朗读大段志书中有关历代台风登陆苍南的记述，告诫大家要不断提高处置各类自然灾害的能力，做好长期防范抗击台风的准备。

山东、广东省级地方志工作机构通过与党校合作，开办地方志知识讲座、赠送志鉴书籍等方式，让各级党委政府领导了解地情、熟悉地情，更好地进行决策。2016年7月12日，山东省地方史志办公室与省委党校举行仪式，签订《交流合作框架协议》，并向省委党校图书馆赠送部分史志成果。双方开辟了互办专题讲座、合作编写教材、合作整理文献、鼓励基层合作、开展课题研究等多种形式的交流合作。

山东省地方史志办公室与山东省委党校签订《交流合作框架协议》

二 利用方志资源为防灾、救灾服务

方志历来重视对自然灾害的记述，这些资料是后人探讨灾害规律的依据。全国各地利用古今灾疫资料，为防灾、抗灾和救灾做出了较大贡献。

1987年4—7月，黑龙江省木兰县县志办根据当地出现的低温天气，分析判断木兰县可能发生冷害、水害。他们搜寻志书资料，向县政府提供了1945—1981年该县的气象、水文、自然灾害资料。县政府将资料转发至各乡镇，提前采取预防水害、冷害的措施。全县当年粮食获得丰收，县志办受到奖励。

1998年，湖北遭受百年一遇的特大洪水，武汉市志办迅速将历史上武汉遭遇洪水时的水位、容易溃口的地段、地形图等汇编成册，为武汉市委、市政府制定抗洪救灾方案提供了翔实的历史资料。

2008年5月，汶川特大地震发生后，在北川县城重建阶段，北川县地方志办公室将出版的《石泉县志》（清·乾隆）、《石泉县志》（清·道光）、《北川县志》（民国）和新编《北川县志》送给中国城市规划研究设计院和山东援建北川指挥部等部门，中国城市规划研究规划设计院通过三部旧志和新编《北川县志》拟订北川新县城四个比选地址，即北川县境内的擂鼓镇、安县（安州区）境内的永安镇、安昌镇、桑枣镇。2008年11月10日，国务院常务会议审查决定了北川新县城选址地点。同时，还根据志书记载确定了全县五个乡镇异址重建。

第二节　培育情怀

在实现中华民族伟大复兴中国梦的进程中,对全国人民特别是青年一代进行爱国主义教育尤为重要。方志是最好的乡土教材,利用方志文献可以对民众进行爱国主义教育。恩格斯曾说,爱国主义是以热爱家乡为基础的。方志文化对于培养青少年爱国、爱乡、爱家的情感,树立远大理想,树立高尚的道德情操,坚定共产主义信仰,都具有积极的引导意义。

上海卢湾区志办把《卢湾区志》发放到社区各个居委会,并结合各个社区的特点,多次深入社区市民学校为社区干部、居民讲课,进行区情历史和现状的教育。区志办还协助指导社区开展地情调研,如与香山社区一起启动思南路名人街资料收集工作。2000年,深入五里桥街道,协助街道办事处筹建五里社区区情展示室。展示室开放后,使社区居民进一步了解了区情,起到了"知我社区、爱我社区"的作用。

贵州省遵义市志办先后利用志书资料为遵义会议纪念馆新陈列馆、可桢大桥、沙滩文化陈列馆、中世纪军事古城海龙囤等文化设施提供大量文字资料。2004年,遵义市志办与遵义会议纪念馆合作完成红军在黔牺牲烈士名录1320名、佚名烈士2000余名的征集、整理、编辑工作,并将这些烈士名录刻在红军烈士陵园。市志办还对遵义会议纪念馆的解说员进行地情知识培训,为更好地宣传遵义地方文化历史,进行爱国主义教育发挥了积极作用。

2016年6月27日,上海市地方志办公室、上海通志馆和徐汇中学联合举办首届"上海乡土历史教育"论坛。此次活动的目的是:让地方志走进校园,通过中小学校这个平台,让上海的新生代"90后""00后"有更多的机会接触地方志,从对地方志的学习中,了解上海历史,传承上海城市文化精神,爱上并共同建设这个城市,坚定投身建设祖国、建设家乡的情怀,为实现"中国梦"的信念而努力学习。

上海还在积极探索编纂中小学生地方志乡土教材，突破地方志体例限制，增加故事性、趣味性，提高实用性，以图文并茂的形式让地方志走近青少年，帮助中小学生了解上海，培育地方历史记忆。

2016年11月4日，福建省南平市方志委深入延平区炉下镇调研历史文化情况，向炉下中学赠送《南平通鉴》《南平史话》《闽北典故》《闽北宰相》《南平习俗》《南平名产》等地情书籍200册，希望炉下中学学习好、利用好这批志书和地情书，积极开展地情教育，尽可能将有关知识融入课堂，进一步增强全校师生爱国爱乡的意识。

第三节　提供资料

一　利用方志资源为科学研究提供翔实、可靠资料

存史、资政、教化，是地方志的三大功能，已得到学术界和方志

界的普遍认可。地方志记述的全面、权威、系统的资料,为学术研究和文学创作提供了翔实、可靠的资料。

著名唐代诗人韩愈为河阳人(今孟州),但学术界对其籍贯众说纷纭,史无定论。1983年8月10日,国家邮电部发行韩愈纪念邮票后引起不少争论。《孟县志》根据孟县文物馆的考察报告刊载了《韩愈籍贯考》一文,过去争得激烈的南阳、修武等地的学术界人士阅读《孟县志》后认为,韩愈是孟县人,已成定论,不必再争论。1992年以后召开的韩愈国际研讨会有关咨询多以《孟县志》为依据。

著名历史学家、浙江大学教授孙达人根据《兰溪县志》所记载的有关《兰溪县鱼鳞图册》(清·同治)及其收藏情况,前往兰溪市财政局查看,并于1998年在扬州召开的中国史学界第六次全国代表大会上作介绍,引起学术界的关注。此后,美籍著名经济史学家赵冈多次托人了解这批资料的详细情况,中国财政博物馆也拨出专款组织人员展开整理工作。此后,历史学者利用这批资料在乡村社会史研究领域取得了一系列成果。

中国科学院北京天文台根据几千种地方志和其他史籍,辑出太阳黑子、极光、陨石、日月食、超新星、彗星、流星及有关天文学的人

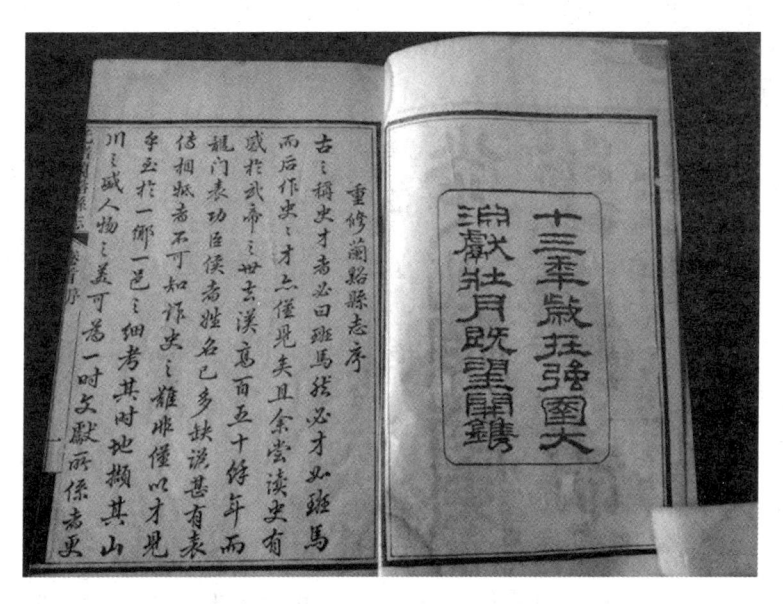

物、著作、学说、机构、仪器等的记录几百万字，编成《中国古代天象记录总集》《中国天文史料汇编》。有一段时间，中外学者对"太阳活动蒙德极小期"讨论很热烈。由于史书中缺乏1645—1715年太阳黑子的资料，国外有的学者认为在这一段时间里，"太阳活动实际停止了"。但是从《中国古代天象记录总集》看，在我国七个省（自治区、直辖市）的地方志中，这一时期太阳黑子的记录有12次之多。我国专家学者以此为证据否定了"太阳活动停止"的错误论断。

著名气象、地理学家竺可桢，根据志书记载的植物分布及花开花落时间的变化，研究中国历代气候变化的规律。竺可桢在其名著《中国近五千年来气候变迁的初步研究》中，将5000年的气候变化分为四个时期，其中之一就称为"方志时期"（1400—1900年），即利用数量众多的明清方志，探讨明清两代500年中长江、黄河流域气候变化的情况。

二 利用方志资源为申报世界级项目提供重要依据

方志资源是地情的重要载体，地方志工作机构是一方地情历史的信息中心，因此，全国各地在申报世界文化遗产、世界濒危建筑遗产等活动中，方志资源和方志人发挥了重要作用。

20世纪80年代，泉州市方志委曾帮助厦门大学庄为玑教授整理文稿、校对史实，出版《古刺桐港》一书。该书利用泉州现存的地上、地下实物资料，结合历史文献，对历代史迹加以系统的阐述、论证，为申报海上丝绸之路世界文化遗产提供了重要资料。

1997年，武夷山市组织人员进行武夷山风景名胜区申报世界自然与文化遗产工作。作为申报组组成单位之一，武夷山市志办积极参与此项工作。提供了风景区地质地貌、自然资源、山水风光、文化渊源等方面资料，为申报资料的编写提供重要依据。

1998年3月，云南省剑川县志稿编撰一结束，县志办就在县内提出了保护剑川古城的建议。县志办一方面派人抽出大量时间对古城进行深入考察，另一方面与金华镇党委、政府沟通，在全城范围内开展对古城保护的研讨工作。1999年8月，县志办得到一个重要信息：世界建筑遗产基金会正在云南寻找一个茶马古道上的濒危古集市。县志办随即将县志中有关剑川古城和沙溪寺登街两地的历史资料和平时拍摄的古城、寺登街图片寄给当时基金会具体负责这一事项的雅克·菲恩尔博士及其助手米世文。2000年5月，雅克博士一行到剑川考察，在县志办的协助下，雅克一行顺利完成第一次考察任务，证实了剑川上报的古城和寺登街历史材料的真实性、可靠性。2000年11月，剑川县人民政府接到基金会的函件，雅克博士第二次赴剑川考察，县志办人员陪同雅克博士到古城和沙溪，对基金会提出的有关质疑进行解答。考察完毕后，雅克博士代表基金会正式表态："剑川古城保护范围较大，因此，先将寺登街选入世界建筑遗产名录。"雅克同时强调："剑川古城历史文化价值很高，希望不要放弃保护。"经县委、县政府主要领导同意，县政府于2000年12月5日正式签发委托书，委托雅克代表剑川县人民政府向基金会提出申报。2001年10月11日，沙溪寺登街终于与我国长城一起，收

入 2002 年世界濒危建筑遗产名录。

沙溪寺登街列入 2002 年世界濒危建筑遗产名录所立石碑

第四节　促进两岸交流

改革开放以来，我国大陆与港、澳、台地区以志书为纽带积极开展交流，为推动和平统一做出贡献，实现祖国统一大业服务。

台北大学教授马凯达是民国时期青海省主席马麟的孙子，来临夏探亲时，州台办工作人员送他一本《临夏州志》。他从州志中看到自己的先辈们为保卫祖国领土完整，同分裂西藏的亲英分子英勇斗争，粉碎分裂西藏的阴谋，并出兵抗击日本侵略者，做出重大牺牲，马凯达感慨地说："过去我们零零星星看到的先人们的历史完全是罪恶史，这本书里功过并述，共产党是实事求是的。我回到台湾后，要广泛宣传，要为家乡发展出力。"[①] 台胞宋文明了解到家乡教育困难的现实，

[①] 诸葛计：《地方志与爱国主义》，《广西地方志》2017 年第 4 期。

捐助40万元，作为教育基金，用于奖励高考前十名学生，自1991年至1997年共奖励71名高考成绩优秀学生。民国时期曾任临夏专员的马为良的侄子马述融捐助东乡池滩小学4万美金。1995年，台胞郭雅陶捐款50万元人民币，支持建成广河县职业培训中心。

宁波是著名的侨乡，当初有两万余名宁波人跟随蒋介石到台湾，远离故土，还有30万宁波籍人士常年旅居海外。志书在沟通海峡两岸、增进海内外宁波籍人士的联系等方面发挥了重要作用。在蒋纬国先生写给亲友的两封信中，提到了《奉化市志》，评价该志"兼备史实与近况，编撰并著"，感慨"阅后不禁更钩起思乡忆往之情"，并说自己把该志"正置书架上，当可随时翻阅查考也"，[①]充分体现异乡游子对家乡故土的思念之情和对家乡志书的钟爱之意。

浙江省奉化市志编纂委员会编纂出版的《奉化市志》

[①] 浙江省地方志编纂委员会办公室：《回顾与展望：浙江读志用志二十年》，全国读志用志工作经验交流会会议材料，2005年。

1997年香港回归，董建华担任特区首任行政长官，其家乡舟山市市领导赴港祝贺时，就将《舟山市志》作为礼品赠送给董建华。全国政协副主席、香港基本法起草委员会副主任、香港南联实业有限公司董事会主席安子介在收到故乡寄赠的《定海县志》后，回信说："此书内容丰富，图文并茂。"并汇出一万元港币作为资助。祖籍定海的和合航业（香港）有限公司董事长许志勤不仅汇出4000元人民币订购《定海县志》，还与其父许之贵各捐款一万元，资助家乡开展读志用志活动。

第五节 加强中外联系

一 利用方志资源为海外侨胞寻根谒祖服务

对于远离祖国的海外侨胞来说，家谱就成了他们同祖国保持联系的纽带,而各地志书大都对姓氏、家谱进行不同程度的记述。因此,志书内容为他们寻根谒祖提供了翔实资料。

据有关记载,菲律宾民族英雄、国父扶西·黎刹的高祖父南哥(柯南戈),原住在泉州市南门外的上廓乡。1995年,晋江市罗山镇上郭村受菲律宾宗亲柯芳楠委托,请求晋江市方志委帮助寻找柯南戈的祖籍地。在晋江市方志委和泉州市地方志协会的帮助下,从史料中查到:上郭村引上房的19世柯长丰、19世柯南,与菲律宾《黎刹家谱》中的一世祖祥哥、二世祖柯南戈所处的历史年代和人物事件完全一致,且具有唯一性。扶西·黎刹为23世。1998年12月,《扶西·黎刹的高祖在福建晋江上郭村柯氏族谱有记载》《中国与菲律宾的黎刹家族世次录》《南塘上郭柯氏修谱史略》和《上郭村与柯氏祖迹》四篇考证文章,在菲律宾有关报刊发表后,引起菲律宾华人社会的巨大反响,获得菲律宾方面的有力证实。1999年1月27日,我国驻菲律宾大使馆领事部专门为此作出公证,第二天菲律宾华文报纸发表了《黎刹祖籍地考证大功告成》,我国有关媒体也进行了报道。在各方共同努力下,旅菲华侨及黎刹家族后裔所倡议的故土黎刹纪念设施建设进展顺利。2000年5月19日,菲律宾共和国总统约瑟夫·埃斯特拉达到泉州晋

江上郭村参观扶西·黎刹的史迹，并为黎刹塑像奠基培土。2002年，晋江黎刹广场竣工。

上海市南市区是老城厢，而"求志书院"是南城区历史上著名的五大书院之一，清光绪二年由苏松太兵备道、首任江南制造总办的冯焌光创办。后来冯焌光留美定居，其曾孙女冯佳琳在1999年回国寻根访祖，在《上海县志》《南市区志》中找到关于"求志书院"创办的历史资料，并参观"求志书院"旧址（现已改为求知中学），参观期间她激动万分："从求志书院到求知中学，再看上海的变化，观照出中华民族100多年来由衰而盛的曲折历程。我们虽然已成了美国人，但血管里流淌着中国祖先的血，无论走到哪、走多远，根总是在中国。"① 为继承发扬其曾祖父捐赠办学的精神，她和丈夫邹作雄不仅出资在求知中学设置求志书院史料陈列室，还先后在福建、湖南捐建多所希望小学，为中美友好往来做出贡献。

韩国任氏中央宗亲会，根据韩国现存《丰川任氏族谱》中世系表中所记一世任温"或云中国绍兴府慈溪县人，而无可考"一语，多年来一直委托国内友人和学者查考。2005年5月，又通过在韩国做访问学者的浙江大学历史系主任包伟民教授查找相关线索。浙江省志办与慈溪市志办有关人员通过查询《慈溪市志》和族谱所记姓氏的迁徙情况，推测丰川任氏可能与任家溪村有关。6月，韩国任氏中央宗亲会中国访亲团共35人到任家溪村访亲，并前往任氏祖坟参拜。临别之际，韩国任氏访亲团热情邀请任家溪村村民前往韩国访亲，并表示要与任家溪村建立亲戚关系。

二 利用方志资源沟通中外联系，增进友好往来

英国科学家李约瑟曾经说过："要研究人类文明，就必须要研究

---

① 朱敏彦：《论地方文献在社会发展中的资治、教化、存史的作用》，《中国地方志》2005年第6期。

中国的地方志;要研究中国文化,就必须要研究中国的地方志。"① 由此可见,方志资源在中外联系和交流中发挥的重要作用。

吉林省地方志编委会在征集《吉林省志·人物志》入志名单的过程中,发现一位叫张蔚华的抗联烈士,他与金日成的特殊关系和友谊引起吉林省地方志编委会的极大关注。张蔚华与金日成两家是五代世交,在抗日武装斗争中多次舍身相救金日成。因此,朝鲜非常重视张蔚华。经过大量考察调研,吉林省地方志编委会了解、掌握并挖掘出一大批鲜为人知的史料,不仅丰富了吉林抗联史和地方党组织的历史,也丰富了朝鲜的军事和党史内容。后来将这位传奇式的人物收入《吉林省志·人物志》。正是由于志书中对张蔚华的记载,促成了吉林省地方志系统和朝鲜劳动党党史界的多次互访和交流,为加强两国的友好关系做出了贡献。

山东省《曲阜市志》出版后,成为外事活动的重要礼品。1993年11月,曲阜市政府代表团赴美国戴维斯市参加两市结为友好城市的签字仪式,带去了两部《曲阜市志》;同年,日本多久市政府代表团来曲阜参加友好城市的签字仪式,曲阜市政府也赠送了两部《曲阜市

---

① [英]李约瑟:《中国科学技术史》第5卷第1分册,科学出版社1976年版,第44页。

志》。1994年9月,曲阜市政协、统战部举办海外联谊会,来自美、英、日等国家的来宾参加。会议期间,每人获赠一部《曲阜市志》,来宾们竞相翻阅,为国外友人进一步了解我国情况提供了帮助。[1]

第六节 服务经济建设

一 利用方志资源为旅游服务

旅游资源是发展旅游业的前提条件,而地方志记载的旅游资源信息最为丰富,包含各类旅游资源的发展脉络。因此,许多地方根据志书记载开发旅游资源,服务旅游业,大大推动了当地旅游业的发展。

---

[1] 《沟通中外联系,增进友好往来》,《中国地方志》2000年第S1期。

著名作家茅盾担任文化部部长时曾建议从地方志中汇编名胜古迹资料,为发展旅游事业服务。他说:"我国地方志书,源远流长,种类繁多,志书搜集材料之广博,超过正史、野史、前人笔记之所记载,似可组织人力,即以地方志中适合于旅游者之多方面兴趣而引人入胜者,编写导游指南。"[1]

闻名中外的岳阳楼是旅游者向往的胜地,其景区规划就曾参阅了历代《岳州府志》《巴陵县志》《岳阳市志》。1991年6月,《岳阳楼洞庭湖风景名胜区总体规划大纲》通过前,多次咨询地方志部门的意见。小乔墓依循清朝旧制,参照《巴陵县志》的记载于1992年东迁。君山景点的修葺、恢复、重建都依照旧志记载恢复了原貌。

海南省三亚市志办深入挖掘唐代鉴真和尚第五次东渡日本遭遇台风时在三亚、万宁、琼山等地停留活动的大量史料,建议三亚市委、市政府开发新的人文旅游景点,在海山奇观游览区内建起鉴真登岸纪念群雕、南山佛教文化区、道教文化区及南海观音雕像;又协助旅游部门在"天涯海角"新辟历史名人雕像区,竖立起冼太夫

---

[1] 韦韬、陈小曼编:《茅盾杂文集》,生活·读书·新知三联书店1996年版,第955页。

人、李德裕、黄道婆等8座历史名人雕像，丰富了"天涯海角"的人文景观。

山西《晋中地区志》中专设"晋中商帮"一章，详细记载晋商史料。山西省史志院依据所掌握的资料对晋商历史文化进行深入的考察和研究，及时向晋中地委、行署提出关于开发晋商资源、发展旅游产业的建议。经过多次论证，晋中地委、行署最终决定打造晋中晋商文化旅游区新的旅游品牌，发展晋商文化旅游。从1996年起，在已辟为祁县民俗博物馆的乔家大院的基础上，相继对祁县渠家、太谷曹家、灵石王家、榆次常家大院及平遥明清街、祁县晋商老街、榆次老城等晋商遗址、遗迹进行大规模开发，逐渐形成以两座古城（平遥、祁县）和五个大院（祁县乔家、渠家、太谷曹家、灵石王家、榆次常家大院）为主要景点的晋商民俗文化特色旅游区，成为山西省主要的旅游景区和晋中新兴的朝阳产业。

二　利用方志资源开发矿产资源和名特产品

古代志书非常重视矿产和物产的记述，因此，方志资源在开发土特产资源、发掘拯救地方传统技艺以及矿产资源开发等方面提供了宝贵的线索。

吉林市龙潭区缸窑镇是吉林省陶业发祥地之一，为了更好地传承缸窑传统技艺和陶瓷文化，龙潭区有关部门到龙潭区志办查找《吉林市志》《龙潭区志》《永吉县志》等相关书籍，从中找到缸窑镇古地图、水利图及相关历史资料，发现本地制造陶瓷的原材料球黏土矿的储量高。而缸窑烧造技艺自康熙元年（1662年）至今，已有300余年的陶瓷制造历史。据此，龙潭区相关部门积极利用方志资源编写陶瓷企业的宣传手册、加强对外宣传和发展陶瓷文化，开发陶瓷产品制造，使之成为全国最大的陶瓷工业生产基地之一。

宁夏回族自治区中宁县根据《宁夏新志》（明·弘治）中"宁夏枸杞岁岁纳贡"的记载和《中卫县志》中"宁安一带家种枸园，各省入药甘枸杞皆宁产也"的记载，做大做强了枸杞产业。

浙江开化龙顶茶自明崇祯年间开始就成为贡品，崇祯《开化县志》曾记载"贡茶四斤"，乾隆《开化县志》记载："园茶出北乡，叶厚味浓。"[①] 20世纪50年代末，开化县林业局茶叶特产科根据志书记载，与当地老茶农按传统手工工艺开始试制。"文化大革命"期间中断。1978年后重新恢复"龙顶茶"的研制工作。自批量生产至今，已先后荣获43次部级以上大奖，2003年获得国家质检总局原产地标记注册，"开化龙顶"商标已成为浙江省著名商标。

福建省龙海市是全国十大名花之一的"凌波仙子"——水仙花的产地，由于销量大，种植面积不断扩大。2003年，为防止盲目扩大种植区域，影响水仙花品质，龙海市对此开展专门调研。龙海市方志委得知此事后，主动配合市花卉协会查找县志及有关志书，终于查到清朝时水仙花也曾在原海澄县区域内（今龙海市境内）种植过的记载，为市花卉协会提供了真实的历史资料和研究扩种的依据。

---

① （清）范玉衡修：《开化县志》，清乾隆六十年（1795年）刻本。

第八章 馆网并举

随着时代的发展，地方志也经历着一场深刻的信息化革命。地方志修志成果和地方志资源开发利用成果的数字化，传播方式网络化，以更加高效、便捷的形式为社会各界提供服务，已经成为地方志事业发展的重要支撑。截至2016年9月30日，全国地方志系统共建成国家级网站1个、省级网站28个、市级网站241个，以及县级网站、网页865个。

方志馆是各级地方志编委会或办公室领导下，承担着与地方志事业相关的编纂研究、收藏保护、专业咨询、展览展示、开发利用、信息化建设及服务、业务培训、文化交流、宣传教育等多种功能的重要公共文化服务机构。截至2016年9月底，全国共建成国家方志馆1个、省级方志馆17个、市级方志馆83个、县级方志馆（室）276个。同时，各地配套开展数字方志馆建设，利用实体和网络两种形式，努力将方志馆打造成服务经济社会发展、宣传方志文化的重要平台和窗口。

第一节 全国方志馆建设概况

一个时期以来，党中央、国务院高度重视方志馆建设。2014年4月，中共中央政治局委员、国务院副总理刘延东同志在与第五次全国地方志工作会议部分会议代表座谈时指出，各地要自觉把地方志工作纳入公共文化服务体系建设当中，加快方志馆、地情网站、数据库等基础设施建设。2015年8月，国务院办公厅印发《全国地方志事业发展规划纲要（2015—2020年)》（以下简称《规划纲要》），对全国地方志事业发展进行了顶层设计，明确将"加快信息化和方志馆建设"确定为全国地方志事业发展的总体目标之一。方志馆建设面临着前所未有的历史机遇。

综观现代方志馆建设，可以将其建设与发展的必要性归纳为以下几个方面。

第一，建设方志馆是国家赋予地方志的使命和任务。《地方志工作条例》明确规定了各级地方志工作机构的职能和任务，《规划纲要》在总体目标中明确提出了建设方志馆的工作任务。2015年，中共中央办公厅、国务院办公厅联合下发《关于加快构建现代公共文化服务体系的意见》（以下简称《意见》），对加强公共文化服务设施建设与发展提出了明确的目标："到2020年，基本建成覆盖城乡，便捷高效，保基本，促公平的现代公共文化服务体系。"[①] 因此，方志馆建设是国家公共文化服务体系建设的重要组成部分，是国家赋予广大地方志工作者的职责和使命。

第二，建设方志馆是文化强国的需要，是社会主义文化建设的重要组成部分。当前，我国正在大力推进社会主义文化强国建设。为了更好地研究地情，宣传地情，开展爱国主义教育，培育家国情怀，培育和宣传社会主义核心价值观，需要一些能够全面展示自然、经济和社会发展情况的综合性场馆。而规划馆、档案馆、博物馆、图书馆等均不具备此项功能，方志馆定位为国情馆、地情馆，非常符合这一社会需要，是全面进行此类教育的最佳场所。因此，迫切需要把方志馆打造成爱国、爱乡、爱家的重要基地。

[①] 中共中央办公厅、国务院办公厅：《关于加快构建现代公共文化服务体系的意见》，www.scio.gov.cn，2015年1月发布。

第三，建设方志馆是传播地情知识、培育家国情怀的需要。当前，我国正在有力推进社会主义文化强国建设。从中央到地方，各级党委、政府都强调国情教育、地情教育，迫切需要为社会公众了解地情、认识家乡提供一个重要平台。而地方志上及天文，下涉地理，通古达今，自然、经济、政治、文化、社会等无所不包。方志馆通过宣传普及地情知识，让社会公众留得住乡愁，留得住记忆，正好填补了国情、地情教育的空白。

第四，建设方志馆是更好地实现地方志存史、育人、资政的价值，更好地开发利用方志成果服务中心工作的需要。地方志是全面系统地记述一定行政区域的自然、政治、经济、文化、社会的历史与现状的资料性文献。我国现存历代编修的方志有8200余种、十余万卷。新编地方志工作开展以来，全国开展的两轮大规模编修工作，取得了丰硕成果。据统计，全国目前共编纂出版省、市、县三级志书7000多部，行业志、部门志、专志、乡镇志等累计出版2.4万多部，地方综合年鉴1.5万多部，专业年鉴7000多部，① 加上大量地情文献、旧志整理成果和方志理论研究成果，构筑了以国情、地情为主要内容并不断丰富的文化资源宝库。这些珍贵的资料，需要专业场馆集中收藏，并开展相应的研究服务中心工作，满足社会各界需要，因此方志馆建设势在必行。

第五，建设方志馆是普及方志知识、展示方志文化魅力的需要。方志馆，姓方，名志馆。有了方志馆，方志人就有了真正的家。绵延不断地地方志编修是中华民族的优秀文化传统，在千百年来方志编修过程中形成了具有中国特色的方志文化。方志文化是中国本土文化，是母文化，是基础文化，但是社会各界对方志的认识还比较模糊。让方志文化"飞入寻常百姓家"，为人民群众接受、认识，是全国各级地方志工作机构的一项重要任务。实现这一目标，需要建设方志馆，以更好地传播方志基础知识，充分展示方志文化的独特魅力。

---

① 以上数据来自中国地方志指导小组办公室历年统计资料，具体参见中国方志网，http：//difangzhi.cn。

第六,建设方志馆是方志文化走向世界的需要。民族的就是世界的,传播中华优秀传统文化,讲述中国故事,是社会主义文化建设的重要组成部分。方志文化走向世界,用方志的形式讲述中国故事,务实、可信、权威,且已被国外的大批学者所认同,但需要一个专门有效的推介、宣传平台。方志馆依靠雄厚的文化成果和资源储备,通过对方志及其相关地情的深入研究和充分展示,可以更好地向世界宣传中国,更好地让世界了解中国。习近平总书记指出:中华文明延续着我们国家和民族的精神血脉,既需要薪火相传、代代守护,也需要与时俱进、推陈出新。要加强对中华优秀传统文化的挖掘和阐发,使中华民族最基本的文化基因与当代文化相适应、与现代社会相协调,把跨越时空、超越国界、富有魅力、具有当代价值的文化精神弘扬起来……要围绕我国和世界发展面临的重大问题,着力提出能够体现中国立场、中国智慧、中国价值的理念、主张、方案。我们不仅要让世界知道"舌尖上的中国",还要让世界知道"学术中的中国""理论中的中国""哲学社会科学中的中国",让世界知道"发展中的中国""开放中的中国""为人类文明做贡献的中国"。[1]

总之,建设方志馆可以全景式记录和展示自然、政治、经济、社会、文化等方面发生的巨大变化,为改革开放和建设中国特色社会主义提供可资借鉴的文献资料,填补我国在文化基础设施建设方面的一项空白;可以向社会集中展示各地区的自然条件、历史沿革、地方特点和社会风貌,更加有效地培育人们的家国情怀,更好地践行社会主义核心价值观,在社会主义文化强国建设中发挥其独特作用。

改革开放以来,特别是党的十八大以来,地方志事业实现跨越式发展,各级方志馆建设不断深入推进,目前全国已建成各级方志馆586个(参见统计表)。各级方志馆千方百计丰富馆藏资源,并陆续向社会公众开放,展示地情、提供服务。

---

[1] 习近平:《在哲学社会科学工作座谈会上的讲话》,www.scio.gov.cn,2016年5月发布。

全国地方志系方志馆建设情况统计

（截至 2017 年 10 月 31 日）　　　　　　　单位：个

序号	行政区划	方志馆建设情况		
		省级	地市级	县区级
1	北京	1	0	1
2	天津	1	0	1
3	河北	0	2	14
4	山西	0	2	4
5	内蒙古	0	7	8
6	辽宁	0	1	3
7	吉林	1	7	16
8	黑龙江	1	15	59
9	上海	1	4	0
10	江苏	1	7	6
11	浙江	0	3	10
12	安徽	0	10	14
13	福建	0	3	14
14	江西	1	8	7
15	山东	1	17	129
16	河南	1	8	28
17	湖北	1	8	4
18	湖南	1	7	17
19	广东	1	9	10
20	广西	1	1	0
21	海南	1	0	0
22	重庆	0	0	9
23	四川	0	7	17
24	贵州	0	4	19
25	云南	1	1	2
26	西藏	0	0	0
27	陕西	1	2	2
28	甘肃	0	2	9

续表

序号	行政区划	方志馆建设情况		
		省级	地市级	县区级
29	青海	0	0	0
30	宁夏	0	2	1
31	新疆	1	3	24
32	新疆生产建设兵团	0	0	0
	总计	17	140	428

注：1. 广东省统计数据中包括地市级1个正在筹划中，未正式建设。县区级1个未建成。
　　2. 西藏自治区于2013年立项西藏革命建设改革纪念馆。

第二节　各级方志馆选介

国家方志馆　国家方志馆是集中展示我国地方志事业发展成果的重要平台，是一座集展览、藏书、学术交流、资源开发利用、科研、爱国主义教育等功能于一体的国家级公共文化服务机构。

该馆于2008年申请立项，总投资1.4亿元，占地8400平方米。2013年末投入使用。截至2015年年底，收藏各级志书、年鉴、地情书以及家谱等图书资料10万余册。

国家方志馆基本陈列包括"方志中国"和"魅力中国"两个部分。2016年5月13日国家数字方志馆揭牌暨"方志中国"展览开展仪式在国家方志馆举行。"方志中国"展览坚持突出方志文化底蕴，重点展示中华人民共和国方志事业的辉煌成就，以现代科技手段和多元化展示方式呈现历代方志编修和中华人民共和国地方志事业基本情况，集科学性、趣味性、知识性于一身。其中，历代方志编修分为方志源流、方志定型、方志发展、方志转型四个部分，中华人民共和国地方志事业分为组织指导、辉煌成就、开发利用、馆网并举、依法治志、志苑人物六个部分。

国家方志馆举办的"魅力中国"展览坚持政治性、知识性、教育性、趣味性相结合，集中展示我国的国情特色、特点，重点记录今日建设的辉煌成就和中华民族实现伟大复兴中国梦的奋斗历程，宣传中国魅力，讲好中国故事，培育家国情怀，努力在社会主义文化强国建设中发挥积极作用。展览共分为"锦绣山河""悠久文明""今日辉煌""走向未来"四部分。

第八章 馆网并举

国家方志馆在开展自身建设的同时，还承担了指导全国各级方志馆建设的职能。2016年和2017年分别在江西省景德镇市、浙江省丽水市召开了第一次和第二次全国方志馆工作会议，系统总结方志馆建设情况和发展中存在的问题和困难，集中研究解决问题的思路和方法，为全国各级方志馆建设指明方向；先后在广西壮族自治区南宁市、浙江省丽水市举办了第一次和第二次全国方志馆业务培训班，针对方志馆功能定位、方志发展史、申报立项、展览陈列、志鉴编目、旧志整理、藏品保管等重要业务内容进行了专业培训。同时，为整合全国各级方志馆建设力量，推动互动交流，2016年中国地方志学会还设立了分支机构方志馆研究会。

国家方志馆秦皇岛分馆 2013年11月，经中国地方志指导小组办公室研究决定，秦皇岛市方志馆获批成为"国家方志馆秦皇岛分馆"，这也是国家方志馆在全国设立的第一家分馆。该馆位于山海关古城东街的一处四合院，是明代山西会馆的旧址，环境幽闭静谧，庭院古朴雅致。所有楹联都由秦皇岛当地的书法家书写，摘自历代方志

的名言警句。国家方志馆秦皇岛分馆主要收藏秦皇岛市及冀东、辽西、蒙东各市、县志书和地情书，长城沿线各省、市、县志书及地情书，全国沿海开放城市、沿海港口志书，以及展示秦皇岛浓郁地方文化特色和厚重历史的艺术作品及重大发展变化的志书、地情书。

国家方志馆黄河分馆　黄河分馆是第五届中指组成立以来批复的第一个分馆，由中指办、黄河水利委员会、东营市三方按照共建共享思路，统筹推进各项工作。2015年获批，2016年12月开建，位于山东省东营市，黄河分馆位于东营市东城文化核心区，与东营市图书馆新馆一体规划兴建，与市科技馆、少年宫、体育馆、雪莲大剧院等毗邻。方志馆馆舍套内使用面积为2566平方米。以"弘扬黄河文化、展示东营风采"为主题，以建设地情资料收藏中心、地情展示中心、地情研究中心、地情服务中心和爱国爱家乡宣传教育基地为目标，继续发挥自身特色和优势，努力打造具有浓郁黄河文化特色的专业方志馆，力争建设成为黄河文化的标志、东营的文化名片和旅游名片、全国方志馆分馆的样板和重要的爱国主义教育基地。

国家方志馆长江分馆　2016年，安徽省铜陵市获批建设国家方志馆长江分馆，2017年选址及建设工作启动。铜陵是长江经济带重要节点城市，地理位置优越，与长江文化的联系源远流长，修志氛围浓郁。国家方志馆长江分馆是集展示、收藏、学术交流、科研、爱国主义教育于一体，依托于长江文化，加强与国内外交流合作的文化平台。国家方志馆长江分馆作为国家级文化展示馆，建成后将举办各类论坛和展览，展示、宣传长江流域历史足迹和珍贵遗产，发挥文化交流功能；广泛收集沿长江流域省市县乡四级地情史志资料，发挥史料贮藏功能；填补我国展示长江流域文化的大型文化基础设施建设的空白并将发起成立中国长江历史文化研究会，邀请和聘请专家学者开展各类专题研究，发挥文化传承功能。

北京市方志馆　2013年10月向社会开放。北京市方志馆按功能区划分，主要有馆藏阅览、展览、交流活动等区域，即多功能厅、展厅、阅览大厅、编修室、会议室等，建筑面积一万平方米。

馆藏阅览区有图书五万余册，重点收存方志、年鉴及北京地情资料。其中尤以北京地情资料最富特色，涵盖了北京的政治、经济、历史、文化、社会等方面的内容，反映了北京地区在各个时期内的自然和社会状况。阅览大厅分为电子阅览区、休闲区、开架阅览区，面向社会开放，提供咨询、查阅服务。

展览区设有长期的"北京地情展"和短期的专题展。前者依托深厚的史志资源和首都发展成就，从自然环境、城市发展、建置沿革、人口变迁、经济发展、文化事业、盛世修志等方面，展现北京城历史沿革和首都风貌，向社会公众开启了一扇认识北京、了解北京的窗口。

交流活动区即多功能厅，常年举办讲座等活动。"京华讲坛"是北京市方志馆对外提供的主要公共服务之一。通过邀请专家定期开展讲座的形式，以古都北京千年文化底蕴为依托，以源远流长的史志资源为基础，从自然、政治、经济、文化、社会等不同方面，讲述古老的北京、变革的北京和创新的北京。

北京市数字方志馆核心数据库分为古籍库、志书库、年鉴库、地

情资料库、期刊库、图片库和影音库，入库资料500余部，总字数超过2亿字。依托互联网，提供读者在线预约、个人图书馆、360度全景网上展厅、服务推介、音视频在线点播等功能，成为北京市方志馆与社会大众的交流沟通平台。

江苏省方志馆 2010年4月建成开馆。全馆建筑面积5100多平方米，大楼共有五层：一楼主要设有多功能厅、临展厅，多功能厅可容纳100多人，配备了先进的音响系统，可用于培训、会议、娱乐等。二楼主要设有展览厅和贵宾接待室，二楼大厅是一幅大型金饰漆艺浮雕壁画，主要展示江苏13个省辖市的代表文化及标志建筑，壁画中间是该方志馆具有自主知识产权的馆标，它的形态是一枚印章，由繁体的"苏"字通过艺术复现为一尊鼎，寓意江苏鱼米之乡、天圆地方、盛世鼎立。三楼主要设有各类志书、年鉴、地情书等阅览室和计算机房，各类志书年鉴全部免费向大众开放。四楼主要为办公室和会议室。五楼主要是存放各类书籍的库房。

截至2016年年底，江苏省方志馆馆藏图书10.2万册25408种、各类期刊资料120多种，其中，江苏省、市、县（市、区）三级以及乡镇新方志220多种，年鉴200多种；全国各地新方志、旧志以及各

级各类年鉴约1.5万余种，共占收藏种类的60%，还藏有明刻本《越绝书》、同治刻本《吴郡图经续记》、光绪《常昭合志稿》等珍贵原本旧志，已编入书目数据库36707册。

常州方志馆　2014年10月建成开馆。该馆坐落市中心知名的历史文化街区——前后北岸。常州市方志馆利用清朝漕运总督管干贞的部分故居进行布展，有四进厅堂、三个院落，建筑面积548平方米。常州方志馆按照"历史、人文、史脉三突出，内涵、功能、建筑三融合"的设计原则，建有"读方志、观舆地、歌城府、阅人迹、览文化、仰文魁、研史籍"等七大主题。开馆以来，已累计接待登记参观人数7.18万人次，重要团队168批次，其中包括美国、德国、丹麦、西班牙、坦桑尼亚、以色列、芬兰等国际团队。常州市方志馆已成为外地游客了解常州、文史专家研究常州、大中学生热爱常州、本土市民关心常州的重要载体，成为常州城市形象宣传的"乡土读本"和"历史课堂"。

余杭方志馆　2013年9月开馆。建筑面积近1300平方米。收藏图书2000多册。方志馆占地面积765.56平方米，建筑面积1286.64平方米，分为地情研究中心和地情展示中心两部分。地情研究中心建筑面积533平方米，是一个以收藏、保护、研究、交流、开发、利用史志为主体的综合性场所。中心藏有中国32省（市）的地方志共800多册，《丛书集成初编》800册，《申报》全套影印版共430册（含《索引》30册），以及其他余杭地方古籍图书。中心分为"源流""舆地""人文""山水""物产""现代志书"六个展厅，以文字、画面、实物以及多媒体影像等形式，展现余杭的人文自然风貌。

广州市地方志馆 广州市地方志馆包括旧馆和新馆两个场馆，旧馆于2008年开馆。2017年5月，新馆正式开馆。新馆位于广州市白云

区文化中心,与市城市规划展示中心合建。该展示中心地处白云山下,高11层,占地面积8.4万平方米。地面9层为规划展示中心,广州市地方志馆新馆位于展示中心的地下两层,占地1.2万平方米,是目前全国最大的方志馆。其中负一层为展厅,"方志广州　羊城今古"展览布展面积约7000平方米,居全国第一。展览利用声电光影效果,以"六脉"(城脉、政脉、商脉、文脉、人脉、水脉)为主题全面展示广州市的历史文化和社会发展全貌。其中凸显的特色是"珠江船说"展区和粤剧专题展区等,观众通过参观,了解千年广州、商都广州、英雄广州、创新广州、山水广州、文化广州的魅力和实力,从而更加热爱广州,共同传播美丽广州。

第三节　各级数字方志馆选介

作为实体方志馆的重要补充,数字方志馆是为解决网络时代(数字化时代)地情信息资源的收集、处理、保存、传播和利用等问题而诞生的。它利用数据库、计算机和互联网等技术,加工处理各类地情信息资料,从而建成数据库,实现地方志信息资源数字化、信息传递网络化、信息利用共享化,是一种现代化方志馆。

国家数字方志馆　2016年5月13日,国家数字方志馆正式揭牌,

下篇　中华人民共和国方志事业

标志着国家方志馆信息化建设开始起步。

北京市数字方志馆　北京市数字方志馆分古籍库、志书库、年鉴库、地情资料库、期刊库、影音库、图片库七个数据库。可以实现网上预约、网上展厅、培训讲座以及馆藏查询等功能。

江苏省数字方志馆　江苏省"数字方志馆"共建成馆藏书目数据库、新方志数据库、工具书数据库、学术期刊数据库、年鉴数据库、旧志数据库、江苏方言库、中华再造善本数据库、博硕论文数据库等

九个专题数据库，可实现书目在线查询、博硕论文检索下载、省内三个方言区 7400 种方言词汇的在线试听。人们可以在任何时间、任何地点自由地查询、搜索、利用虚拟方志馆和传统方志馆中的信息资源，足不出户便能阅读卷帙浩繁的方志资源。

陕西数字方志馆　该馆是陕西省地方志办公室与"百度百科"合作共建的创新项目，是对传统文化数字化发展的有益尝试。相比于传统志书，该数字方志馆具有强大的影响力和传播性，浏览者可以更加方便地检索和欣赏到陕西的历史遗产。

2015 年 4 月，百度百科陕西数字方志馆上线发布会在北京举行。该数字方志馆全方位、立体化、多层次地介绍了历史上的陕西，通过浏览相关信息，人们可以选择感兴趣的领域，在短时间内获取所需信息。这不仅有利于传播和保护陕西传统文化，更能正面引导陕西现代生活方式。

该数字方志馆的数据由陕西省地情网（陕西省地方志办公室官网）提供，包含 302 部志书、年鉴和地情书，约 3.3 亿字的权威数据。通过联合传统文化和网媒平台，陕西省实现了传统地方志和现代生活的紧密结合，为人们的生活和事业带来的充满力量的"新文化"。

第四节　方志（地情）网建设

面对信息时代的挑战，全国地方志系统着力建设各类地情网站、数据库，并逐步实现省市县三级联网，展示地情信息，传播地域文化。配合方志馆，利用实体和网络相结合的形式，为经济社会发展、宣传方志文化提供平台。

一　概况

全国地方志系统按照"互联网＋地方志"的新理念，加快推进网站、数据库、微信平台等建设。中国地方志指导小组印发《全国信息方志与数字方志建设工程实施方案》，指导各地信息化工作。全国地方志网站群覆盖面进一步扩大，广西、四川、贵州、山东、湖北、吉林、黑龙江、陕西等省份完成网站改版升级；内蒙古区情网蒙文版、内蒙古区情网手机版、河北省情网、重庆地情网、宁夏方志网正式上线。国家数字方志馆正式揭牌，平台建设稳步推进；北京、江苏、陕西、湖南等省市数字方志馆建成并投入使用，一些市、县的数字方志馆也陆续建成上线。方志新媒体粗具规模，天津、河北、山西、内蒙古、湖北、湖南、福建、宁夏、四川、安徽、重庆、广西、陕西、江苏等省（区、市）新开设微信公众号；内蒙古、贵州开通手机报；湖北、河北、江苏、广西、四川开通今日头条号或一点资讯号。办公平台和编纂业务系统建设取得新进展，《浙江通志》在线编纂信息系统用户达2400余名，收录的资料超过6亿字，数据规模超过1T；吉林省方志委办公自动化（OA）系统正式应用于实际办公，实现了无纸化网上办公；安徽开始使用"中国通"年鉴在线编纂云平台编纂《安徽年鉴》。

与此同时，地情资源的开发利用方面也取得新突破，如山东史志地理信息系统——"俯瞰齐鲁"上线运行，实现了"地理信息+地方史志"的深度融合和创新发展；上海依托"地方志知多少"网络和微信知识竞赛，开展的地方志社会认知度调查。截至目前，全国31个省（自治区、直辖市）和新疆生产建设兵团，省市县三级地情网站建成总数为844个，较2013年年底增加21.3%，其中省级地情网站30个、市级地情网站220个、县级地情网站594个。数字方志馆（数据库）建成总数为222个，其中省级数字方志馆（数据库）21个、市级数字方志馆（数据库）51个、县级数字方志馆（数据库）150个。新媒体建成总数为373个，其中省级新媒体29个、市级新媒体130个、县级新媒体214个。

二　中国方志网

中国方志网（http：//www.difangzhi.cn/）是中国地方志指导小组

办公室主办的全国地方志系统门户网站，是全国地方志系统的信息发布平台、在线服务平台和互动交流平台。中国方志网坚持集约化、扁平化、标签式、一屏展示、智能化的建网思路，一级栏目以页签的形式显示，首页风格古朴典雅，凸显方志文化特色，旨在打造全国地方志工作者和爱好者的精神家园。

2015年12月1日，中国地情网、中国方志网开通仪式在国家方志馆举行。中国社会科学院副院长、中国地方志指导小组常务副组长李培林出席仪式并作重要讲话。中国地方志指导小组副秘书长兼办公室副主任冀祥德主持开通仪式。中国地方志指导小组办公室副主任刘玉宏、邱新立，中国社会科学院信息化管理办公室、中国社会科学院图书馆、中国社会科学杂志社，以及北京、河北、山西、黑龙江、安徽、山东、河南等省（市）地方志工作机构负责人等，中国地方志指导小组办公室、国家方志馆、方志出版社全体人员，约100人参加仪式。

李培林在讲话中就做好地方志信息化工作提出三点意见：一是全力推进地方志信息化工作；二是全面落实《全国地方志事业发展规划纲要（2015—2020年）》有关信息化建设的要求，做好顶层设计；三是充分发挥信息化功用，不断扩大地方志的影响力。李培林强调，在"互联网+地方志"的新形势下，地方志工作者要善于运用互联网思维，力争在地方志资源开发利用的手段上取得新发展、新突破，为"四个全面"战略实现做出方志人的贡献。

三　中国地情网

中国地情网（www.zhongguodiqing.cn）是全国地情网站集群、地情信息共享平台，致力于各地地情网站资源的整合与开发，努力打造地情信息的展示、检索、服务和共享中心。网站一期于2015年12月1日正式开通，实现国家、省、市、县四级联通。中国地方志指导小组办公室于2016年下半年启动中国地情网二期项目，经过项目立项、招投标、项目建设、功能测试等环节,顺利完成网站升级改造。

中国地情网网站二期于 2017 年 12 月 1 日正式开通,设每日要闻、中国之最、地名探源、名山名水、民风民俗、古今名人、美食大观等 13 个一级栏目,实现国家、省、市、县、乡(镇)、村(社区)六级地情网站的互联互通和"一网天下"式的全覆盖,必将在地方志资源开发利用,地情信息服务共享方面发挥积极作用。中国地情网二期重点是对中国地情网的功能升级和栏目改造。中国地情网二期具有以下特点:一是集群效应更明显。中国地情网共链接全国地方志系统各级各类地情网站 900 余个,数量还在不断增加,实现了已开通地情网站链接全覆盖。二是地情信息更丰富。中国地情网增设各省省情介绍,以及各地历史人文、风土人情等内容,地情信息的广度和深度不断扩大。三是方志文化特色更鲜明。中国地情网的设计具有鲜明的方志文化特色,是各级地情网站资源的整合与开发的重要平台。

四 中国国情网

中国国情网(www.zhongguoguoqing.cn)是中国地方志指导小组

办公室主办的综合性门户网站，是国情信息展示平台、国情信息检索平台和国情资料收集平台。

2018年1月12日，中国国情网开通仪式在国家方志馆举行。中国地方志指导小组（以下简称中指组）组长王伟光，中国社会科学院副院长、党组副书记王京清，院党组成员张英伟，副秘书长韩大川，中指组秘书长、中国地方志指导小组办公室（以下简称中指办）党组书记、主任冀祥德共同按下启动球，中国国情网正式开通。中指组常务副组长李培林因公请假，先期于1月5日到中指办对本次活动举行作出部署。

中国国情网以习近平新时代中国特色社会主义思想和党的十九大精神为指导，以国家的层面和视角，依托中国政府网、新华网、人民网、中国社会科学网等国家级综合性网站以及各部委网站、国家数字方志馆等的国情资源，按照经济建设、政治建设、文化建设、社会建设、生态文明建设"五位一体"总体布局收集、展示、研究国情，实现国情信息的汇聚、整合和检索，面向党政机关、社会团体和人民群

众提供国情信息的咨询、服务和教育，为编修中华人民共和国国志储备国情资料。网站版式设计以中国红为主色调，简洁、庄重、大气，栏目分类科学合理、逻辑清晰，设一级栏目7个，二级栏目32个，既涵盖了中国国情的各个维度，又体现了方志文化的独特价值。

中国国情网项目计划分三期进行，一期项目主要是建设中国国情网网站，从经济、政治、文化、社会、生态文明等维度展示中国国情，搭建中国国情展示平台。下一步将以中国国情网开通为契机，以全国信息方志和数字方志建设工程为抓手，加快推进"名志"建设，不断提高地方志信息化工作的科学化、数字化、集约化水平，圆满完成中指组《全国地方志信息化发展规划（2016—2020年）》确定的各项任务目标，为完成地方志"两个一百年"奋斗目标做出应有的贡献。

五　北京地情资料网

北京地情资料网分为"网站首页""方志撷英""燕都风物""志说北京""京韵试听""图像北京""区县概况"七个板块。网站的地方味道特别浓厚，充分体现出了老北京的浓厚文化底蕴和老北京的风土人情特点。其中，比较有特色的是"燕都风物"板块，内容是介绍北京的景区、特色场所、历史文化名人，通过这个板块可以了解北京的区域历史和风土民情，如"恭王府花园""团河行宫""紫禁城内的人力车""北京的护城河""北京城中轴线性质的三个定位"等，文化性和趣味性相结合，正和大众口味。所以很受欢迎。

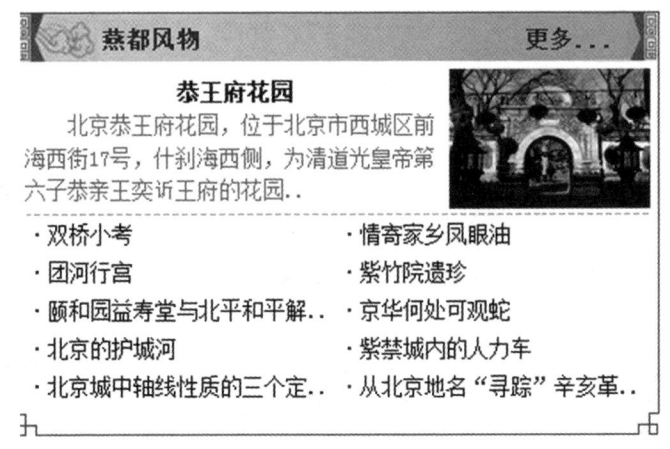

另一个有特色的板块是"志说北京",通过志书中的相关记述,介绍北京的名胜古迹和人文特点。如"北京南郊观象台""消失的古镇""近代北京的银行建筑""南怀仁在京造汽车""慈禧无福消受老爷车"等内容,符合大众的口味,得到了较高关注度。

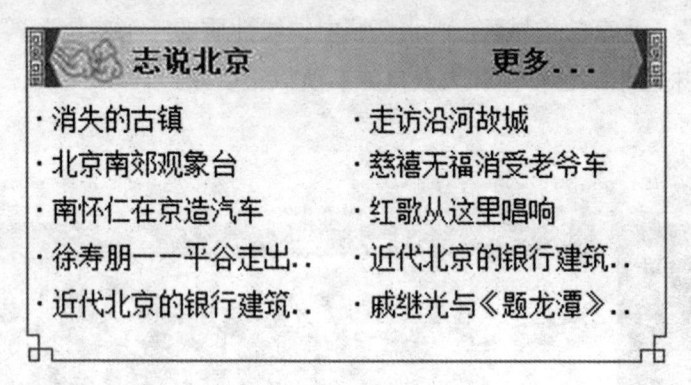

北京地情资料网又一个特色是,在网页的最下端提供相关链接,"上海通""山东省情网""广东省情网""福建省情网""吉林省情网""天津地方志""北京公招网""中国龙志网"这八个相关链接,大家可以很方便地查询相关的信息。

六 山东省情网

山东省情网设计包括"新闻中心""公告""山东时史志人""俯瞰齐鲁""影像山东""数字山东""方志新成果""图说山东""政策法规""志鉴论坛""调查征集""省情资料库""学术专著""历史人物""历史事件""文化村镇""文化遗产""齐鲁民俗""齐鲁文化""走进齐鲁""区域研究""主任邮箱"等板块。其中不仅有方志界的新闻和知识,也有全国党政机关的最新动态和省级新闻。同时,网站还建立了与山东17个地级市的内容链接。

网站内设置的"齐鲁民俗""非物质文化遗产""游遍山东""齐鲁文化"这几个板块也是一个亮点，方便人们更加全面地了解山东的风土民情。

"文化村镇"板块的设计也是亮点。文化名村名镇是由建设部和国家文物局从2003年起共同组织评选的，入选的县保存文物特别丰富且具有重大历史价值或纪念意义的、能较完整地反映一些历史时期传统风貌和地方民族特色的镇和村。中国历史文化名镇名村的评选与公布工作，以不定期的方式进行。建设部和国家文物局以部际联席会议形式对专家委员会的评议的意见进行审定后，以建设部、国家文物局的名义进行公布。山东省的名村名镇比较多，通过这个板块的阅读和查询，可以感知山东的历史、感悟悠久人文特点。

七　杭州地情网

2012年7月，浙江省委常委、杭州市委书记、杭州市人大常委会主任黄坤明会见了中国地方志指导小组常务副组长朱佳木一行，并为"杭州地情网"题词、揭牌。"杭州地情网"的开通，为杭州市地方志工作开辟了一个新领域。"杭州地情网"是对地方志传统功能的创新、延伸和发展，进一步完善了杭州市公共文化服务网络，让群众广泛享有更好的公共文化服务，并充分发挥地方志资政育人、服务社会的功能。

杭州不仅是全国首个颁布实施国务院《地方志工作条例》实施办法的城市，也是全国第二轮修志工作的试点单位。杭州市委、市政府把处市一级重点文保单位开辟为杭州方志馆，这在全国都不多见。杭州市志办在筹建方志馆的过程中，一直将它定位为地情馆，这也是非常准确的，为全国做出了榜样。杭州市志办利用各项有利条件，宣传好、应用好、维护好地情网站，把它建设成为杭州市民和外地游客了解杭州、热爱杭州、建设杭州的地情信息大平台，切实当好"打造东方品质之城、建设幸福和谐杭州"的宣传员、记录员和服务员，这一点在网站头条也有体现，可见杭州市地情网的定位是十分准确独特的。

部分网站内容和同类网站差别不大，如"动态要情""通知公告""市情资料库"等板块，在此不再赘述。

杭州地情网中，比较有特点的板块有"领导人与方志"这一板块。由于方志具有资治辅政的作用，所以被历代的官绅所重视。古代有"朱熹下车索志"的佳话、当代有毛主席在四川阅读志书、习近平阅读《白沙村志》的美传。杭州地情网中就专门开了一个板块介绍领导人与方志，其中有"董必武：地方志要修成百科全书""革命将帅与史志""李克强对全国地方志系统先进模范座谈会作出重要批示""习近平向澳门大学赠送地方志丛刊等传统文化典籍"等，展现出了领导人对地方志的重视。

另一个吸引人的地方就是古籍整理。方志界特别重视对古籍的整理情况。2015年已经累计整理旧志2500多种。从这里可以了解到杭州方志人通过点校、刊印等手段整理的部分旧志。

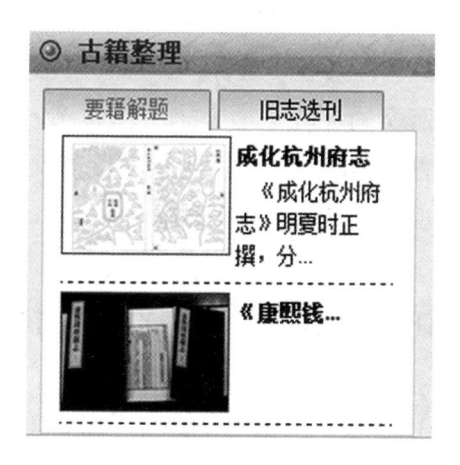

第九章　依法治志

2006年5月,国务院颁布施行《地方志工作条例》,为全国各地的修志工作提供了重要的法制保障,成为地方志工作法制化建设进程中具有里程碑意义的一件大事。随后,各省(自治区、直辖市)地方志工作者积极贯彻落实国务院《地方志工作条例》,推动本地方志事业循着依法治志的方向不断前进,法制化建设初见成效,为构建全国性的地方志法律法规体系打下了坚实基础。

第一节　全国地方志事业法治化进程

一　国务院《地方志工作条例》颁布施行

自1995年起,党和国家领导人多次对地方志事业法制化作专门指示。1995年8月,中共中央政治局委员、国务委员、中国地方志指导小组组长李铁映指出:"根据当前修志工作的实际需要,应当考虑把制定地方志工作条例的工作提上议事日程。""为了规范今后全国的修志工作,使之法制化、制度化,保证修志机构和修志队伍的稳定,提高志书质量,有必要在总结本届修志经验的基础上,形成关于中国地方志工作条例性文件,报请国务院审批后,颁发各地参照执行。"[①]

[①] 陈华:《依法修志是地方志事业持续健康发展的保证》,《江苏地方志》2005年第5期。

第九章 依法治志

1996年5月,国务院总理李鹏在接见全国地方志第二次工作会议代表时指出:"编修地方志要制定章程或规定,以便使工作有章可循。"[①]根据中央领导指示精神,2003年3月20日,中国社会科学院副院长、中国地方志指导小组常务副组长朱佳木在中国地方志指导小组办公室全体人员会议上,提出了第三届中国地方志指导小组的8项工作任务,其中之一就是使地方志工作向制度化、法制化迈进。9月,《地方志工作条例》起草小组成立,朱佳木任组长,全国地方志立法工作正式启动。

在此之前,各地在地方志工作法制化方面也做了不少尝试,已经走在了前面。2003年7月,四川省人大常委会审议通过《四川省地方志工作条例》,这是全国第一个由省人大常委会颁布的地方性地方志法规,也是全国第一个关于地方志工作的地方性法规,具有重要的象征意义。山东、上海、江苏等地也在为地方志立法工作做必要的规划和准备。

2005年6月,中国社会科学院将起草的《地方志编纂管理条例(送审稿)》报国务院审议。国务院法制办收到此件后,立即印发21个中央部门和各省级人民政府征求意见,并在吸收有关意见基础上形成了《地方志工作条例(征求意见稿)》。后又多次征求院校专家学者、方志系统、全国人大常委会法工委等各方面意见建议,并在此基础上形成了《地方志工作条例(草案)》。2006年5月18日,国务院总理温家宝签署第467号国务院令公布了《地方志工作条例》(以下简称《条例》),该条例自公布之日起施行。《条例》共22条,大致包括总则、组织管理、编纂要求、开发利用、法律责任、附则等方面,具体内容则包括:第一条,立法目的;第二条,适用范围;第三条,地方志的定义、层级;第四条,纳入管理、预算;第五条,机构、职责;第六条,编纂原则;第七条,编纂规划;第八条,编纂主体;第

[①] 李鹏:《努力做好新编地方志的工作》,《中国地方志》1996年第3、4期合刊。

九条，编纂人员；第十条，编纂周期；第十一条，资料征集；第十二条，地方志书审查验收；第十三条，综合年鉴的审查验收；第十四条，地方志的报备；第十五条，著作权问题；第十六条，地方志的开发利用；第十七条，表彰和奖励；第十八、第十九、第二十条，法律责任；第二十一条，军事志、国务院部门志书编纂问题；第二十二条，施行日期（具体内容见附录）。该条例是中华人民共和国地方志事业的首个中央层次的行政法规，其公布施行，对于落实依法治国基本国策，建立修志工作长效机制，保障我国地方志工作持续健康稳定发展，具有重要的现实意义和深远的历史意义，是我国地方志事业发展史上具有根本性、战略性、全局性的大事。

  关于适用范围。条例明确，中华人民共和国境内地方志的组织编纂、管理、开发利用工作，适用本条例。条例还明确规定，地方志包括地方志书、地方综合年鉴。鉴于地方志编纂工作需由地方政府组织人力、物力、财力，为避免增加乡镇、村组织负担，该条例仍维持了地方志分为省级、设区的市级、县级三级的有关规定。

  关于地方志工作的保障。条例规定：一是县级以上地方人民政府应当加强对本行政区域地方志工作的领导，地方志工作所需经费列入本级财政预算。二是国家地方志工作指导机构统筹规划、组织协调、督促指导全国地方志工作。县级以上地方人民政府负责地方志工作的机构主管本行政区域的地方志工作，履行下列五项职责：组织、指导、督促和检查地方志工作；拟定地方志工作规划和编纂方案；组织编纂地方志书、地方综合年鉴；收集、保存地方志文献和资料，组织整理旧志，推动方志理论研究；组织开发利用地方志资源。三是省、自治区、直辖市人民政府制定本行政区域地方志编纂的总体工作规划，并报国家地方志工作指导机构备案。四是以县级以上行政区域名称冠名的地方志书、地方综合年鉴，分别由本级人民政府负责地方志工作的机构按照规划组织编纂，其他组织和个人不得编纂。

  关于确保地方志编纂质量的制度设计。条例规定：一是明确地方志编纂应遵循的指导原则，其一是存真求实，其二是确保质量，其三是内容涵盖要全面，要包罗本行政区域自然、政治、经济、文化和社会的历史与现状。二是对参与地方志编纂的人员作了要求，规定编纂地方志应当吸收有关方面的专家、学者参加；地方志编纂人员实行专兼职相结合，专职编纂人员应当具备相应的专业知识。三是确立了地方志书的审查验收制度，规定以县级以上行政区域名称冠名、列入规划的地方志书经审查验收，方可以公开出版；对地方志书进行审查验收，应当组织有关保密、档案、历史、法律、经济、军事等方面的专家参加，重点审查地方志书的内容是否符合宪法和保密、档案等法律、法规的规定，是否全面、客观地反映本行政区域自然、政治、经济、文化和社会的历史与现状。四是确立了地方综合年鉴的出版批准制度，规定以县级以上行政区域名称冠名的地方综合年鉴，经本级人民政府或者其确定的部门批准，方可以公开出版。

关于地方志作品的著作权归属。条例与著作权法作了衔接，明确规定以县级以上行政区域名称冠名的地方志书、地方综合年鉴为职务作品，依照《中华人民共和国著作权法》第十六条第二款的规定，其著作权由组织编纂的负责地方志工作的机构享有，参与编纂的人员享有署名权。

关于地方志的开发利用。条例对地方志的开发利用作了一条原则规定，主要有两层意思：一是明确规定，地方志工作应当为地方经济社会的全面发展服务；县级以上人民政府负责地方志工作的机构应当积极开拓社会用志途径，可以通过建设资料库、网站等形式，加强地方志工作的信息化建设。二是规定公民、法人和其他组织可以利用上述资料库、网站查阅、摘抄地方志。

关于法律责任。条例规定：一是对违反本条例规定，擅自编纂出版以县级以上行政区域名称冠名的地方志书、地方综合年鉴，由县级以上地方人民政府负责地方志工作机构提请本级人民出版行政部门依法查处。"依法查处"主要是指依照《出版管理条例》查处。二是对违反本条例规定，未经审查验收或者批准将地方志文稿交付出版，或者已出版的地方志存在违反宪法、法律、法规规定内容的，由上级人民政府或者本级人民政府责令采取相应措施予以纠正，并视情节追究有关单位和个人的责任；如果泄露国家重大机密造成严重后果，构成犯罪的，要依法追究有关责任人的刑事责任。三是负责地方志工作的机构的工作人员违反本条例第十四条第二款规定，将负责保管的有关文字资料、图表、照片、音像资料、实物及形成的地方志文稿应当移交而不移交，据为己有或者出租、出让、出借的，要依法给予处分。

二 《全国地方志事业发展规划纲要（2015—2020 年）》印发

国务院《地方志工作条例》颁布施行 10 年来，党中央、国务院高度重视传统文化，关心支持地方志事业。习近平总书记发表了一系列关于传承弘扬中华传统文化的重要讲话，2014 年 2 月在北京首都博物馆考察时强调要"高度重视修史修志"，12 月在澳门大学考察时赠送《北京大学图书馆藏稀见方志丛刊》等书籍；2015 年 7 月在中央政治局第 25 次集体学习时强调要整合协调党史、军史、地方志等机构力量对抗日战争进行系统研究，提出地方志工作机构要在抗战研究上发挥应有作用。这些重要指示，为全国地方志事业指明了发展方向，也为地方志的法治化建设提供了基本遵循。李克强总理 2014 年 4 月就第五次全国地方志工作会议的召开作出重要批示，提出"修志问道，以启未来"；2014 年 11 月就《汶川特大地震抗震救灾志》公开出版作出重要批示，明确了地方志事业的核心价值，对地方志工作提出明确要求；2015 年 12 月又就全国地方志系统先进模范座谈会的召开作出重要批示，要求各级政府都要关心和支持地方志事业发展；2016 年 4 月 25 日在夜访成都宽窄巷子时，指出应该把过去的历史资料、成都志，特别是有关宽窄巷子的历史脉络梳理清楚。这些重要指示、重要批示，对于明确地方志工作在经济社会发展大局中的定位，明确政府的法定职责有着重要意义。刘延东副总理 2014 年 4 月在与第五次全国地方志工作会议部分代表座谈时发表重要讲话，2014年11月、2015年1月又分别就中国地方志指导小组上报的《当前全国地方志工作和事业发展情况报告》和编制全国地方志事业发展规划纲要作出重要批示，2015年12月在接见全国地方志系统先进模范代表时发表重要讲话。这些重要讲话、批示，对于新形势下地方志事业发展具有引领作用，推动了地方志事业的全面发展，特别是加快了地方志法制化建设的步伐。在中央领导同志的大力支持下，2015年8月，国务院办公厅印发《全国地方志事业发展规划纲要（2015—2020年）》（以下简称《规划纲要》）。这是我国第一部全国地方志事业规划性文件，首次明确提出了"坚持依法治志"，是地方志法治化建设从"依法修志"到"依法治志"过渡的重要标志。2016年3月，国家"十三五"规划正式写入"加强修史修志"，首次把地方志工作写入国家经济和社会发展五年规划，把地方志事业发展纳入到国家发展战略之中，这必将对地方志法制化建设产生深远影响。

《规划纲要》出台是地方志发展史上的一件大事，有着极为重要和深远的意义，是贯彻落实习近平总书记、李克强总理、刘延东副总理关于做好地方志工作重要批示、重要讲话精神的具体体现，是国家实施"四个全面"战略布局在文化领域推出的一项重大举措，是全国地方志事业科学发展的必然要求。《规划纲要》历时近两年编制而成，全文虽只有4800余字，但内容极其丰富，不仅科学分析了全国地方志事业的发展基础与机遇，确定了全面推动地方志事业发展的指导思想与基本原则，还明确了到2020年的总体目标与主要任务，以及设立了实现目标任务的保障措施。《规划纲要》的内容体现了党中央倡导的创新引领发展的思维，凝聚了全国地方志系统的最大共识。

三 从依法修志到依法治志

依法修志是在早期地方志事业开展遇阻，无法可依的情况下，通过行政手段开展相关工作，即《地方志工作条例》等法规。然而近年来情况有所变化，主要体现在：第一，由修志"一本书主义"转变为立体的修志、读志、用志为一体，多业并举。改革开放以来，我国重启新编地方志工作，工作重心是修志。但方志的价值不仅在于记述和传承文明，更在于服务社会发展大局。地方志工作重心应由修志转变为开发利用方志资源。第二，由一项工作转变为一项事业。经过多年发展积累，地方志工作已成为一项"修志问道，以启未来"的事业，汇聚了一支从上到下的高水平专业人才队伍。第三，由政府主导转变为政府支持，社会广泛参与。地方志事业突破了政府机构的工作范畴，得到社会公众的广泛参与，志书在存史之外的资政、育人功能得以进一步发挥。

总之，随着我国社会主义法治国家建设的深入发展，依法修志已经完成了其使命，亟须发展为依法治志。《规划纲要》的出台，标志着地方志治理体系与治理能力从依法修志转型为依法治志，与我国法治国家建设进程相适应。依法治志不是对依法修志的否定，而是对依法修志的发展与"扬弃"，是依法修志的升级。

依法治志是在建设社会主义法治国家的新形势下，以"一纳入，八到位"为总要求，使地方志从传统单一的依法修志转型发展为依法识志、依法研志、依法修志、依法管志、依法用志、依法存志和依法传志。其基础在于遵循地方志事业发展的客观规律，有效保障地方志事业顺利有序开展，建成层次分明、配套合理的地方志法律体系。依法治志的最终目的是使与地方志相关的法律能够在地方志事业的各个方面得到普遍、切实地制定遵守，维护地方志事业的法治秩序，其核心在于逐步实现地方志事业发展的法治化、常态化、制度化。

党的十八届四中全会强调，"全面推进依法治国是一个系统工程，是国家治理领域一场广泛而深刻的革命，需要付出长期艰苦努力。全党同志必须更加自觉地坚持依法治国、更加扎实地推进依法治国，努力实现国家各项工作法治化，向着建设法治中国不断前进"。[①] 地方志

---

① 《中共中央关于全面推进依法治国若干重大问题的决定》，www.gov.cn，2014年10月发布。

工作要实现法制化，就必须全面贯彻实施《条例》。"法律的生命力在于实施，法律的权威也在于实施"，同样，《条例》的生命力与权威也在于实施，只有坚持不懈抓好《条例》的贯彻落实工作，善始善终、善做善成，才能全面推进地方志法制化建设，实现依法治志。

第二节　各地法治化建设

一　各地法规、规章及行政规范性文件

国务院《地方志工作条例》颁布10年来，各地各级党委和政府的高度重视并大力支持，各地各级地方志工作者们积极贯彻落实《工作条例》，强化法治意识，提高依法行政的水平，扎实推进地方志法治化建设，基本形成国家行政法规、地方法规、地方政府规章、部门规范制度相配套的法规制度体系。目前，除天津、辽宁、重庆、西藏四省（区、市）外，全国已有31个省（区、市）由人大或政府出台了地方志工作条例、规定、实施办法等，尤其是山东省在全国率先实现省市县地方志规章全覆盖，全省17个地级市、137个县（市、区）全部颁布了地方志规范性文件。[①]

各地结合实际工作，先后出台了有关编修备案、资料报送、志稿评审、审查验收、人才培养、成果奖励等办法，制定有关的行业性、专业性制度规范，完善了主编负责制、承编责任制、驳回重修制、责任追究制、督查通报制等，切实做到制度管人管事。

二　各地依法治志活动概况

各地地方志工作机构根据"一纳入、八到位"的要求，一方面做

---

① 宋亚丽：《全国地方志法治化建设概况摭谈》，《中国地方志》2016年第7期。

好顶层设计,另一方面理顺工作机制,重点解决编制、经费、机构、设施等方面存在的困难和问题。

（一）推行政府权力清单制度

多个省份明确制定了地方志工作机构的权力清单,将有关工作纳入政府依法行政的范畴,如北京、安徽、山西、福建、广东、广西、江西、四川等省市。北京市以行政审批为契机,规范自然人、法人和其他社会组织依法修志、用志。四川省加强平台建设,依法规范地方志行政权力使用,进一步清理优化行政职权清单和责任清单。四川省在行政权力依法规范公开运行平台上,分解完善了地方志出版及内容审查目录、事项以及违规出版和内容违法查处工作流程图、廉政风险防控信息、监察点信息等。

（二）严格执法检查和行政督查

北京、四川、海南、吉林等地加强对条例和实施办法贯彻落实情况的执法检查工作,明确行政督查方向。大部分省（区、市）定期开展人大执法检查或政府督察,加大地方志法规规章的执行力度,依法纠正、查处执行不力和违法违规行为。沈阳市地方志办公室、河北省地方志办公室等取得行政执法主体资格,同时河北省建立了省政府对地方志工作的调度会制度；贵州省印发了《目标管理考核试行办法》,对当地地方志工作的开展进行量化管理；福建、江苏两省政府将修志工作列为年度主要任务之一,计入政府督查和考核目标。据中国地方志指导小组办公室统计,从河北、内蒙古、辽宁、吉林、黑龙江、江苏、福建、江西、山东、湖北、湖南、广西、海南、四川、贵州、西藏、青海、宁夏、新疆19个省（区）提交的有关统计数据来看,近10年来,以上19个省（区）共开展省级依法督察902次,发现问题432处,整改414处；市级依法督察4431次,发现问题1432处,整改1338处,依法查处1起；县级依法督察近1.3万次,发现问题4428处,整改3379处。[①] 通过开展常

[①] 以上数据来自中国地方志指导小组办公室历年统计资料,具体参见中国方志网,http://difangzhi.cn。

态化、制度化的执法检查和行政督察，地方志工作法规规章的权威性得以加强，有利于进一步推动地方志工作的高效、顺利开展。

（三）开展普法宣传教育

各地地方志工作机构通过主题宣传教育，在系统内外营造良好氛围，提升工作人员素质，为依法治志营造良好法治环境。上海市采取多样化的宣传手段，开展了一系列地方志普法宣传工作，如2015年的纪念《地方志工作条例》颁布九周年、纪念《上海市实施〈地方志工作条例〉办法》施行四周年、2016年组织"地方志法规宣传月"、开展"地方志知多少"网络与微信有奖竞赛等活动，打造立体宣传，创新载体模式，在市民中引起较大反响。四川省方志办沟通协调省政府法制办、司法厅，积极争取将地方志相关法规纳入"七五普法"和省政府常务会的学法内容。贵州省全盘谋划地方志普法宣传工作，制定《贵州省地方志系统"六五"法制宣传教育规划》，同时还编制了"七五"普法读本《法律法规篇》和《发展指导篇》。福建、河北、湖南、宁夏、甘肃、新疆生产建设兵团等地每年定期开展"5·18"地方志宣传推介活动。海南省组织法律知识和规章制度知识竞赛活动。四川、新疆两省（自治区）充分挖掘自身优势，在杂志上开辟专题，扩大普法宣传活动的影响范围，提升宣传效果。据前述19个省（市、自治区）提交的统计数据来看，十年来，共开展省级普法宣传活动329次，发放或张贴宣传品17万份，受益近1742万人次；市级普法宣传3173次，发放或张贴宣传品144万份，受益2371万人次；县级普法宣传2万余次，发放或张贴宣传品534万份，受益5100万人次。[①] 通过形式各样的普法宣传活动，地方志法规和知识得以宣传普及，扩大了地方志事业在人民群众中的影响力，让更多的人了解地方志、参与地方志并从地方志中获益。

在地方志系统内部，各地地方志工作机构将法制教育纳入培训内

---

① 以上数据来自中国地方志指导小组办公室历年统计资料，具体参见中国方志网，http://difangzhi.cn。

容，以增强广大地方志工作者法治思维，提升依法治志工作能力为重点。中国地方志小组办公室在组织各类专题培训班时，增设"依法治志"相关内容，以专业角度解读地方志的法治化进程，着力提升地方志工作者依法履行行政管理职能的能力。北京、山东、江西、吉林、海南、四川、贵州、青海等省市通过组织法治宣讲团、法治培训班等方式，在系统内部推动《地方志工作条例》的贯彻落实，宣传普及地方志法规知识。如吉林省长春市将每年5月确定为全市地方志法律法规学习活动月；四川省坚持举办每周工作例会，学习地方志相关法律法规，实现领导干部学法常态化和全省地方志执法人员持证上岗；贵州省地方志执法人员通过培训、考试、资质审查，取得省政府颁发的行政执法证。通过系统内部各种各样的宣传教育活动，各地不断提升政府和地方志工作机构对国务院颁布《条例》的贯彻自觉和执行力度，将法治观念、法治思维融入地方志事业开展的全过程和各方面。

第十章 方志人物

中华人民共和国成立以后，为了弘扬传统文化，继承我国方志编修的优良传统，从20世纪五六十年代起，全国20多个省市的530多个县开展了修志工作，后来虽有中断，但70年代末80年代初得以全面展开；20世纪末21世纪初，第二轮修志工作陆续启动并于近年全面完成。为了推动方志事业发展，一些老一辈革命家、专家学者和各界有识之士曾多次大声呼吁，为地方志事业出谋划策。而在地方志编修的实践中，一大批方志人为了完成社会主义新方志编纂，长期坚守在修志岗位上，不辞劳苦，甘于寂寞，默默奉献，成为地方记忆的收集者和地方事业发展的记录人。他们辛勤的汗水使方志编修取得了丰硕成果，同时也在他们之中诞生了很多感人事迹，成就了一方风流人物。

王祝晨（1882—l967），山东德州齐河县人。1949年后任济南一中校长，省教育厅副厅长，曾当选为山东第一、二届人大代表、人民委员会委员，省政协第一至三届副主席，第一届全国人大代表。一生从事教育事业，热衷于传统文化，对地方志编修尤为关注，对第一轮地方志编修立下了汗马功劳。

1954年9月，王祝晨到北京出席第一届全国人民代表大会。在这次会上，郭沫若、马寅初等学界泰斗积极倡导编修地方志，弘扬传统文化。王祝晨也在会上提出了"立即着手编写各省地方志"的建议案。对王祝晨的提案，国家领导人极为重视，周恩来总理在接见他时，称赞其建议提得好，并指示立即在全国组织、推进地方志编修工作。

1956年6月，王祝晨参加一届三次人大会议，会上他再次呼吁编修地方志。29号，人民日报第七版刊载其《早早动手编辑地方志》一文，在这篇文章中王祝晨专门阐述了编修地方志的重要性与必要性。他认为中国是个大国，南北东西都有上万里，气候、物产、地势、土壤、风俗各不相同，应有因地制宜的准备。在中小学里，讲授本国历史和中国地理时援引和利用当地的乡土教材，这具有重要意义。根据由近及远、从已知到未知的原则，开展乡土教育可以增加教学的直观性和具体性，易于发展学生的积极性，也有利于培养发展学生的爱国主义精神。他建议地方志编纂不能延续旧法，首先应占有丰富的材料，做好资料汇编，为地方志编修作准备。因全国县数太多，普修不易，各县人才较少，很难兼顾，因此他提出修志宜以县市志为主。为今之计，莫如从省或自治区和直辖市有条件的先行试办，提纲挈领，较为容易。地方志有注重历史或地理的不同派别，在今天编辑地方地理极为需要，但中央掌握材料较多，应由中央编辑。历史资料散在各地，若不及时搜集，恐老人凋谢，掌故随之失传，将来补救为时已晚。故地方志应先注意历史部分。①

王祝晨是20世纪50年代地方志编纂的积极倡导者，他的上述建议，即使在今天看来仍有一定的现实意义。王祝晨同时也是地方志编修的实践者，1957年他被任命为山东省地方志资料编纂委员会副主任，专事领导山东省地方志编纂工作，实现了他编纂山东地方志的热切愿望。然而世事难为，因形势变化，修志中途被迫停止，王祝晨编修齐鲁方志的理想最终并没有实现。1967年9月11日，在"文化大革命"的大批判声中病逝于济南。

李百玉（1944—　）20世纪70年代末，李百玉为山西省临汾市

---

① 王祝晨：《早早动手编辑地方志》，《人民日报》1956年6月29日第7版。

委组织部干部，但他对传统文化却有着深厚情感，对地方志尤为热爱，"文化大革命"结束后，李百玉虽然在行政部门工作，但热切希望重新编修一部地方志书作为地方的史志记录。1979年5月1日，李百玉以《县志应当续订重修》为题，投书中共中央宣传部、《光明日报》及全国人大五届二次会议大会秘书处，阐述编修地方志书的重要性，倡导在全国开展修志工作，并就如何开展修志工作提出了建议。7月9日，中共中央总书记胡耀邦对李百玉的建议信做出了"大力支持全国开展修志工作"的批示，并建议由人大常委会承担这项工作。后来，中宣部、中共中央书记处又将此事转到全国政协常委会，1982年又由胡启立交中国社会科学院办理。20世纪70年代末开始形成的地方志编修盛世，李百玉当之无愧的是倡导者之一，对后来形成的修志盛况，李百玉功不可没。之后李百玉来到临汾地方志办公室工作，成为地方志编修的实践者，经过十几年的艰苦磨砺，他主编的《临汾市志》终于在2002年出版，实现了自己亲自编修地方志的夙愿。

胡乔木（1912—1992），本名胡鼎新，"乔木"是笔名，江苏盐城人，清华大学、浙江大学肄业，1930年加入中国共产主义青年团，1932年转入中国共产党。曾任中共中央顾问委员会常务委员、中共中央党史工作领导小组副组长、中国社会科学院名誉院长。在第二次地方志编修开始之际，他对地方志的有关阐述，成为第二轮地方志编修的重要理论基础。

1980年，在中国史学会代表大会上，胡乔木就提出："地方志的编纂，也是迫切需要的工作，现在这方面的工作处于停顿状态，我们要大声疾呼，予以提倡。要用新的观点、新的方法、新的材料，继续编写地方志。"[①] 在这里他不仅大声提倡编修地方志，而且还提出了新方志编修的基本方法与途径。

1981年，在中国地方史志协会成立时，关于地方志编修他又提出

[①] 胡乔木：《关于史学工作的几个问题》，《胡乔木文集》（第三卷），人民出版社1994年版，第110页。

了"新的地方志要比旧志增加科学性和现代性"的观点，要求志书篇目设置要科学、合理，应使读者能看清各门类之间的影响和逻辑关系。他特别指出志书要避免政治化倾向。他说："所谓政治化，就是不适当地表现出一种政治的色彩，这样就减弱了著作的严谨性、科学性，使地方志染上了一种宣传色彩。"他进一步阐述道："地方志的价值，在于它提供科学的资料"，地方志书"是一部朴实的、严谨的、科学的资料汇集"，"尽管它不是一部科学的理论著作，但它究竟还是一部科学文献"，只有"杜绝任何空话，摆脱任何宣传色彩"，才能经受历史的考验。①

在"文化大革命"刚结束不久，政治因素依然盛行的年代，胡乔木提出的"避免政治化倾向"，"地方志的价值，在于它提供科学的资料"，"（地方志书）是一部朴实的、严谨的、科学的资料汇集"的观点，对地方志编修产生了重大影响，也为全国地方志编修指明了方向。

对志书编纂，胡乔木主张地方志的内容要丰富，能反映较深层次的实况。志书中任何一个门类都是一个专门的学问，他特别强调："从事地方工作，还是要搞学问，要把它作为学术工作来抓，本来不是行政的事。"② 编修地方志必须具有严谨的学风，修志工作必须专业化，要提高志书质量，关键在于提高修志人员的素质。

在首轮修志的早期，对地方志的认识很多人还处于懵懂之际，胡乔木阐述的各项地方志编修原则，大大提高了人们的认识，厘清了思想中的模糊概念，这些讲话已成为地方志工作的宝贵财富。

曾三（1906—1990），原名曾海云，湖南益阳人。20世纪20年代即开始从事革命活动，为中国革命的胜利立下了汗马功劳。1949年后长期在档案部门担任要职，50年代即参与地方志编修的指导工作，1959年国家成立地方志小组，他受周恩来总理委托，出任组长，指导修志工作。在他的主持领导下，地方志小组多次向中央呈送地方志编

---

① 仓修良、张勤：《回顾胡乔木同志的方志理论》，《新疆地方志》2007年8月。
② 仓修良、张勤：《回顾胡乔木同志的方志理论》，《新疆地方志》2007年8月。

修工作意见,组织制定了修志提纲,对推动全国开展地方志编修发挥了重要作用。"文化大革命"结束后,曾三重新担任中共中央办公厅副主任兼中央档案馆馆长等职务,1981年被选为中国地方史志协会名誉会长。1982年7月,曾三写信给胡启立,建议中央指定一位同志负责地方志小组工作,并由中国社会科学院负责承办,该建议得到了中央的认可与支持。1983年中国地方志小组得到恢复,改称中国地方志指导小组,曾三担任第一任、第二任指导小组组长,是改革开放后地方志工作的主要领导者、指挥者。

1986年,在全国地方志第一次工作会议上,他代表指导小组作《为编纂社会主义时代新方志而开拓前进》的报告,对新方志的编纂提出在"积极稳妥、留有余地、保证质量"的方针下,"用20年或稍长一些时间,在全国各地基本上完成编纂省、自治区、直辖市志和市志、县志的任务"[①]。这个报告即成为"文化大革命"结束后指导全国首轮修志的基本文件之一。

对于新方志编纂,他认为:编写地方志是社会主义科学文化事业的组成部分,它记述的是各项事业的基础性材料。在国家进行伟大变革的新时期,经济、政治、文化和社会生活各方面都在发生着极其深刻的变化,只有运用马克思主义的基本理论和基本方法,观察研究不断涌现的新事物、新情况、新问题,掌握时代特点和发展趋向,对具有中国特色的社会主义现代化建设有深刻的理解,才能编纂出一部合乎时代要求的新方志。新编地方志必须具有严格的科学性和鲜明的时代性,新地方志的科学性本身要求它必须同时也具备鲜明的时代性,合乎客观规律地表现事物的发展过程。编修新方志要积极运用当代自然科学和社会科学的理论与方法,在编纂工作中逐步采用一些现代化科学手段。充分反映我国作为一个统一的多民族国家的特点,也是体现地方志科学性和时代性的需要。一代志书纂修任务的完成,就是新

---

① 曾三:《为编纂社会主义时代新方志而开拓前进》,《中国地方志》1987年第1期。

一代志书编纂工作的开始。为适应社会发展节奏，要大大缩短志书编修周期。他特别提出：做好方志工作，要切实抓好组织领导、队伍素质、志书质量和理论建设。他主张把整理档案工作同编修地方志结合起来，档案馆可采取三种形式参加地方志编修工作，一是为编修地方志收集提供档案资料；二是参加地方志编写工作；三是建立一套经常的工作制度，使档案馆起到章学诚所设想的"志科"作用，随时积累资料，供编修新方志之用。

在"文化大革命"结束后首轮地方志编纂工作的开创之初，曾三为组织编纂全国新方志做了大量开拓性工作。这些建议与设想无疑都非常珍贵，为新方志编修做出了重要贡献。

梁寒冰（1909—1989），山西定襄人。先后就读于太原国民师范学校、北平师范大学。20世纪30年代即投身革命，1949年以后，长期在教育部门与研究部门工作，曾任中国社会科学院历史研究所党组书记，副所长，他长期从事史学研究，著述论文颇丰。

"文化大革命"结束后，他积极推动史学会的恢复与重建工作，史学会重新建立后，他被选为史学会常务理事和秘书长。1980年4月，中国史学会代表大会在北京召开，会上许多代表倡议成立中国地方史志研究会，作为地方志研究与交流的平台。大会秘书长梁寒冰立即组织部分与会代表就此事进行协商，最终决定由梁寒冰为中国史志研究会筹备会的召集人，筹备研究会成立事宜。经过一年多的紧张筹备，1981年7月中国地方史志协会正式成立，在第一届理事会上，梁寒冰被选为中国地方史志协会会长。会议最后通过了《给党中央、国务院的建议书》，建议重新组建中国地方志小组或中国地方志编纂委员会，负责修志工作。在中国地方志指导小组成立之前，中国史志协会的建立对指导全国地方志编修起了至关重要的作用，而梁寒冰则是组建中国史志协会的倡导者与领导者。

1983年4月8日，中国地方志指导小组在北京正式成立，梁寒冰担任副组长，主持日常工作。

4月22日，在地方志指导小组召开的全国首次规划会议上，梁寒冰在讲话中再次提出加强地方志研究，建立马克思主义方志学，并从理论上阐述了地方志的产生、功能、编修方法等基本问题。在方志学理论方面，他发表了许多具有独到见解的论文，对方志编纂的指导思想、方志编纂的基本方法等问题进行探讨。他认为编纂新方志必须坚持以马克思主义、毛泽东思想为指导，坚持党的四项基本原则。新方志应充分反映我国科技和教育事业的发展情况，以及科技对社会生产所起的重大作用；应详细记录我国社会主义经济建设的成就，地方志应成为爱国主义、共产主义和革命传统教育的重要思想阵地。他指出修志必须为我国的社会主义物质文明和精神文明建设服务。他认为地方志不同于阐述社会历史发展规律的史学论著，应该脱离历史学成为独立的学科。地方志从收集、甄别、整理、选用资料到科学分类、排列资料直至编纂成书的全过程，都要用马克思主义的立场、观点和科学方法进行指导，这样才能使新方志与旧方志从根本上区别开来，使新编志书具有思想性、科学性、现代性、知识性和稳定性，经得起历史考验。修志是了解地情的基础工作，要注重经济效益、社会效果和现实意义。地方志编纂要坚持详今略古，古为今用的原则，才能充分体现时代性。他的这些观点对指导方志编修起了重要影响。

长期以来，梁寒冰致力于全国新方志的编纂指导工作，为在各地建立修志机构而奔走，为加强对地方志的领导而呼吁。他经常深入全国各地，对修志工作进行具体指导，每到一地都要调查研究，及时发现推广各地的好经验、好成果，多方推动各地开展修志工作。他强调地方志编修要实行责、权、利相结合的体制，实行主编负责制，有专人负责，有资金保障。

1989年，梁寒冰去世，他主持地方志指导小组工作长达六年之久。在他的晚年，全部精力都贡献给了方志事业，成为改革开放后新方志编纂的奠基人之一，为中国地方志事业的发展做出了重要贡献。除众多史学研究专著之外，梁寒冰还著有《新编地方志研究》一书，专门阐述他对新编地方志的认识与看法。

董一博（1912—1987），山东藤县人。早年投身革命，1949年后长期从事教育工作。1978年，董一博调任全国政协文史资料委员会办公室主任。在政协工作期间，他对文史资料的收集整理给与了特殊关注。1979年5月29日，他在《人民日报》发表《为抢救文史资料大声疾呼》一文，呼吁有关部门要关注文史资料的收集与整理，积极提倡抢救和整理文史资料，并首先提出开展海外史料的征集工作。他创办了文史资料出版社（中国文史出版社），使之成为文史资料整理出版的重要平台。在全国政协工作期间，董一博广泛团结各阶层民主人士，组织编写力量，壮大文史队伍，开创了文史工作新局面。

1981年董一博离休后，以高度的热忱投入中国地方志修纂事业，曾任第一届中国地方志指导小组成员兼国家旧志整理工作委员会主任，直接参与组织指导全国修志工作。任第一、二届中国地方（史）志协会副会长，常务理事。1982年，他在《人民日报》《中国地方史志》等报刊上相继发表了《要重视编修新地方志》《试论中国地方志的发展》等文章，阐述他对方志编修的见解。

在开展第二轮地方志编修工作中，董一博做了大量组织指导工作。1983年4月，出席中国地方志规划会议，担任大会秘书长。5月，主持召开全国县志座谈会。7月，出席城市编志座谈会，为方志事业到处奔忙。董一博知识渊博，古文功底深厚，他对地方志具有独到的理解，在理论上提出的一些观点都是开创性的，对各地修志影响很大。8月，在山西原平县主持召开县志篇目研讨会。在会议进行总结时，董一博对县志篇目框架的设计原则进行了概括，即：横排书写，以横为主；史志结合，以志为主；横排不缺项，竖写不断线；纵横交错，攻其主要；确定范围，来自实践；通合古今，兼顾左右；有机结合，互相联系。董一博的这些论述后来成为地方志篇目设计的主要依据。10月，在中国地方史志协会第二次学术年会上，董一博在工作报告中就如何把握新志质量，归纳为六条标准，即观点正确，体例完善，资料丰富翔实，地方特点突出，体现时代精神，文风端正、文字简洁。这六条标准对把握各地地方志的编修质量起了很好的指导作用。

1984年，他被选为中国地方志指导小组成员。为推动地方志事业，他两次上书党中央反映修志情况，使全国修志工作得到中央领导的关心和支持，对新方志事业的发展起了很大推动作用。1984年7月30日，他写信给胡耀邦，汇报1980年以来全国的修志情况，并提出四点建议，要求加强中国地方志指导小组的领导。胡耀邦看后做了批示，明确表示地方志工作要有一个敢抓敢闯的人牵头。

1985年，董一博任《中国大辞典》编辑委员会主任。在天津召开的旧志整理工作会议上，被任命为旧志整理委员会主任。他不顾年老多病，为振兴中国地方志事业走南奔北，先后深入十几个省（自治区、直辖市）、几十个地区县进行调查研究，指导地方志的编写工作。他十分关心家乡的建设和方志编修工作，曾于1981年和1986年两次来薛城了解经济建设情况，指导家乡的地方志编写，并为《薛城区志》题写书名。

他曾主持《中国地方志通讯》的编辑工作，倡议、支持《方志与信息》《中国地方志大辞典》的编辑工作，主持制定了《旧志整理工作规划》，发表了几十篇有关地方志的学术论文。他认为方志学是一门新兴独立的学科，并将其分成理论方志学、应用方志学和方志发展史三大分支学科；在理论体系上提出了方志"五志说"，即"志官之是非，志材之真伪，志法之臧否，志言之宏鄙，志德之崇庸"[1]；提出新方志功能的"五用论"；主张创立方志新体例的"六部体"。在方法论方面，他提出"方志面向百科，百科走向方志"，主张引进多种学科的研究方法，以丰富完备方志学，使其科学化、规范化、标准化。对修志队伍他提出"五合说"，主张"一代之志需一代人才"，重视培养修志队伍，开展方志评论。在修志的早期，董一博为我国新方志编

---

[1]《董一博同志在福建省方志工作者座谈会上的讲话》，《董一博方志论文集》，河南大学出版社1989年版。

修和方志学的宣传与普及，为中国特色社会主义新方志学的创建做出了重要贡献。1987年11月25日，董一博在北京逝世，享年75岁。

傅振伦（1906—1999），河北新河人。早年毕业于北京大学，后为中国历史博物馆研究员、南开大学兼职教授、中国敦煌吐鲁番学会顾问以及中国考古学会理事。他还曾担任第一届中国地方史志协会学术顾问，第三届中国地方志协会学术委员。

傅振伦知识渊博，涉猎颇广，对历史、史学史、文物考古、博物馆学、科技史、陶瓷史、军事史、民俗学、语言学都有很深造诣，著述颇丰，其中包括《英汉双解世界语基本词典》《刘之玑之史学》《中国史学概要》《博物馆学概论》等。傅振伦对方志学的研究成果尤多，其著作有《中国方志学通论》《中国方志学》《河北、江苏方志提要》等专著。此外，他还发表了《编纂北平志蠡测》《河北新河县志序例》（即《新志述略》）《与孙楷第、王崇民考河北通志馆书二通》《方志之性质》《整理地方文献方案》《评蔚县编修县志纲目初草》《苏州府志提要二种》《北碚志例目》《整理旧方志与编辑新方志》《方志的继承与革新》《试论新志体例和篇目》等几十篇学术论文。在北京大学主讲过《方志学》课程。他曾主持编纂《新河县志》，主持参与了《北平志》《河北通志》编纂工作，为《故宫方志目》《续修四库全书总目提要》撰写方志提要二百余篇。1944年，他协助顾颉刚主持纂修《北碚志》，凡大事、地理、政治、经济、文教、社会、列传、聚落八篇，其体例颇为人所称道。傅振伦认为地方志"为记述一域地理及史事之书"，方志"门类宜广"，应"增加科目"。

傅振伦对方志的科学价值、地方志的性质、地方志的起源、地方志资料的收集与整理、旧志整理与新志编纂都有独到见解。他所撰写的《中国方志学通论》发表于1935年，是民国时期采用现代科学方法系统研究方志的力作，也是民国期间方志学研究的代表成果之一，在学界影响很大。

1978年8月，面对全国日渐兴起的方志编修浪潮，为满足修志之需要，傅振伦对《中国方志学通论》进行了重新撰写，后以《中国方志学》为名出版。"文化大革命"结束之后，大多数人对地方志的认识还十分模糊，这些著述对地方志纂修人员如何认识地方志，了解地方志的体例特征和基本编写方法起了很好的作用，对方志编修的指导意义很大。

傅振伦非常关心、支持新方志的编纂工作。在其晚年，他不顾年老体弱，不辞辛苦地奔波于各地进行讲课、参加座谈、撰写论文、审读志稿，甚至将自己收藏的图书资料毫无保留地提供给修志部门。在他的一生中，致力于地方志研究工作长达70余年，为我国的方志事业发展以及理论研究与实践做出了巨大贡献，是全国著名的方志专家。

朱士嘉（1905—1989），江苏无锡人。1932年获燕京大学硕士学位后，历任辅仁大学讲师、燕京大学图书馆中文编目部主任，主编《史学年报》等刊物。1939年，应美国国会图书馆之邀，朱士嘉出任美国国会图书馆东方部中文编目主任，整理所藏的中国地方志，并从事研究工作。1943年，进入哥伦比亚大学深造。1947受聘为华盛顿大学远东系副教授。1950年回国后，历任武汉大学历史系教授兼图书馆馆长、湖北省文史研究馆馆长、湖北省政协文史资料委员会副主任以及湖北大学教授。与此同时，他还担任中国地名委员会、国务院古籍整理出版规划小组、中华书局古籍整理小组、湖北省地方志编纂委员会等单位顾问。朱士嘉曾任第一届中国地方志指导小组成员，第一、二届中国地方（史）志协会副会长、常务理事。

朱士嘉一生专攻方志学和目录学，笔耕不辍，著述宏富。早在1930年，他在燕京大学即师从顾颉刚研究地方志，先后在《禹贡》半月刊和《地学杂志》发表了《宋元方志考》《方志之名称与种类》《这样编写新式的县志》等论文。他认为编写新志应改革旧志体例，注意经济问题；材料宜真实、详备；不要为达官贵人树碑立传；文字要生动浅显朴实；要采用新的编纂技术和方法；志书纲目当因地制宜，因时制宜，门类应归属得体，力求体现方志的地方性、时代性和平民性。

他编著的《中国地方志综录》是我国第一部在方志学界有较大影响的全国性地方志目录，载录历代方志5832种，初步摸清了全国所藏地方志书的家底，为研究我国地方志的发展与收藏提供了可靠的依据。1958年，他又对《中国地方志综录》进行了增补订正，载录历代地方志书达到7413种，109134卷。此外，他还编著有《美国国会图书馆藏中国地方志目录》《宋元方志传记索引》《中国旧志名家论选》《官书局书目汇编》《美国破坏华工史料》《十九世纪美国侵华档案资料选辑》等书籍；发表有《翻刻孤本方志刍议》《清代地方志的史料学价值》《临安三志考》《临安三志版本考》《整理研究地方志计划草案》《顾炎武整理研究地方志的成就》《推陈出新编好社会主义新方志》《中国地方志浅说》《章学诚对于中国方志的贡献》等论文。

朱士嘉在批判继承旧方志理论的基础上，形成了关于方志源流、性质、编纂原则与方法、内容与体例、旧志整理与利用等系统的方志学理论。1981年，在中国地方史研究会筹备小组会议上，他对地方志重新进行了界定："地方志是以一定体例反映一定行政单位的政治、经济、文化、军事、自然现象和自然资源的综合著述。它等于地方百科全书，也是一门边缘学科，涉及范围非常之广，既反映各个行政单位的天文、气候、地形、自然资源、自然灾害以及动植物、飞禽、水族的生长、迁移、灭绝的过程，又反映我国各族人民不同时期的社会生活，尤其是阶级斗争、生产斗争和科学实验的情况及其所取得的辉煌成就。中国地方志历史之悠久，地域之广阔，内容之丰富，在世界上是罕见的，不失为我国优秀的文化特产，对于研究中国的经济史、政治史、文化史、军事史以及科学技术发展史，地方志都是不可缺少的参考资料。"[①] 他的这些论述对后来界定地方志的性质与功能产生了很大影响。他提倡推陈出新，界说方志定义；阐明原则，强调志书质量；重视基础，主张资料搜访宜广；建议设立地方志资料中心和地方

---

① 朱士嘉：《谈谈地方志中的几个问题》，《中国地方志通讯》1981年第2期。

志博物馆。他还参与指导了《中国地方志联合目录》《中国地震资料年表》《中国天文史料汇编》等书的编纂工作，编选标校了《方志学论丛》等。

陈元方（1915—1993），陕西乾县人，西安师范学校毕业。1936年加入中国共产党，投身革命。中华人民共和国成立后，历任中共西安市委副书记，西安市副市长，中共中央党校党史教研室主任，中共陕西省委书记兼西安市委第一书记、省顾委副主任，陕西省地方志编纂委员会主任，中国人民外交学会理事等职务。

1982年6月，时任陕西省省委书记的陈元方，亲自担任省地方志编纂委员会主任，主持全省修志工作。他对陕西省的地方志编纂投入了巨大热情，关心指导省内地方志的发展与进程，探讨方志编修的有关问题。对全国地方志事业的发展他也给予了高度关注，在中国地方志指导小组成立之际，他是指导小组成员之一，直接参与全国地方志的发展决策，指导地方志编纂，探讨制定地方志的发展规划。

1985年4月，陈元方再次被选为中国地方志指导小组成员。陈元方作为省委领导，在繁忙的行政事务之余，还抽出大量时间认真研究地方志编纂过程中遇到的新问题，撰写论文阐述自己的观点主张，比如，如何记述"文化大革命"是新方志编纂中非常敏感的话题，对其如何加以把握成为各地普遍关心的问题。1992年，在有关如何记述"文化大革命"的争论中，陈元方旗帜鲜明地提出新编地方志记述"文化大革命"责无旁贷。他认为"处理建国以来若干历史问题的决议"对处理历史事件提出的"宜粗不宜细"的原则是对的，但对"文化大革命"则不然，志书应从实际出发，宜"粗"则"粗"，宜"细"则"细"，粗细结合，交互为用。有人主张对"文化大革命"的记述"宜分散不宜集中"。他认为"分散写"实际是反对写，根据陕西的经验，集中与分散都得要，缺一不可。"集中"回答的是一个地方"文化大革命"的总貌，"分散"回答的是"文化大革命"在各行各业的具体情况。陈元方的观点引起了很多人的兴趣，对如何撰写

"文化大革命"这段历史很有帮助。

邵文杰（1915—2004），河南新安人。1930年入新安县师范学校学习，1933年加入中国共产主义青年团，1938年转入中国共产党。中华人民共和国成立后，历任中共洛阳地委副书记、书记，河南省计委主任，河南省副省长，河南省第五、六届人大常委会副主任。他非常关心河南省的修志工作，1981年10月河南省地方史志编纂委员会成立，邵文杰为主任。1984年10月，在河南省地方史志协会成立大会上，邵文杰被选为名誉会长。1985年4月，邵文杰又被选为中国地方志指导小组成员，参与指导全国地方志编修工作。

1986年5月，邵文杰从主要领导岗位上退了下来，全身心地投入地方志编纂工作之中，积极贡献自己的余热。任职期间，他走遍全省，呕心沥血，为河南省方志工作的开展打下良好基础。他认真学习方志理论，研究编纂中出现的各种问题，及时加以解决，在他的直接领导下，河南省的地方志事业稳步推进，发展得有声有色，很多经验都为其他省市所借鉴，编纂进度一直走在全国的前列。

燕居谦（1933—1991），山西交城人。早年投身革命，参加土地改革运动，1951年后调交城县文化馆工作，编辑《文锋周报》《交城小报》。1956年7月，加入中国共产党。历任中共交城县委办公室副主任、县委宣传部副部长。1982年起他担任县地方志办公室主任，着手修撰县志工作。他和其他工作人员一起寻访印证，收集资料。在他们的努力下，许多尘封已久的资料重见天日，许多存于人们头脑中的历史留在了纸上。然而，长期的劳累使他的身体日渐衰弱，积劳成疾，但他没有一天停止县志的撰写，以超人的毅力完成了14万字的工业志、3.5万字的政权志、3万字的政法志，审定了7万字的人物志、4万字的城乡建设志，还主编了一期7万多字的《文史资料》。

县志终于脱稿了，病魔也把燕居谦带到了生命的边缘。然而他每天除了看病，就是撰写县志。1990年国庆前，交城县志全稿最终完成，总计30卷140万字。燕居谦实现了编修家乡县志的夙愿。燕居谦的先进事迹受到当地领导的高度重视。1991年2月24日，《人民日报》头版以"生命诚可贵，事业价更高"为题登载了燕居谦的感人事迹。《中国地方志》刊物也发表评论员文章给予高度评价。

郑永立（1946—2001），河南浚县人。曾任河南省浚县政协委员、浚县地方史志办主任、新编《浚县志》主编。1983年，郑永立从部队转业回到家乡浚县，被借调到县地方史志办公室。次年，该县各局调整领导班子，他被任命县计划生育委员会副主任。考虑到《浚县志》第一稿正在总纂阶段，郑永立为确保工作顺利开展，埋头修志，最终辞掉了计生委副主任的职务。1987年6月，组织任命郑永立为文化局长兼党组书记，他再次推辞，只为专心做好《浚县志》。年复一年的学习积累让郑永立成为方志事业的行家里手，他撰写读书笔记40多本，摘录卡片数万张，发表方志论文十多篇，一名经济学教授看了《浚县志·经济篇》后评价道："数据分析如出自行家之手，其科学性不亚于专业分析。"

然而，长期辛勤工作让他的身体出现了异常，后被诊断为双肺空洞性肺结核，即便如此，住院期间他仍一边治疗，一边工作。终于在1991年，浚县文化建设史上最大的文字工程——《浚县志》（共165万字）出版发行，郑永立终于实现了"干好一件事"的人生价值。从1992年开始，他抱病主编了30余万字的《大伾山志》，整理出版了《浚县志》（清·嘉庆）、《浚县志》（清·光绪），参与编纂了《鹤壁市大事记述》，在他指导下《浚县粮食志》《浚县邮电志》等志书相继出版。1993年，《浚县志》荣获全国新编地方志优秀成果二等奖，河南省社会科学优秀成果三等奖。郑永立也先后获得"优秀共产党员""先进工作者""县级拔尖人才"称号。

2001年，郑永立负责起草《浚县第二届修志方案》，病魔的猖獗终于使这条铁骨铮铮的汉子停下了笔。在他弥留之际，留下的最后愿望是一定要把第二届修志搞好。

论文辑存

中国地方志事业发展的经验、问题及对策[①]

摘要：中华人民共和国成立后，方志编修事业迅速发展，方志馆、网、库建设加快了地方志事业的转型升级，为当代经济社会发展和文化建设发挥了不可替代的作用，也为今后中国方志事业的快速、高质量发展积累了经验。然而，新方志编修及地方志事业的发展仍面临着认识不足、基础设施薄弱、人才队伍短缺、地域发展失衡、对外传播不足、管理主体不断弱化等问题。要解决上述问题，需要提高历史站位，深刻认识地方志的重要性；加强组织领导，推动基础设施不断完善；建立健全督察督办机制，跟踪方志工作的落实情况；理顺体制机制，扭转方志工作机构不断弱化的局面；加快地方志立法工作，有效解决地域发展的失衡问题；着力推动方志学学科建设，培养和造就一支素质过硬的人才队伍；利用方志资源优势，增进中外友好往来；坚持修志为用，实现方志的创造性转化和创新性发展。

关键词：地方志；方志编修；方志文化；方志馆

---

① 作者刘玉宏，发表于《北京社会科学》2022年第4期。

一　引言

　　地方志又称方志,是全面系统记述一定行政区域自然、政治、经济、社会和文化的历史与现状的资料性文献。据1985年中华书局出版的《中国地方志联合目录》统计,中国现存古代方志8000多种,10万余卷,约占中国现存古籍的十分之一。

　　方志编修源远流长。当代学者一般认为方志起源于古地理书、古国史及古舆图等,流传最广的当为"《周官》说"和"古史说"。秦汉魏晋南北朝时期,伴随着大一统国家的建立,地记、图经畅兴,出现了全国性的舆图、地理书和地理志,虽其名称各异,然皆言地域之分,条记土地、户口、风俗等,成专记地方之书,方志雏形由此奠定。方志定型于宋代,宋徽宗大观元年(1107年),朝廷设立九域图志局,作为专门的修志机构,组织全国修志。至南宋时期,官修已成为方志编修的主流,各地修志蔚然成风,产生了一批颇具影响力的名志,"志"作为专称已较普遍,方志基本定型。方志兴盛于元明清时期,元代创修的《大元大一统志》开创了国家编修一统志的先河,清代更加注重一统志的编修,先后组织编修了康熙、乾隆、嘉庆三部一统志。方志转型于民国时期,国民政府先后通令各省市县纂修志书,建立通志馆,并规定省志30年一修,市县志15年一修。在这个阶段,志书体例和内容均发生了很大变化,方志开始向近代进一步转型,方志理论研究成果也日渐丰富。

　　中国地方志在漫长的岁月中不断地记载着历史。英国汉学家伟烈亚力称:"无论从它们的广度来看,还是从它们有系统的全面性方面来看,都是任何国家的同类文献所不能比拟的。"[1] 中国文化之所以延续至今没有中断,也得益于我们官修志书的传统,地方志在中国的社

---

[1] [英]李约瑟:《中国科学技术史》第5卷第1分册,科学出版社1976年版,第44页。

会发展中起到了重要作用。但是，中华人民共和国成立以来，方志事业在取得一系列成绩、积累一系列经验的同时，也遇到了一些瓶颈问题。

二　中华人民共和国地方志事业发展的实践经验

中华人民共和国成立后，方志编修工作迅速发展。20世纪五六十年代，全国20多个省市的530多个县开展了修志工作，后因"文化大革命"而中断。20世纪70年代末80年代初，第一轮新编地方志工作全面展开；20世纪末21世纪初，第二轮修志工作陆续启动并于近年全面完成。新方志事业发展的实践经验和特点主要体现在以下几个方面。

（一）党和国家领导人重视、支持

新方志事业之所以能够取得辉煌成就，离不开历任党和国家领导人的重视和支持。中华人民共和国成立之初，毛泽东、周恩来就委托国家档案局局长曾三组织编修志书。1958年，毛泽东在成都开会期间，专门借阅了《四川省志》《蜀本记》《华阳国志》阅读。同年，周恩来在与北京大学图书馆邓衍林教授谈话中明确指出："我国是一个文化悠久的大国，各县都编有县志，县志中就保存了不少各地经济建设的有用资料。"[①] 1979年邓小平指示："编辑出版年鉴，很有必要，这是国家的需要，四化建设的需要。"[②] 1993年，江泽民在中南海会见查良镛（即金庸），临别时向其赠送《浙江方志源流》《浙江地名简志》等书，并在《浙江地名简志》扉页上题写了"良镛先生惠存"。

习近平一向重视地方志工作。他指出："修志是一项很有意义的工作""要马上了解一个地方的重要情况，就要了解它的历史。了解

---

① 浙江省地方志编辑室编：《修志须知》，浙江人民出版社1986年版，第3页。
② 李维民主编：《中国年鉴史料·邓小平谈年鉴》，北京志鉴书刊研究院2003年版，第172页。

历史可靠的方法就是看志,这是我的一个习惯。过去,我无论走到哪里,第一件事就是要看地方志,这样做,可以较快地了解到一个地方的山川地貌、乡情民俗、名流商贾、桑麻农事,可以从中把握很多带有规律性的东西。"① 2004 年,习近平在浙江担任省委书记期间,亲自指导《白沙村志》的编修工作,并勉励村民把《白沙村志》继续编修下去,把新变化写入新村志。2014 年 2 月 25 日,习近平在首都博物馆参观时指出,要高度重视修史修志工作。2021 年,习近平对中国地方志指导小组办公室倡议在全国范围内编修《中国扶贫志》《中国小康志》作出重要批示,全国地方志工作机构受到极大鼓舞。地方志事业在党和国家重大部署和国家治理中的地位日益凸显。

李克强曾两次就地方志工作作出批示。2014 年,李克强批示:"地方志是传承中华文明,发掘历史智慧的重要载体,存史、育人、资政,做好编修工作十分重要。五年来,全国地方志工作者执着守望、辛勤耕耘,地方志工作成绩斐然,这项事业呈现良好发展势头。谨向同志们致以诚挚问候!修志问道,以启未来。希望你们继续秉持崇高理念,以更加饱满的热情、以求真存实的作风进一步做好地方志编纂、管理和开发利用工作,为弘扬优秀传统文化、服务经济社会发展作出新的贡献。"② 2015 年,李克强再次作出批示:"方志流传绵延千载,贵在史识,重在致用。各级政府都要关心和支持地方志事业发展,也希望地方志工作者继续发扬方志人精神,志存高远,力学笃行,执笔著信史,彰善引风气,为当代提供资政辅治之参考,为后世留下堪存堪鉴之记述。"③

(二)组织指导有力

为推动全国地方志工作,中宣部、国务院办公厅曾先后发文,

---

① 中共宁德市地委办公室:《关于印发习近平同志在全区地方志工作会(议)上讲话的通知》。
② 李克强:《修志问道以启未来》,中国政府网,http://www.gov.cn,2014 年 4 月 19 日。
③ 李克强:《关心和支持地方志事业发展为当代提供资政辅治之参考为后世留堪存堪鉴之记述》,中国政府网,http://www.gov.cn,2015 年 12 月 19 日。

提出指导性意见。1958年,国务院科学规划委员会成立地方志小组,1983年更名为"中国地方志指导小组",下设办公室作为日常的办事机构,负责统筹规划、组织协调、督促指导全国地方志工作。[①] 这标志着地方志工作有了最高的指导机构,中国的地方志事业从此迈入新发展阶段,各项工作进入了全面系统、健康有序的发展轨道。在此带动下,各省市也都设立了专门的修志工作机构,从修志机构、人员队伍、业务规划、经费保障等方面,全面加强了对修志工作的组织指导。

(三)开发利用突出

方志既是宝贵的文化遗产和精神财富,又是开启未来的重要智慧和力量源泉。盛世修志,修志为用,地方志在服务经济社会发展中取得了丰硕成果,形成了哲学社会科学庞大的成果群,是一个取之不尽、用之不竭的资源宝库。当前,全国各地在旅游开发、文化建设等领域,持续开展读志用志工作,并取得了显著成绩,主要表现在以下三个方面。

其一为防灾减灾。中国科学院地震工作委员会从5600余种方志中辑出大量古代地震资料,于1956年编撰了《中国地震资料年表》,1980年又重新校补为《中国地震资料汇编》。这些资料为分析各地地震的分布特点、演变规律、地震烈度等提供了重要依据。汶川特大地震发生后,在北川县城重建阶段,北川县地方志部门会同中国城市规划设计院等部门,依据《石泉县志》(清·乾隆)、《石泉县志》(清·道光)、民国《北川县志》和新编《北川县志》,拟订了北川新县城四个备选地址。2008年11月,国务院常务会议审查决定了北川县城新址。

其二为旅游开发。著名作家茅盾担任文化部部长时曾建议从地方志中汇编名胜古迹资料,为发展旅游事业服务。他说:"我国地方志

---

① 中国地方志指导小组办公室编:《全国地方志法规、规章及行政规范性文件汇编》,方志出版社2016年版,第1页。

书，源远流长，种类繁多，志书搜集材料之广博，超过正史、野史、前人笔记之所记载，似可组织人力，即以地方志中适合于旅游者之多方面兴趣而引人入胜者，编写导游指南。"① 海南省三亚市志办对此做出了有益的尝试，其深入挖掘唐代鉴真和尚第五次东渡日本遭遇台风时在三亚、万宁、琼山等地停留活动的大量史料，建议三亚市委、市政府开发新的人文旅游景点，在海山奇观游览区内建起鉴真登岸纪念群雕、南山佛教文化区、道教文化区及南海观音雕像；又协助旅游部门在"天涯海角"新辟历史名人雕像区，树立起冼太夫人、李德裕、黄道婆等8座历史名人雕像，丰富了"天涯海角"的人文景观。

其三为挖掘名特产品。以名酒为例，酒文化在中国有着悠久的历史，但通常的史料一般仅仅概述酿酒人物，而志书除记述创始人外，还提供名酒产地的详细地理位置，乃至对某村、某河、某井、某泉、某巷等均有记载。如杜康酒发源地就是根据《白水县志》（清·乾隆）、《伊阳县志》和《汝州全志》（清·道光）的记载而得知。这样的实例不胜枚举。

（四）馆网并举而进

方志馆是收藏研究、开发利用地方志资源，宣传展示国情、地情的公共文化服务机构。在中国地方志指导小组办公室的指导下，当前全国出现了方志馆建设热潮。2008年国家方志馆正式建馆。之后，国家方志馆黄河分馆、知青分馆、中原分馆、北京市方志馆、广州市方志馆等标志性方志馆陆续建成，成为方志文化传播的重要阵地。据中国地方志指导小组办公室统计，截至2020年年底，中国已建成省市县三级方志馆611个，其中包括国家方志馆1个、国家方志馆分馆4个、省级方志馆24个。进入新时代以来，全国地方志系统着力建设各类地情网站、数据库，稳步推进国家、省、市、县、乡、村六级联网，开辟了"一网网天下、志鉴书古今"的新格局。2016年国家数字方志馆

---

① 韦韬、陈小曼编：《茅盾杂文集·夜半偶记》，生活·读书·新知三联书店1996年版，第955页。

揭牌，同年中国地情网、中国方志网开通上线。

（五）依法治志格局形成

2006年，国务院颁布《地方志工作条例》，这是中华人民共和国成立后第一部关于地方志的法规性文件，标志着地方志事业走上了法制化轨道，具有里程碑式的意义。2015年，国务院办公厅印发《全国地方志事业发展规划纲要（2015—2020年）》，开创了新时期依法治志的新局面，全国各地也都相应地出台了地方性方志编纂法规。目前，除港澳台地区外，全国已有31个省（区、市）由人大或政府出台了地方志工作条例、规定、实施办法等，尤其是山东省在全国率先实现省市县地方志规章全覆盖，全省17个地级市、137个县（市、区）全部颁布了地方志规范性文件，形成了较为完善的法规体系。中华人民共和国方志事业从此走上了法制化建设的轨道，依法治志的格局逐渐形成。

截至2020年，全国共编纂出版省、市、县三级志书1万多种，省市县三级地方综合年鉴数千种。再加上部门志、行业志、专业志、理论著述及旧志整理的成果，共同构筑了以国情地情为主要内容并不断丰富的文化资源宝库，形成了哲学社会科学最庞大的成果群。

三 当前地方志发展中存在的问题

中华人民共和国成立以来，尤其是改革开放以来，新方志事业发展取得了巨大的成绩，成果丰硕，对社会、经济、文化发展做出了重要贡献，但是仍存在一些问题，需要研究探析，找出问题及其根源。

（一）社会认识不足

方志文化是中国的本土文化，是基础文化，但是由于各种原因，一段时期以来，方志文化的宣传弘扬颇为不畅，导致社会各界对方志的认识还比较模糊，对方志的了解存在不足。让方志文化"飞入寻常百姓家"，为人民群众所接受，是今后一个时期全社会的共同任务。方志史料历来深藏于图籍文库，虽为历代官员和饱学之士所青睐，但与整个社会人群还有距离，其受众范围仍比较窄。普通百姓接触方志者甚少，甚至现在的很多政府官员和学者也不了解地方志的内涵、特点和价值。有的政府官员即使对地方志有所了解，在思想上也不够重视，认为编修志书可有可无。尤其是在经济大潮冲击下，方志一度被边缘化，少有问津，对方志的传承弘扬更是无从谈起，以至于不少珍贵的地方志文献资料被束之高阁，不为人知，得不到重视和利用。

（二）基础设施薄弱

编史修志是中华民族的传统，是中国特色社会主义文化强国建设的基础工程。目前，国家、省、市、县各级都有方志工作机构，但有条件保存志书的单位只有700多个，其中还有部分设施尚不达标。与工作机构相比，建设有方志馆的单位尚不到四分之一，反映中华民族悠久历史和浓郁文化特色的方志馆建设还比较薄弱。对此，全国地方志指导机构——中国地方志指导小组办公室出台了《方志馆建设规定（试行）》，一些全国人大代表和政协委员也曾多次提出议案，呼吁重视方志馆建设，加强方志资源的保存和开发利用。此举虽然取得了一定效果，但当前方志的基础设施建设与理想局面仍存在着较大差距，与方志文化价值不相称，也与方志文化应有的地位不相匹配。

（三）人才队伍堪忧

方志编修历来为政府所重视，编修地方志是"官职官责"，乡贤名流、文人修志是历代约定俗成的传统。当前，随着社会进步，社会分工发生明显变化，越来越多的人员加入修志队伍中，众手成志已成为当今修志的普遍现象。但是，与古代修志人员相比，今天方志领域的专业人才仍然不足，特别是文化功底深厚、语言文字过硬的人才少之又少。尤其是许多地方将方志工作岗位作为安排闲置人员的地方，严重影响了方志人才队伍建设，其结果是志书编纂质量往往难以保证。这种现象比较普遍，给方志编修带来了严重困难。

（四）管理主体弱化

近几年来，机构改革不断深化，各地对方志文化及其重要性的认识参差不齐，部分省市区县将地方志工作机构与其他部门合并，地方志管理主体不统一，被边缘化、弱化的现象十分突出。比如，同为省一级机构，有的是厅级，有的是副厅级，有的是处级，河北、宁夏的处级管理主体，就很难对厅局级单位安排布置工作，出现了"小马拉大车"的情况。又如，同为地方志工作机构，有的归属政府，有的归属党委，有的归属地方社会科学院，例如宁夏、浙江的方志工作机构归属地方社科院，就很难发挥对行政事务的推动力。如此一来，原本属于弱势部门的地方志工作机构，靠行政手段推动工作的力度受到大幅度削减，从而导致方志工作步履维艰，难以开展。

（五）对外传播不足

民族的就是世界的。2016年5月17日，习近平在哲学社会科学工作座谈会上的讲话中指出："中华文明延续着我们国家和民族的精神血脉，既需要薪火相传、代代守护，也需要与时俱进、推陈出新。"[①]然而，方志文化作为中华民族的优秀文化现象和特有的"文化名片"，对外传播不尽如人意，基本上还停留在自说自话的状态，应有作用没有得到有效发挥。尽管美国、日本、英国、法国、德国、越南、韩国等不少国家藏有中国方志史料，但也大多存于古籍旧库，影响受限；其他一些国家则对中国方志史料知晓甚少，更谈不上广泛传播与深远影响。如何利用方志文化讲述中国故事，传播中国理念，提供中国方案，树立中国形象，如何有效化解一些国家对中国的误解，发挥方志文化独特的作用，是我们今后应予重视的工作。

（六）地域发展失衡

党的十一届三中全会以后，在全国开展的"两轮"大规模修志中，发达地区方志编修机构健全，人员经费充足，基础设施良好。这些地区能够按照规划正常、有序地开展方志编修工作，取得了显著成就，有效推动了哲学社会科学的发展。然而，在落后地区，有的缺少

[①] 习近平：《在哲学社会科学工作座谈会上的讲话》，人民出版社2016年版，第17页。

编修规划；有的有规划难落实；有的启动迟缓、机构缺失、人员队伍力量薄弱，编修质量难以保证；有的则将"两轮"编修合并，不能按时完成任务，只好不断地调整规划。这些因素使得经济发达地区和经济落后地区的差距逐渐拉大，方志事业的发展明显失衡。

四 未来地方志事业发展的对策思路

方志文化作为中华优秀传统文化的重要组成部分，随着社会的发展日益受到重视，但是一些地方重经济、轻文化，方志编修仍时常面临着尴尬的境遇，常常出现领导不够重视，经费难以保证、修志工作为其他工作让路等情况，再加上人才队伍素质参差不齐，未来方志事业的发展仍面临诸多问题。因此，我们需要认真加以研究，并针对全国的实际，提出行之有效的改进措施。

（一）提高历史站位，深刻认识地方志的重要性

首先，应提高对方志文化历史地位的认识。方志文化源远流长，在历史发展变迁中显示出了历久弥新的顽强生命力和巨大创造力。一方面，志、鉴、谱、图共同形成的方志文化已经成为凝聚海内外中华儿女的精神纽带，成为中华文明源远流长的文化符号，并由此缔造了"万姓同根，万宗同源"的民族文化认同和崇尚"大一统"体制的社会主流意识，是证古传今、维系民族团结和国家统一的物质载体和文化支柱，是铸牢中华民族共同体意识的重要保障。另一方面，撰著编修志书，不仅仅是历代统治者政令官修的产物，同时也是历代知识分子寄托其观古今知通变、胸怀天下之志的重要载体。正如宋元祐年间林虙在《吴郡图经续记·序》所言："先生所为《图经续记》以示我，阅此一览尽之矣。退而观之，千数百载之废兴，千数百里之风土，灿然如指诸掌，呜呼何其备哉！"[①] 进入新时代，方志文化又被赋予了弘

---

① （宋）林虙：《吴郡图经续记·序》，《吴郡图经续记卷下》，民国景宋刻本。

扬社会主义核心价值观等时代内涵，为新时代文化强国战略和实现中华民族伟大复兴的中国梦提供了历史经验和智慧，其在中华民族优秀传统文化中的地位和作用将进一步得到彰显。

其次，应增强方志文化是新时代社会发展需要的认识。弘扬方志文化是记录和传承历史的需要。北宋学者郑兴裔在《广陵志·序》中指出："郡之有志，犹国之有史。"① 存史是地方志最基本的功能，也是发挥其他功能的基础。清代著名学者章学诚说："家有谱，州县有志，国有史。"② 来新夏指出，历史最忌讳的就是没有细节，而这些细节就依靠于地方志，因为地方志是在一个小的范围之内，越小准确度越高，越大而化之准确度越不高，所以它（地方志）是帮助历史补充细节的好依据。诚然，存史是地方志的第一要义。如有关钓鱼岛主权自古以来属于中国的记载：清代黄叔璥所著《台海使槎录》（1736年）卷二《武备》列出了台湾府水师船艇的巡逻航线，原文称"山后大洋，北有山名钓鱼岛，可泊大船十余"。③ 乾隆十二年（1747年）范咸《重修台湾府志》及乾隆二十九年（1764年）余文仪《续修台湾府志》全文转录上述记载。道光年间陈寿祺的《重纂福建通志》中，不仅显示钓鱼岛于清代纳入海防巡逻点，更将其明确载于卷八十六《海防·各县冲要》，列入台湾的噶玛兰厅（今台湾宜兰县）管辖。

再次，应加深弘扬方志文化是留住乡愁记忆需要的认识。乡愁所承载的，表面上是对家乡和人情的依恋，深层次则是一种文化上的皈依与寄托。透过方志文化可以读到祖先的谆谆教诲，读到唐诗宋词的至美文华。这种丰厚的文化沃土，潜移默化地融入中华儿女的肉体与灵魂，无形中影响并形塑着个人和群体的人性与品格。杜牧的诗句"借问酒家何处有，牧童遥指杏花村"让世人对杏花村家喻户晓。《杏

---

① （宋）郑兴裔：《广陵志·序》，《郑忠肃公奏议遗集》，四部丛刊本。
② （清）章学诚：《为张吉甫司马撰大名县志序》，《文史通义新编新注》，浙江古籍出版社2005年版，第1041页。
③ （清）黄叔璥：《台海使槎录》卷二，商务印书馆1936年《丛书集成初编》本。

花村志》中户牒、族系详细地记载了杏花村家族的演变。大槐树下的故事老百姓耳熟能详，《洪洞县志》《大槐树志》中记载：明永乐年间，当地官府曾7次在大槐树左侧的广济寺集中泽、潞、沁、汾和平阳没有土地的农民及人多地少的百姓迁往中原一带，并给所迁之民以耕牛、种子和路费。地情书《瀛寰志略》中，有关于近代"下南洋"移民潮的记载："闽、广之民，造舟涉海，趋之如鹜。竟有买田娶妇，留而不归者，如吕宋、噶罗巴（爪哇）诸岛，闽、广流寓殖不下数十万人。"[①] 通过志书可以寻根问祖。例如大部分台湾人的祖先，五百年前在闽南，一千五百年前在中原固始，《厦门市志》《固始县志》等均有记载。

最后，应深化弘扬方志文化是经济社会发展需要的认识。1991年6月《岳阳楼洞庭湖风景名胜区总体规划大纲》通过前，中国城市规划设计研究院曾多次咨询地方志部门的意见。其景区规划参阅了历代《岳州府志》《巴陵县志》《岳阳市志》，最终景区规划的实施效果，收到了社会各界的好评，吸引了大量游客驻足，促进了当地经济的发展。著名气象、地理学家竺可桢根据方志记载的植物分布及花开花落的时间变化，研究中国历代气候变化规律。其所著《中国近五千年来气候变迁的初步研究》将中国的气候变化分为四个时期，其中之一便称为"方志时期"（1400—1900年）。而之所以这样命名，正是因为他利用大量明清方志，研究了明清两代500年间长江、黄河流域的气候变化情况。这些案例生动诠释了方志文献的价值之所在，充分挖掘其中的史料记载，有助于推动经济社会发展，从城市规划、科学研究、文旅活动等诸多方面发挥其重要作用。

（二）加强组织领导，推动基础设施不断完善

中华人民共和国成立后，经过"两轮"大规模修志工作的开展，逐步形成了"党委领导、政府主持、地方志编纂委员会及其工作机构

---

① （清）徐继畬：《瀛寰志略》，上海书店出版社2001年版，第28页。

组织实施"的工作格局。在新形势下,各级党委、政府要继续秉承这一理念,继续加强对地方志工作的组织领导,不折不扣地贯彻落实"一纳入,八到位"的工作要求,即把地方志工作纳入国民经济和社会发展规划、各级政府工作任务之中;做到认识到位、领导到位、机构到位、编制到位、经费到位、设施到位、规划到位、工作到位。各级政府要以此作为抓手,建立健全相应的组织机构,配齐配强相关人员,不断推动基础设施的升级完善,为社会公众提供服务。各级政府真正做到齐抓共管,对时对表,逐项落实。尤其要强调的是,"一纳入,八到位"是经过实践检验的宝贵经验,过去行之有效,未来仍将行之有效。

(三)建立健全督察督办机制,跟踪方志工作的落实情况

在一些地方,政府往往以经济社会发展为工作重点,地方志工作处于被边缘化的状态,很大程度上难以进入党政主要领导的工作视野中,导致地方志工作推进缓慢或被搁置。即使开展较好的地方,志书资料收集工作也需要各部门通力配合。因此,建立健全督察督办机制,制定相应工作制度和推进措施,确保方志编修工作落到实处尤为必要。

"两轮"修志工作开展以来,北京、吉林、海南、四川等地加强对贯彻《地方志工作条例》和实施办法情况的执法检查。大部分省(区、市)依法加大地方志法规规章的执行力度,定期开展人大执法检查或政府督察,依法纠正、查处执行不力和违法行为,已经积累了一些经验。如沈阳市地方志办公室等取得了行政执法主体资格;贵州省印发了《贵州省市(州)地方志工作目标管理考核试行办法》,进行量化管理;河北省建立了省政府对地方志编纂的工作调度会制度;江苏、福建两省政府将修志工作列入政府年度主要任务之一,作为政府督查内容与考核目标。同时,将修志编鉴工作列入政府年度重点工作目标进行绩效考核,已经成为各地各级推进地方志工作的重要方式。据中国地方志指导小组办公室统计,从河北、内蒙古、辽宁、吉林、黑龙江、江苏、福建、江西、山东、湖北、湖南、广西、海南、四川、贵

州、西藏、青海、宁夏、新疆19个省（区）提交的数据来看，近10年来，以上19个省（区）共开展省级依法督察902次，发现问题432处；市级依法督察4431次，发现问题1432处；县级依法督察近1.3万次，发现问题4428处。① 通过制度化的依法督察，可使得修志工作中的难点问题得以解决，对推动地方志工作起到了强有力的保障作用。

（四）理顺体制机制，扭转方志工作机构不断弱化的局面

新编地方志工作经过"两轮"大规模地开展，逐步形成了"党委领导、政府主持、地方志编纂委员会及其工作机构组织实施"的工作格局。实践证明，这种体制机制的建立对地方志编修工作起到了保障作用。近几年来，随着各地机构改革的不断深化，部分省市区县将地方志工作机构与其他部门合并，地方志工作出现了被边缘化的倾向；有的省级工作机构规格偏低，出现了"小马拉大车"的情况；有的机构归口不顺，如宁夏、浙江的方志工作机构放在社会科学院，很难发挥行政的推动力。因此，各级政府应高度重视这一点，把地方志工作作为当地文化建设的重要任务来抓，特殊部门要特殊对待，升格或高配地方志工作机构，统一归口党委领导、政府主持，真正强化行政推动的手段，这是保护和弘扬方志文化的基本措施和要求。

（五）加快地方志立法工作，有效解决地域发展的失衡问题

党的十八大以来，全面推进依法治国已成为我党治国理政的"四个全面"战略布局之一。地方志作为中华民族优秀传统文化的重要组成部分和中华民族的文化血脉，全面开展依法治志也成了其中的应有之义。因此，当前在按照2006年国务院《地方志工作条例》依法开展修志工作的同时，制定出台一部《中华人民共和国地方志法》，从国家法律的高度对修志工作和地方志事业发展加以确认，从而确保地方工作在国家法律的保障框架内顺利推进，是十分必要的。

依法治志就是要建立完备的地方志法律体系和完善的相关配套体

---

① 以上数据来自中国地方志指导小组办公室历年统计资料，具体参见中国方志网，http://difangzhi.cn。

制机制，最终目的是使与地方志相关的法律能够在地方志事业的各个方面得到普遍、切实地遵守，以实现地方志事业的法治秩序。其核心在于，逐步实现地方志事业发展的常态化、制度化、法治化。换言之，依法治志的目标就是从单一修志转变为多业并举，实现地方志事业的全面化；从依靠行政命令转变为依据法律，实现地方志事业的法治化；从地方志系统行为转变为国家社会责任，从而实现地方志事业的社会化；从一个职业转变为一个专业，实现地方志事业的专业化；从修志为志转变为围绕中心、服务大局，实现地方志事业的功能化等，以确保地方志事业全面创新协调、持续发展。

（六）着力推动方志学学科建设，培养和造就一支素质过硬的人才队伍

在新形势下，方志学理论研究、方志学学科建设、方志人才队伍培养、方志编修质量能否提高，已成为方志事业能否持续、健康发展下去的重点和难点。其中，人才队伍培养是重中之重，学科建设则是解决这一问题的关键。当前，要及时总结"两轮"大规模修志的实践经验和教训，把丰富的实践经验上升到规律性的理论认识上来。与此同时，要广泛地开展与高校合作，设立方志学院、方志系等类似的教学平台，全面开展方志专业人才的培养，逐步建立起一支业务能力强、理论素质高的人才队伍；认真开展方志理论基础研究，积极总结实践经验，提出新观点，创造新理论，为构建全新的方志学学科体系奠定坚实的基础，以学科建设的发展来保证未来志书编纂质量的提高，特别是为第三轮修志工作做好人才队伍建立和学科体系建设的准备。同时，要彻底解决新志编纂质量不高、程序不够规范、人才断档、人员素质参差不齐及队伍不稳定的状况。

（七）利用方志资源优势，增进中外友好往来

中华民族具有数千年连绵不断的历史，并创造了博大精深的中华文明，珍贵的方志资源是传承和弘扬中华民族优秀传统文化的历史根脉，是培育和践行社会主义核心价值观的深厚滋养，是中国特有的"文化名片"。英国科学家李约瑟曾经说过："要研究人类文明，就必须要研究中国的地方志；要研究中国文化，就必须要研究中国的地方志。"[1] 由此可见，方志资源在中外联系和交流中发挥着重要作用。吉林省地方志编委会在征集《吉林省志·人物志》入志名单的过程中，发现了一位叫张蔚华的抗联烈士，他与金日成的特殊关系和友谊引起了吉林省地方志编委会的关注。张蔚华与金日成两家是世交，张蔚华在抗日武装斗争中多次舍身相救金日成。因此，朝鲜方面非常重视张蔚华。经过大量考察调研，吉林省地方志编委会了解并掌握了一大批鲜为人知的史料，不仅丰富了吉林抗联史和地方党组织的历史，也丰富了朝鲜的军事和党史内容。后来，吉林省地方志委员会将这位传奇人物收入《吉林省志·人物志》。正是由于志书中对张蔚华的记载，促成了吉林省地方志系统和朝鲜劳动党党史界的多次互访和交流，为加强两国的友好关系发挥了作用。

随着中华民族的和平崛起，中国越来越接近世界舞台的中央，世界需要了解中国，中国需要拥抱世界。党的十八大以来，习近平提出"构建人类命运共同体"和"一带一路"的中国方案。这些构想需要世界接受和认同，需要更多的国家给予积极的响应。地方志作为中国特有的文化现象，具有特殊的对外传播作用。优秀的方志文化，不但可以向世界展现一个古老而辉煌的中国，而且还可以向世界提供一个真实而博大的中国，让世界感觉更加可信、可近。特别是在新时代，面向世界挖掘和阐发方志文化，使中华民族最基本的文化基因与社会同行并引领社会，与现代社会相协调，与当代世界百年未有之大变局相适应，把跨越时空、超越国界、富有魅力、具有当代价值的优秀文化传播出去，展现中国理念，具有重要的现实意义。我们不仅要让世界知道"舌尖上的中国""科学中国""文化中国"，还要让世界知道"发展的中国""开放的中国""为人类文明做贡献的中国"。总之，方志文化在新时代对于传播中国声音、讲好中国故事、提供中国方案、

---

[1] ［英］李约瑟：《中国科学技术史》，科学出版社1976年版。

展示大国形象、促进经济社会发展等均具有十分重要的意义。

(八)坚持修志为用,实现方志的创造性转化和创新性发展

中国历代方志编修留下了大量成果。特别是新编地方志工作开展以来,仅省市县三级志书首轮就规划了 6000 多种,第二轮规划了 5000 多种,年鉴每年 2400 多种,再加上部门志、行业志及各种专业志、特色志等,年产成果数以百万计,形成了一个庞大的哲学社会科学成果群,是一座取之不竭、用之不尽的文化资源宝库。盛世修志,修志为用。有效的开发利用,不但可以避免资源浪费,还有利于弘扬优秀传统文化,促进经济社会发展,提高全民族的文化素质,建立中华民族的文化自信。

有效地开发地方志资源,可以很好地服务于政府科学决策,推动地方文化旅游事业和经济发展。明代杨宗气曾在《山西通志》的序言中写道:"治天下者以史为鉴,治郡国者以志为鉴",这充分说明了方志资源的资政价值。地方志中历史资源的深入挖掘,可以很好地服务于文化旅游产业,例如山西省打造晋商文化旅游的发展就离不开《晋中地区志》中记载的晋中商帮的史料。方志资源为开发土特资源、发掘拯救地方传统技艺及矿产资源开发等方面提供了宝贵的线索,这对经济社会发展有很好的价值。例如,吉林市龙潭区相关部门积极利用方志资源编写陶瓷企业的宣传手册、加强对外宣传和发展陶瓷文化,开发陶瓷产品制造,使之成为全国最大的陶瓷工业生产基地之一。

五 结语

习近平指出:"优秀传统文化是一个国家、一个民族传承和发展的根本,如果丢掉了,就割断了精神命脉。只有坚持从历史走向未来,从延续民族文化血脉中开拓前进,我们才能做好今天的事业。"[①] 至

[①] 习近平:《在纪念孔子诞辰 2565 周年国际学术研讨会暨国际儒联第五届会员大会开幕会上的讲话》,《人民日报》2014 年 9 月 25 日第 2 版。

2020年，全国地方志系统已在全国范围内实现"两全"目标，即基本实现所有省、市、县有志；省、市、县一年一鉴，公开出版；实现中国有史以来志鉴全覆盖，新时代的地方志工作已经站立在了新的历史起点上。面对新的历史发展机遇和存在的突出问题，广大地方志工作者要紧跟时代需要，紧紧抓住制约地方志事业发展的主要问题和问题的主要方面，充分认识方志文化的历史地位和作用，有针对性地开展对策研究，强化组织领导，理顺体制机制，加快立法工作，推动方志学学科和人才队伍建设，推进地方志资源开发利用，让方志文化在实现中华民族伟大复兴中国梦的进程中发挥更大的作用。

新时代弘扬方志文化的历史依托和现实意义[①]

摘要：方志之始，萌于春秋战国，经数千年编修不辍，已成为中华优秀传统文化的重要组成部分和重要载体，为坚定中国发展道路、实现中华民族伟大复兴提供了源源不断的历史经验和现实案例，是激励中国人民和中华民族在新发展阶段奋勇前进的动力之源。在新的历史时期，弘扬方志文化被赋予了更多的时代意义，是赓续中华文明、坚定文化自信、讲好中国故事和资政兴国的时代需要。为实现中华民族伟大复兴的中国梦，我们要坚持在党的领导下科学认识方志，准确把握其未来前行的方向。

关键词：方志编修；方志文化；中华优秀传统文化

一 方志编修概况

国有史，方有志，家有谱。方志编修的历史源远流长。春秋战国时期初露端倪。秦汉至今，累修不辍，编修范围达于全国，并远播海外，编修体例日趋完善。其发展主要经历了四个大的阶段：方志发端于春秋战国，定型于宋代，兴盛于元明清，转型于民国时期。现存历代编修的旧方志近万种、10万余卷，约占我国现存古籍的十分之一。[②]方志已经成为传承中华文明、记录中华优秀传统文化的重要载体。

中华人民共和国成立后，方志编修工作迅速发展。据统计，"文化大革命"之前，全国有20多个省、区、市的530多个县开展了修志工作，掀起了第一次编修新方志的热潮。党的十一届三中全会后，全国开展了两轮大规模的新编地方志工作，取得了丰硕成果。截至2020

[①] 作者刘玉宏，发表于《北京地方志》2022年第4期。
[②] 中国地方志指导小组办公室编：《中国方志通鉴》（下），方志出版社2010年版，第946页。

年，共编纂出版首轮、第二轮省市县三级志书10000多部，省市县三级地方综合年鉴30000多部，部门志、行业志、专业志约25000部，乡镇村、街道、社区志6000多部，地情书13000多部，整理历代旧志3600多部，累计出版种方志学教材、理论作品1300多部，发表论文近10万余篇，构筑了以国情地情为主要内容的文化资源宝库，形成了哲学社会科学最庞大的成果群。①

党的十八大以后，习近平总书记指出："当代中国是历史中国的延续和发展，当代中国思想文化也是中国传统思想文化的传承和升华，要认识今天的中国、今天的中国人，就要深入了解中国的文化血脉，准确把握滋养中国人的文化土壤。"②方志编修纵贯古今，既记载历史中国的山川河流、历史沿革、风土人情、名胜古迹等，又书写当代中国的社会发展、经济改革、乡村振兴、文化繁荣、生态建设。既是对中国传统思想文化的传承和升华，又为当代中国的治理提供思路和方案。如果说中华民族是世界民族之林的一棵参天大树，那么中华优秀传统文化便是滋养这棵大树的沃土，国史方志便是这棵树的年轮。今日之中国发于昨日之中国，若想实现中华民族伟大复兴的中国梦，就需要从历史中找寻我们的根和魂，并在未来将其发扬光大。

二 方志文化在中华优秀传统文化中的地位

方志编修数千年连绵不绝，是我国独有的文化瑰宝，以他自身的特殊方式传承着中华民族的文化基因，是中华优秀传统文化的"不老泉"。方志文化已经成为凝聚海内外中华儿女的精神纽带，成为中华文明源远流长的文化符号，在中华优秀传统文化中占据着非常重要的

---

① 以上数据来自中国地方志指导小组办公室历年统计资料，具体参见中国方志网，http://difangzhi.cn，2021年6月。

② 习近平：《在纪念孔子诞辰2565周年国际学术研讨会暨国际儒学联合会第五届会员大会开幕式上的讲话》，《人民日报》2014年9月25日。

地位，连通着历史中国和当代中国。今天弘扬方志文化，就是从中华优秀传统文化中寻找根和魂，挖掘智慧，服务新时代，为实现伟大复兴中国梦提供不竭的动力。

历代方志卷帙浩繁，内容翔实，真实客观地记载着地情国情，是写在中国大地上的一部"百科全书"。方志潜移默化，以文化人，根深蒂固地培塑民族精神，是中华优秀传统文化的"黏合剂"。经过数千年，中华民族始终不离、不散、不断、不亡。尤其是近代以来，面对外敌的入侵，中华儿女团结一致，共同对外，与方志文化记录、承载着五千年延绵不绝、传承始终的中华文明、文化认同是分不开的。作为中华优秀传统文化的一部分，方志彰显出历久弥新的顽强生命力和巨大创造力。志鉴、谱牒共同形成的方志文化缔造了"万姓同根，万宗同源"的民族文化认同和崇尚"大一统"体制的社会主流意识，是证古传今、维系民族团结和国家统一的物质载体和精神文化支柱。大到全国性的总志，小到记述一地的镇村志、街道志，无不折射出中华儿女自古以来爱国爱乡之情，守土有责之志。

方志文化在传统文化中孕育了许多元素。古有唐代韩愈因言获罪，外贬潮州刺史，下车伊始首问方志，在途经韶州时阅看《韶州图经》，了解当地民情。事后还题诗一首："曲江山水闻来久，恐不知名访倍难。愿借图经将入界，每逢佳处便开看。"人与诗成为千古佳话。民国时期外族入侵、民族危亡之际，方志大家吴宗慈认为："方志修志其道，则精神文化之发扬，物质文化之培育，早有切合时代之调查与统计，斯于文化之继续推进，亦举而措之可也。"[1] 寿鹏飞也认为："（方志）正人心，敦风尚，明正谊，垂治规；究兴衰之由，除利弊之要，补救时政之阙失，研究民生之荣枯""是为治理之龟镜"。[2] 沈良弼在民国《德兴县志序》说："（方志）具国史之资材，备观省而垂劝戒""大之可当国家之褒贬，小之可正社会之是非，远之可发百代之

---

[1] 吴宗慈：《论今日之方志学》，《江西文物》1942年第2期。
[2] 转引自中国地方志指导小组办公室《中国方志通鉴》，方志出版社2010年版，第997页。

幽光，近之可训风俗之美刺"。①

党的十九届六中全会强调："习近平新时代中国特色社会主义思想，坚持马克思主义基本原理同中国具体实际相结合、同中华优秀传统文化相结合，是中华文化和中国精神的时代精华。"② 习近平总书记在担任正定县委书记期间，熟读县志、史料，勘察古迹，深入钻研正定的历史和文化，他对编写《正定古今》的同志说："我手头有一整套《真定府志》，还有一套《正定县志》，对正定的历史，都有详细记载。"③ 方志连通古今，既记载历史中国的变迁过程，又书写当代中国的辉煌成就，为政者熟读方志，才能知晓辖域内的社风民情，为今后的施政方针奠定基础。可以说，方志文化是中华文明的历史见证，为坚定现代中国发展道路、实现中华民族伟大复兴提供了源源不断的历史经验和现实案例，是激励中国人民和中华民族在新发展阶段奋勇前进的动力之源。中华人民共和国成立后，中国共产党创造性吸收马克思主义思想精华，为方志文化注入了富有价值意义的红色基因。进入新时代，方志文化又被赋予了弘扬社会主义核心价值观等时代内涵。方志文化为新时代文化强国战略、为实现伟大复兴中国梦提供了历史经验和智慧，已经而且必将继续成为中华优秀传统文化不可分割的重要组成部分。

三 新时代弘扬方志文化的现实需要

历史的滚滚洪流永远是向前的，人们的认识也是与时俱进的。中华人民共和国成立后，特别是自中国共产党十八大以来，从传统文化上对方志价值与功能的认识得到了极大提高，其中对今天仍然有用的内容历久弥新，已被赋予了新的时代内涵，弘扬方志文化已经成为新

---

① 沈良弼：《德兴县志·序》，《德兴县志》，光明日报出版社1993年版，第1046页。
② 中共中央关于党的百年奋斗重大成就和历史经验的决议，https://www.gov.cn，2021年11月16日。
③ 高京斋：《中国地方志与中华优秀传统文化》，《中国地方志》2022年第2期。

时代实现伟大复兴中国梦的现实需要。

(一) 弘扬方志文化是赓续中华文明的需要

存史是方志的首要功能,历来受到统治者和饱学之士的重视。方志编修绵延千载,一代又一代的学人"修志问道,以启未来",以高度的历史自觉和文化自觉,笔耕不辍,接续奋斗,将巍巍中华数千年的历史书写在方志中。宋元祐年间林虙《吴郡图经续记·序》称誉图经作者:"举昔时牧守之贤,冀来者之相承也。道前世人物之盛,冀后生之自力也。沟洫涤浚水之方,仓庾记裕民之术,论风俗之习尚,夸户口之蕃息,遂及于教化礼乐大备;于是先生之志,素在于天下者也,岂可徒以方域地书视之哉!"① 方志编修贯通古今,记载一时一域的地理人文,为后世的社会治理提供镜鉴。它既是历代统治者官令政修的产物,又是历代知识分子爱国爱乡,胸怀天下,直笔著信使的载体。存史以证古,存史以泽今,历朝历代旧方志万余种、10万余卷可见一斑。

方志文化是凝聚中华儿女,维护民族团结的情感纽带。人们通过方志寻根问祖,回归精神家园,找到文化皈依,跨越时间的阻隔,迈过地理的横亘,在绵延千年的中华文脉中寻找民族认同,坚定文化自信,维护祖国统一,实现民族复兴。山西大槐树的故事家喻户晓,《洪洞县志》《大槐树志》中记载:明永乐年间,当地官府曾七次在大槐树左侧的广济寺集中泽、潞、沁、汾和平阳没有土地的农民及人多地少的百姓迁往中原一带,并给所迁之民以耕牛、种子和路费。地情书《瀛寰志略》中,有关于近代"下南洋"移民潮的记载:"闽、广之民,造舟涉海,趋之如鹜。竟有买田娶妇,留而不归者,如吕宋、噶罗巴(爪哇)诸岛,闽、广流寓殆不下数十万人。"② 人们通过志书寻根祭祖,这是山川隔绝不了、时代湮没不了的故土情怀。

中华人民共和国成立后,全国陆续开展两轮新编地方志工作,编

---

① (宋)林虙:《吴郡图经续记·序》,《吴郡图经续记卷下》,民国景宋刻本。
② (清)徐继畬:《瀛寰志略》,上海书店出版社2001年版,第28页。

纂出版省市县三级志书1万余种，地方综合年鉴3万余部，行业志、部门志、专业志、乡镇村志3万余部，整理旧志3600余部，在中国历史上第一次实现省、市、县三级志书和年鉴全覆盖，为社会主义新方志的蓬勃发展奠定了坚实基础。新方志编修事业功在当下，利在千秋，肩负着上承华夏文明、下启地方治理、深挖历史智慧、记录当代发展的使命，为中华文明赓续不断保驾护航，为中国特色社会主义直笔著史，为实现中华民族伟大复兴的中国梦贡献方志智慧。

（二）弘扬方志文化是资政兴国的需要

弘扬方志文化有利于资政辅治。地方志为政府和官员认识地情、了解地情、借鉴历史、科学决策提供依据和参考。清代学者徐文弼在编写的《吏治悬镜》中规定：地方官上任要奉行三十二项"莅任初规"，其中第三项为"览志书"。近代学者顾颉刚也指出，地方志"在于备行政官吏之鉴览，以定其发施政令之方针……使在位者鉴资得其要，发施得其宜"。[①] 古往今来，地方志都是从政者必备资料，对官员认识地情、了解地情，从宏观上把握地情，明优势识劣势，进行科学决策提供重要依据。

弘扬方志文化有利于科教兴邦。从唐代《括地志》记载的后羿射日到"羲和"逐日，从明代《武备志》记载的古代火箭到"祝融"探火，中国的科技发展史上书写了无数劳动人民的智慧创造和无数文人墨客的科技情怀。方志文献的科研意义既在于对古代中国天文地理、万千气象的记载，又在于为今后科研工作提供可靠可信可采的事实依据，其价值难以估量。鲁迅参与编著的《中国矿产志》，是迄今所知由中国人自己编著的第一部记述全国多省矿产资源及其分布情况的专业志书，也是中国最早用近代自然科学论述我国地质矿产的科学著作。[②] 竺可桢所著《中国近五千年来气候变迁的初步研究》将中国的气候变化分为考古时期、物候时期、方志时期和仪器观测时期，其中

[①] 顾颉刚：《中国地方志综录·序》，朱士嘉《中国地方志综录》，商务印书馆1935年版。
[②] 茆贵鸣：《鲁迅与地方志》，《东南文化》1994年第5期。

的方志时期（1400—1900年）定位于明清时期，正是通过研究各地方志中的大量气候材料，方得出明清两代500年间气候变化的情况，具有极高的学术价值。凡此种种，足以证明方志文献在现代科学研究中的重要作用，其中许多有价值的史料值得后人不断挖掘探索、分析利用。

弘扬方志文化有利于文化强国。方志是中华优秀传统文化的重要组成部分和重要载体，不仅记录着各个地方的行政区划、地理风貌和矿产资源等，更记录着一时一域的民间传说、风土人情、文化名人等，是以文化人、教化育人的乡邦文献。它在精神文明、物质文明、政治文明、生态文明建设中有着不可或缺的特殊地位，也是其他文化所不能代替的。方志是最好的乡土教材，利用方志文献可以对民众进行爱国主义教育。恩格斯曾说，爱国主义是以热爱家乡为基础的。方志文化对于培养青少年爱国、爱乡、爱家的情感，树立远大理想，树立高尚的道德情操，坚定共产主义信仰，都具有积极的引导意义。

弘扬方志文化有利于维护主权领土完整。钓鱼岛主权，有志为证。如清代黄叔璥所著《台海使槎录》（1736年）卷二《武备》列出台湾府水师船艇的巡逻航线，原文称"山后大洋，北有山名钓鱼岛，可泊大船十余"。[1] 乾隆十二年（1747年）范咸《重修台湾府志》及乾隆二十九年（1764年）余文仪《续修台湾府志》全文转录上述记载。道光年间陈寿祺的《重纂福建通志》中，不仅显示钓鱼岛属大清管辖，纳入海防巡逻点，更将其明确载于卷八十六《海防·各县冲要》，列入噶玛兰厅（今台湾宜兰县）管辖。不仅钓鱼岛，中国对南海诸岛礁的主权也存于大量方志之中，无须赘言。昭昭青史仍在，坚定着中华民族维护祖国统一和领土完整的决心和意志，这是任何历史虚无主义磨不掉打不垮的如山铁证。

---

[1] （清）黄叔璥：《台海使槎录》卷二，商务印书馆1936年《丛书集成初编》本。

（三）弘扬方志文化是坚定文化自信的需要

方志文化是中华文化的"根""魂"所在，"国有史，郡有志，家有谱"，其中蕴含着深厚的历史积淀、浓重的家国情怀和崇高的价值追求。2017 年以来，中国地方志指导小组启动了中国名镇志、名村志文化工程，完整记录了名镇、名村和消失村庄承载的历史文化信息，让百姓记得起乡思、留得下乡愁、听得见乡音、传承住乡俗。同时，还启动中华家训、中国古代官箴的编纂工程，从大量的方志文献中辑录遴选，编纂了《中华家训精编 100 则》《中国古代为官箴言》《福建家训》《河南家训家规》《江苏好家训》等，深入挖掘家规家训资源，弘扬中华优秀传统美德，充实和丰富了中华优秀传统文化的宝库。

方志文化是批驳历史虚无主义等错误思潮的重要史实依据。方志的价值是由其特有的资料性、继承性、地域性所决定的。它可以提供历史的、当今的、翔实的、鲜活的、客观的、准确的文献资料。作为重要的历史佐证资料，方志以生动具体的故事和资料，反映了中国共产党是领导各项事业的核心力量；以无可辩驳的事实和数据，论证了中国特色社会主义发展道路的合理性以及必然性；以真实翔实的史料，反映了中国人民在社会主义制度下取得的各项成就，凸显了社会主义制度的优越性。

（四）弘扬方志文化是讲好中国故事的需要

中华民族具有数千年连绵不断的文明历史，在我们实现中华民族伟大复兴的新征程上，方志文化所保有的忠孝节义、友邦和善、谦和尚礼等思想观念、人文精神和道德规范，可以通过创造性转化和创新性发展，成为具有当代价值、世界意义的文化精髓，为社会主义核心价值观提供有益补充，是中国特有的"文化名片"。

优秀的方志文化，不但可以向世界展现一个古老而辉煌的中国，还可以向世界提供一个真实而博大的中国，让世界感觉更加可信、可近。特别是在新时代，面向世界挖掘和阐发方志文化，使中华民族最基本的文化基因与社会同行并引领社会，与现代社会相协调，与当代世界百年未有之大变局相适应,把跨越时空、超越国界、富有魅力、具有当代价值的优秀文化传播出去。适时展现中国立场、中国智慧、中国价值、中国理念。我们不仅要让世界知道"舌尖上的中国""学术中国""理论中国""科学中国""魅力中国""文化中国",还要让世界知道"发展的中国""开放的中国""为人类文明做贡献的中国"。总之,方志文化在新时代对于传播中国声音、讲好中国故事、提供中国方案、展示大国形象等都具有十分重要的意义。

四 弘扬方志文化的实践方向

方志文化作为中华优秀传统文化的重要组成部分,历来受到重视,而今更胜从前。党的十九届六中全会强调:"习近平新时代中国特色社会主义思想,坚持马克思主义基本原理同中国具体实际相结合、同中华优秀传统文化相结合,是中华文化和中国精神的时代精华。"① 这充分说明了对中华优秀传统文化地位和作用的认识已达到前所未有的高度。

中华人民共和国成立以来,特别是改革开放以来,新方志事业取得创造性转化和创新性发展,从指导思想、记述内容到编修体例都发生了深刻改变,为社会、经济、文化、生态等做出重要贡献。但也存在着一些问题,主要表现在:一是社会认识不足,方志资源未得到充分利用;二是基础设施薄弱,方志馆阵地建设无论从规模、质量、理念等方面都有待提升和改善;三是人才队伍堪忧,缺乏高素质专业化人才;四是管理主体弱化,地方志工作机构被边缘化现象突出;五是对外传播不足,文化影响力发挥不充分;六是地域发展失衡,质量参差不齐;七是系统基础问题研究不深,不充分。针对以上种种问题,我们需要认真加以研究并针对全国的实际,提出行之有效的改进措施,

---

① 《中国共产党第十九届中央委员会第六次全体会议公报》,http://www.gov.cn/,2021年11月发布。

才能在新时代、新发展阶段大力弘扬方志文化，进一步实现方志的创造性转化和创新性发展。

（一）坚持党的领导，贯彻落实"一纳入，八到位"

党的领导是我们各项事业取得胜利的根本保证。早在中华人民共和国成立之初，毛泽东、周恩来就委托国家档案局局长曾三组织启动编修志书。1956年，国务院科学规划委员会《十二年哲学社会科学规划方案》提出"编写新的地方志"。2006年，国务院颁行《地方志工作条例》，标志着地方志进入依法修志阶段。党的十八大以来，以习近平同志为核心的党中央高度重视地方志工作。2015年，国务院办公厅印发《全国地方志事业发展规划纲要（2015—2020年）》，对地方志事业作出全面的顶层设计。2017年，中央办公厅、国务院办公厅印发《关于实施中华优秀传统文化传承发展工程的意见》，要求"做好地方史志编纂工作"。我国新方志事业取得的辉煌成就，离不开党的领导。

在新形势下，各级党委、政府要继续秉承"党委领导、政府主持、地方志编纂委员会及其工作机构组织实施"的理念，不折不扣地贯彻落实"一纳入，八到位"的工作要求，即把地方志工作纳入国民经济和社会发展规划、各级政府工作任务之中；做到认识到位、领导到位、机构到位、编制到位、经费到位、设施到位、规划到位、工作到位。各级政府要以此作为抓手，建立健全相应的组织机构，配齐配强相关人员，不断推动基础设施的升级完善，达到满足为社会公众提供服务的要求。各级政府真正做到齐抓共管，对时对表，逐项落实。

（二）坚持质量优先，跟踪方志工作落实情况

志书资治明鉴作用的充分发挥系于其质量。提高其资料质量，打造其地域特色，是地方志为文化建设贡献力量的重要保障。与古代修志人员相比，今天方志领域的专业人才仍然不足，特别是思想素质过硬、语言功底深厚、文化底蕴丰富的人才还需要不断补充。再加上对方志年鉴出版的政治关、史实关、体例关、文字关、保密关、出版关把关不严，近些年来出现了一些以次充好的现象。① 给方志界造成了轻重不同的负面影响。"两轮"修志工作开展以来，大部分省（区、市）依法加大地方志法规规章的执行力度，定期开展人大执法检查或政府督察，依法纠正、查处执行不力和违法行为，已经积累了一些经验。如沈阳市地方志办公室等取得了行政执法主体资格；贵州省印发《贵州省市（州）地方志工作目标管理考核试行办法》，进行量化管理；河北省建立了省政府对地方志编纂的工作调度会制度；江苏、福建两省政府将修志工作列入政府年度主要任务之一，作为政府督查内容与考核目标。通过制度化的依法督察，使得修志工作中的难点问题得以解决，对推动地方志工作起到了强有力的保障作用，因此需要加强和继续保持下去。

（三）坚持依法治志，推进方志法治化建设

地方志作为中华优秀传统文化的重要组成部分和中华民族的文化血脉，全面开展依法治志是其应有之义。虽然2006年国务院颁布了《地方志工作条例》，标志着地方志事业走上了法治化轨道，但仍需制定出台一部《中华人民共和国地方志法》，从国家法律的高度对修志工作和地方志事业发展加以确认，从而确保地方志工作在国家法律的保障框架内顺利推进。

依法治志的核心在于逐步实现地方志事业发展的常态化、制度化、法治化。换言之，依法治志的最终目标就是从单一修志转变为多业并举，从依靠行政命令转变为依据法律，从地方志系统行为转变为国家社会责任，从一个职业转变为一个专业，从修志为志转变为围绕中心、服务大局，从而实现地方志事业的全面化、法治化、社会化、专业化和功能化等，确保地方志事业全面创新协调、持续发展。

（四）坚持理论创新，推动方志理论研究向纵深发展

新编地方志工作开展以来，方志理论研究比较薄弱，尤其是理论

---

① 高翔：《总结百年地方志发展成就开创服务新时代历史篇章——在全国地方志系统表彰先进会议暨2022年全国省级地方志机构主任工作会议上的讲话》，《中国地方志》2022年第1期。

创新、理论总结不足。在新形势下，方志学理论研究、方志学学科建设、方志人才队伍培养、方志编修质量的提高，已成为方志事业持续、健康发展下去的重点和难点。当前，要及时总结"两轮"大规模修志的实践经验和教训，把丰富的实践经验上升到规律性的理论认识上来。与此同时，要广泛地开展与高校合作，设立方志学院、方志系等类似的教学平台，认真开展方志理论基础研究，积极总结实践经验，提出新观点，创造新理论，为构建全新的方志学学科体系奠定坚实的基础，以学科建设的发展来保证未来志书编纂质量的提高，特别是为第三轮修志工作做好学科体系建设的准备。

（五）坚持修志为用，实现新时代方志事业的创新性发展

新方志工作开展以来，仅省市县三级志书首轮就规划6000多种，第二轮规划5000多种，年鉴每年2400多种，再加上部门志、行业志以及各种专业志、特色志等，年产成果数以百万计，形成了一个庞大的哲学社会科学成果群，是一座取之不竭，用之不尽的文化资源宝库。

在政府科学决策上要加大对地方志资源的开发利用，要真修真用。明代杨宗气曾在《山西通志》的序言中写道："治天下者以史为鉴，治郡国者以志为鉴"，[①] 充分说明了方志资源的资政价值。淮安市志办根据志书记载，紧密围绕市委、市政府的大政方针，提出了富有创造性的"三淮一体"大城市建设方案——原地级淮阴市、原县级淮安市、原淮阴县，盘活历史人文资源，提升本地区整体知名度。该方案被当时的淮阴市委市政府采纳，并通过国务院批准，实现了该市行政区划的重大调整和地名变更。2001年，"三淮"整合为新地级淮安市。多年来，淮安市志办曾先后提出关于建设大运河文化博物馆的建设和关于深度开发地方传统特产等17项建议，均先后被淮安市政府不同程度地采纳，为当地政府的科学决策发挥了重要作用。

---

① （明）杨宗气：《山西通志·序》，《山西通志》嘉靖四十三年（1564年）刻本。

在文化旅游业的发展上加大对方志资源的开发利用。利用方志资源服务于文化旅游的事例不胜枚举。山西省史志院依据《晋中地区志》记载的晋中商帮的史料，并对此进行深入的考察和研究，及时向地委、行署提出了关于开发晋商资源、发展旅游产业的建议。经过多次论证，晋中地委、行署最终决定打造晋商文化旅游品牌，发展晋商文化旅游，取得了巨大的成功。从1996年起，在已辟为祁县民俗博物馆乔家大院的基础上，对祁县渠家、太谷曹家、灵石王家、榆次常家大院及平遥明清街、祁县晋商老街、榆次老城等晋商遗址、遗迹进行大规模开发，逐渐形成以两座古城（平遥、祁县）五个大院（祁县乔家、渠家、太谷曹家、灵石王家、榆次常家大院）为主要景点的晋商民俗文化特色旅游区，成为山西省主要的旅游景区和晋中新兴的朝阳产业。

在经济社会发展上加大对地方志资源的开发利用。古代志书非常重视矿产和物产的记述，因此，方志资源为开发土特资源、发掘拯救地方传统技艺以及矿产资源开发等方面提供了宝贵的线索。吉林市龙潭区缸窑镇是吉林省陶业发祥地之一，为了更好地传承缸窑传统技艺和陶瓷文化，龙潭区有关部门到龙潭区志办查找《吉林市志》《龙潭区志》《永吉县志》等相关书籍，从中找到缸窑镇古地图、水利图及相关历史资料，发现本地制造陶瓷的原材料球黏土矿的储量高。而缸窑烧造技艺自康熙元年（1662年）至今，已有300余年的陶瓷制造历史。据此，龙潭区相关部门积极利用方志资源编写陶瓷企业的宣传手册、加强对外宣传和发展陶瓷文化，开发陶瓷产品制造，使之成为全国最大的陶瓷工业生产基地之一。

五 结语

截至2020年，全国地方志系统已在全国范围内实现了"两全"目标，即基本实现省省、市市、县县有志；省省、市市、县县一年一鉴，公开出版；实现我国有史以来志鉴全覆盖，新时代的地方志工作已经站立在了新的历史起点上。面对新的历史发展机遇，广大地方志工作者要紧跟党和国家的大政方针，充分认识方志文化在中华优秀传统文化中的历史地位，明确弘扬方志文化的现实需要和时代价值，把准把牢方志事业前行的方向，努力提高自身认识和业务水平。

习近平总书记指出："优秀传统文化是一个国家、一个民族传承和发展的根本，如果丢掉了，就割断了精神命脉。只有坚持从历史走向未来，从延续民族文化血脉中开拓前进，我们才能做好今天的事业。"[1] 今后我们要继续坚持党的领导，树立质量第一的理念，推动依法治志的格局形成，开展卓有成效的理论研究，并在实践中实现方志成果的创造性转化和创新性发展，推进地方志资源开发利用，弘扬方志文化，在实现中华民族伟大复兴中国梦的进程中发挥更大的作用。

---

[1] 习近平：《在纪念孔子诞辰 2565 周年国际学术研讨会暨国际儒联第五届会员大会开幕会上的讲话》，《人民日报》2014 年 9 月 25 日第 2 版。

附 录

国务院《地方志工作条例》

第一条 为了继承和发扬中华民族优秀文化传统，全面、客观、系统地编纂地方志，科学、合理地开发利用地方志，发挥地方志在促进经济社会发展中的作用，制定本条例。

第二条 中华人民共和国境内地方志的组织编纂、管理、开发利用工作，适用本条例。

第三条 本条例所称地方志，包括地方志书、地方综合年鉴。

地方志书，是指全面系统地记述本行政区域自然、政治、经济、文化和社会的历史与现状的资料性文献。

地方综合年鉴，是指系统记述本行政区域自然、政治、经济、文化、社会等方面情况的年度资料性文献。

地方志分为：省（自治区、直辖市）编纂的地方志，设区的市（自治州）编纂的地方志，县（自治县、不设区的市、市辖区）编纂的地方志。

第四条 县级以上地方人民政府应当加强对本行政区域地方志工作的领导。地方志工作所需经费列入本级财政预算。

第五条 国家地方志工作指导机构统筹规划、组织协调、督促指导全国地方志工作。

县级以上地方人民政府负责地方志工作的机构主管本行政区域的地方志工作，履行下列职责：

（一）组织、指导、督促和检查地方志工作；

（二）拟定地方志工作规划和编纂方案；

（三）组织编纂地方志书、地方综合年鉴；

（四）搜集、保存地方志文献和资料，组织整理旧志，推动方志理论研究；

（五）组织开发利用地方志资源。

第六条 编纂地方志应当做到存真求实，确保质量，全面、客观地记述本行政区域自然、政治、经济、文化和社会的历史与现状。

第七条 省、自治区、直辖市人民政府制定本行政区域地方志编纂的总体工作规划（以下简称规划），并报国家地方志工作指导机构备案。

第八条 以县级以上行政区域名称冠名的地方志书、地方综合年鉴，分别由本级人民政府负责地方志工作的机构按照规划组织编纂，其他组织和个人不得编纂。

第九条 编纂地方志应当吸收有关方面的专家、学者参加。地方志编纂人员实行专兼职相结合，专职编纂人员应当具备相应的专业知识。

第十条 地方志书每20年左右编修一次。每一轮地方志书编修工作完成后，负责地方志工作的机构在编纂地方综合年鉴、搜集资料以及向社会提供咨询服务的同时，启动新一轮地方志书的续修工作。

第十一条 县级以上地方人民政府负责地方志工作的机构可以向机关、社会团体、企业事业单位、其他组织以及个人征集有关地方志资料，有关单位和个人应当提供支持。负责地方志工作的机构可以对有关资料进行查阅、摘抄、复制，但涉及国家秘密、商业秘密和个人隐私以及不符合档案开放条件的除外。

地方志资料所有人或者持有人提供有关资料，可以获得适当报酬。

附录

地方志资料所有人或者持有人不得故意提供虚假资料。

第十二条 以县级以上行政区域名称冠名、列入规划的地方志书经审查验收，方可以公开出版。

对地方志书进行审查验收，应当组织有关保密、档案、历史、法律、经济、军事等方面的专家参加，重点审查地方志书的内容是否符合宪法和保密、档案等法律、法规的规定，是否全面、客观地反映本行政区域自然、政治、经济、文化和社会的历史与现状。

对地方志书进行审查验收的主体、程序等由省、自治区、直辖市人民政府规定。

第十三条 以县级以上行政区域名称冠名的地方综合年鉴，经本级人民政府或者其确定的部门批准，方可以公开出版。

第十四条 地方志应当在出版后3个月内报送上级人民政府负责地方志工作的机构备案。

在地方志编纂过程中收集到的文字资料、图表、照片、音像资料、实物等以及形成的地方志文稿，由本级人民政府负责地方志工作的机构指定专职人员集中统一管理，妥善保存，不得损毁；修志工作完成后，应当依法移交本级国家档案馆或者方志馆保存、管理，个人不得据为己有或者出租、出让、转借。

第十五条 以县级以上行政区域名称冠名的地方志书、地方综合年鉴为职务作品，依照《中华人民共和国著作权法》第十六条第二款的规定，其著作权由组织编纂的负责地方志工作的机构享有，参与编纂的人员享有署名权。

第十六条 地方志工作应当为地方经济社会的全面发展服务。县级以上地方人民政府负责地方志工作的机构应当积极开拓社会用志途径，可以通过建设资料库、网站等方式，加强地方志工作的信息化建设。公民、法人和其他组织可以利用上述资料库、网站查阅、摘抄地方志。

第十七条 县级以上地方人民政府对在地方志工作中做出突出成

绩和贡献的单位、个人，给予表彰和奖励。

第十八条 违反本条例规定，擅自编纂出版以县级以上行政区域名称冠名的地方志书、地方综合年鉴的，由县级以上地方人民政府负责地方志工作的机构提请本级人民政府出版行政部门依法查处。

第十九条 违反本条例规定，未经审查验收、批准将地方志文稿交付出版，或者地方志存在违反宪法、法律、法规规定内容的，由上级人民政府或者本级人民政府责令采取相应措施予以纠正，并视情节追究有关单位和个人的责任；构成犯罪的，依法追究刑事责任。

第二十条 负责地方志工作的机构的工作人员违反本条例第十四条第二款规定的，由其所在单位责令改正，依法给予处分。

第二十一条 编纂地方志涉及军事内容的，还应当遵守中央军委关于军事志编纂的有关规定。

国务院部门志书的编纂，参照本条例的相关规定执行。

第二十二条 本条例自公布之日起施行。

附 录

全国地方志事业发展规划纲要(2015—2020 年)

为推进全国地方志事业科学发展,充分发挥地方志工作在我国经济社会发展和社会主义文化强国建设中的重要作用,为全面建成小康社会作出更大贡献,根据《地方志工作条例》,结合当前工作实际,制定本规划纲要。

一 发展基础与机遇

编修地方志是中华民族优秀文化传统,历史悠久,连绵不断。中华人民共和国成立后特别是改革开放以来,在党中央、国务院正确领导下,经过各地区各有关部门不懈努力,地方志工作取得巨大成就,形成以修志编鉴为主业、各项工作协调开展的事业格局,拓展了方志文化的内涵,为提升国家文化软实力发挥了独特作用。

(一)工作体制机制基本建立。基本形成党委领导、政府主持、负责地方志工作的机构(以下简称"地方志工作机构")组织实施、社会各界广泛参与的工作体制;逐步形成将地方志工作纳入各地国民经济和社会发展规划、地方各级政府工作任务,"认识、领导、机构、编制、经费、设施、规划、工作"到位(以下统称"一纳入、八到位")的工作机制。

(二)法治建设取得新进展。2006 年国务院公布施行《地方志工作条例》,各地相继制定和完善地方性法规规章,进一步明确了各级政府对地方志工作的领导责任,加强地方志工作机构履行组织、指导、督促和检查地方志工作的职责,确保地方志工作依法开展。

(三)编修成果不断丰富。目前,首轮修志结束,第二轮修志进入关键时期,已出版 7000 多部省、市、县三级地方志书,2 万多部行业志、部门志、军事志、武警志、专题志、乡镇(街道)志、村(社区）志等，1900多种、1.5万多部地方综合年鉴，1000多种、7000多部专业年鉴，大量地情文献。这些与现存的8000多种、10万多卷旧志及其整理成果，共同构成了一座以国情地情为主要内容并不断丰富的地方志资源宝库。

（四）理论研究逐渐深化。紧密结合修志编鉴实践，积极开展理论研究，已出版各种志鉴理论著作1000多部，发表论文6万多篇，取得显著成果，有力地指导了地方志工作开展，推动了方志学、年鉴学学科建设。

（五）基础设施建设逐步推进。全国已建成国家方志馆1个、省级馆15个、市级馆60多个、县级馆近200个，省级网站26个、市级网站近200个、县级网站470多个，方志工作公共基础设施建设迈上新台阶。

（六）存史育人资政作用日益彰显。通过修志编鉴、开发利用地方志资源，地方志编修已发展成为为国存史的一项重要工作，在记录当代、保存历史、传承文明、发展文化、激发民族自豪感和自信心、推动海内外文化交流合作、提供促进经济社会发展的历史借鉴和智力支持等方面，成绩日益突出、作用日益显著。

目前，全国地方志事业呈现出良好发展态势和前所未有的大好局面，但也存在着制约事业发展的问题，主要是：事业发展不平衡现象比较突出；少数地区和部门对地方志工作重要性认识不够；相关法规规章落实不到位；机构不健全，编制、人员和经费不足；志书质量有待进一步提高；人才队伍青黄不接，人员素质亟待提升；信息化与方志馆建设比较滞后；方志文化的作用有待彰显等。这些问题必须通过科学发展和深化改革，采取有效措施，认真予以解决。

"治天下者以史为鉴，治郡国者以志为鉴。"按照"四个全面"战略部署，党和国家对地方志工作提出了新任务新要求，强调要高度重视修史修志，把历史智慧告诉人们。全国地方志事业迎来重要发展机遇。修志问道，以启未来。地方志工作要适应经济社会发展新形势，明确在发展改革大局中的目标任务，科学规划，积极创新，有序推进地方志事业持续健康发展。

二 指导思想与基本原则

（一）指导思想

全面贯彻落实党的十八大和十八届二中、三中、四中全会精神，按照党中央、国务院决策部署，落实第五次全国地方志工作会议要求，解放思想，实事求是，锐意进取，改革创新，依法全面推动全国地方志事业发展繁荣。

（二）基本原则

1. 坚持正确方向。坚持走中国特色社会主义文化发展道路，坚持为人民服务、为社会主义服务的方向，通过编修和开发利用地方志成果，为培育和践行社会主义核心价值观提供丰富、优秀的精神文化产品。

2. 坚持依法治志。国家地方志工作机构依法统筹规划、组织协调、督促指导全国地方志工作；省、市、县级地方志工作机构依法履行组织、指导、督促和检查地方志工作职责，加强编纂业务工作。

3. 坚持全面发展。以修志编鉴为主业，统筹兼顾理论研究、开发利用、信息化建设、方志馆建设、旧志整理等工作，实现地方志事业全面协调可持续发展。

4. 坚持改革创新。继承和弘扬中华民族修志的优良传统，认真总结地方志工作的经验教训，深化改革，与时俱进，推动理论创新、制度创新、管理创新、方法创新。

5. 坚持质量第一。坚持存真求实，确保地方志质量。正确处理质量与进度的关系，将精品意识贯穿于地方志编纂出版工作全过程，严把政治关、史实关、体例关、文字关、出版关，编纂出版经得起历史检验、具有鲜明时代特征和地域特色的地方志成果。

6. 坚持修志为用。发挥地方志资源优势，全面提升开发利用水平；拓宽用志领域，提升服务大局能力，为党政机关、社会各界和人民群众服务；加大宣传力度，提高全社会读志用志水平。

三 总体目标与主要任务

(一) 总体目标

到2020年，全面完成第二轮修志规划任务，实现省、市、县三级综合年鉴全覆盖，加快信息化和方志馆建设，做好第三轮修志工作准备，加强对社会修志的指导和管理，基本形成地方志编修体系、理论研究和学科建设体系、质量保障体系、资源开发利用体系、工作保障体系"五位一体"的地方志事业发展综合体系，努力开创地方志事业发展新局面。

(二) 主要任务

1. 全面完成第二轮修志规划任务。到2020年，完成第二轮地方志书规划任务，省、市、县三级地方志书全部出版。在抓紧完成第二轮修志任务的同时，全面总结第一轮、第二轮修志工作的经验教训，认真研究第三轮修志的组织管理、运作模式、续修方式等，为启动第三轮修志做好资料收（征）集、队伍培训及理论准备等工作。

2. 大力推进地方综合年鉴工作。到2020年，做到地方综合年鉴由地方志工作机构组织编纂，一年一鉴，公开出版，实现省、市、县三级综合年鉴全覆盖。

3. 重视军事、武警及其他各类专业志鉴、民族地区地方志、乡镇村志和地方史编纂工作。加强对已开展和准备开展志鉴编纂工作的行业、部门、单位等的业务指导和管理。支持民族地区做好地方志编纂工作。指导有条件的乡镇（街道）、村（社区）做好志书编纂工作，做好中国名镇志文化工程、中国名村志文化工程组织编纂工作。具备条件的，可将地方史编写纳入地方志工作范畴，统一规范管理。

4. 深入开展旧志整理工作。编制全国旧志整理规划，编辑旧志联合目录。具备条件的地方应编辑出版历代方志集成，分类整理旧志资料。加强与国内外高等院校、科研院所、公共图书馆、档案馆等单位

◆附 录

的交流与合作，开展旧志点校、提要、考录、辑佚等工作。

5. 加强地方志理论研究和学科建设。制定方志、年鉴理论和方志学、年鉴学学科建设规划，建立和完善方志、年鉴理论研究学术规范，力争到2020年形成较为成熟的方志学和年鉴学学科体系。充分发挥方志期刊和各级地方志学会的作用，活跃学术研讨，推动理论建设。加强与相关学科交流合作，开展地方志编纂、地方志事业发展等重要理论问题研究，编写方志学、年鉴学通用教材及各分支学科研究论著。总结历代一统志编纂经验，开展编修一统志的可行性研究。

6. 加强人才队伍建设。重视人才选拔、培养和使用，加强专兼职结合、结构合理的人才队伍建设，培养和引进一批高端人才，建设一支高素质的地方志编修、研究工作队伍，弘扬修志问道、直笔著史的方志人精神。

7. 深化地方志质量建设。严格执行《地方志书质量规定》、《地方综合年鉴编纂出版规定》有关要求，制定质量管理、质量监督等规定，完善地方志质量评议、审查验收制度，严把质量关。按照国家有关规定申报设立志书、年鉴及优秀学术成果评比奖励项目，逐步将志书、年鉴纳入国家及地方有关图书奖评比。

8. 强化地方志资料建设。加大依法收（征）集地方志资料力度，建立和完善地方志资料收（征）集、保存、管理制度，推行地方志资料年报制度并形成常态机制；运用社会调查、口述史等方法，大力拓展资料收（征）集范围和渠道，建立能够全方位适应地方志编纂、地方志事业发展和方志文化建设需要的地方志资料保障机制。

9. 加快地方志信息化建设。按照统一规划、统一标准、分级建设、资源共享、安全保密的原则，制定全国地方志事业信息化发展意见，充分利用已有信息基础设施和数据资源，加快地方志信息化建设步伐，支持民族地区地方志信息化建设。逐步建立地方志全文数据库。应用现代信息技术，加强对不同载体的地方文献收（征）集、保护和开发利用，推动信息标准化工作。实现国家、省、市、县四级地方志资源共享，面向社会提供优质服务。

10. 提高地方志资源开发利用水平。加强对地方志资源的深加工，拓宽服务渠道，增强服务功能，创新服务手段，更好地贴近经济社会发展实际，贴近人民群众需要。做好《中国地情报告》《中国方志发展报告》《中国年鉴发展报告》编纂工作。发挥地方志资源在地方公共文化服务中的重要作用，利用各类媒体广泛宣传地方志成果，推动方志文化进机关、进农村、进社区、进校园、进企业、进军营，推动城乡方志文化建设，培育地方历史记忆。

11. 扩大学术交流与合作。采用多种形式，加强与香港、澳门和台湾地区以及国外的高等院校、科研机构、档案机构与图书馆等单位的学术交流与合作。服务国家文化"走出去"战略，推介一批高质量地方志成果，充分展示地方志的当代价值及永恒魅力，推动方志文化走向世界，增强方志文化影响力。

四 保障措施

（一）法治保障。推动《地方志工作条例》的贯彻落实，逐步建立健全地方性法规规章。加大地方志工作法规规章的宣传、执行力度，定期开展执法监督检查，依法纠正、查处执行不力和违法行为。

（二）制度保障。健全地方志工作机构主导、社会各界有序参与修志编鉴的途径和方式。加强督促检查，健全和完善目标考核责任制、督查通报制，强化责任落实；健全和完善地情资料收（征）集及管理、修志编鉴业务制度和主编（总纂）责任制，确保在篇目设计、资料收（征）集、总纂统稿、志（鉴）稿评议、审查验收、出版发行、报送备案等环节上均有章可循、有序推进，保障志鉴质量。

（三）经费保障。改善地方志工作条件和图书资料收藏保管条件，做好修志、编鉴、出版、科研、开发利用、信息化建设、资料文献保存等工作，加大对民族地区、贫困地区地方志工作的支持力度。地方

附 录

各级人民政府要将地方志工作所需经费列入财政预算。

（四）队伍保障。建立国家级、省级地方志专家库。探索地方志人才培养、引进等政策和措施，探索将方志学人才培养纳入国民教育体系的方式方法。完善教育培训制度，分级实施对地方志工作机构新任负责人、志鉴主编（总纂）的专项培训，实现修志编鉴人员岗前培训全覆盖、培训工作常态化；与高等院校、科研机构联合开展地方志专业方向研究生教育，举办专业进修班，支持地方志工作人员接受专业继续教育。按照国家有关规定开展先进集体和先进工作者评选表彰活动，建立干事创业的激励机制，营造良好氛围。

（五）宣传保障。利用各级各类新闻媒体，大力宣传地方志工作机构贯彻落实党和国家大政方针的新举措、地方志工作服务经济社会发展的新成绩、地方志工作者投身现代化建设的新贡献。挖掘地方志资源的现实价值、历史价值，设计宣传主题，创新宣传形式，推出一批人民群众喜闻乐见、有较大社会影响力的地方志宣传精品。

五　加强组织领导

地方志工作要坚持和健全党委领导、政府主持、地方志工作机构组织实施、社会各界广泛参与的工作体制，坚持"一纳入、八到位"的工作机制。地方志工作机构设置和人员编制，要与其有效履行职能、顺利开展工作的要求相适应；按照德才兼备原则和专业要求，配齐配强地方志工作机构的领导班子。

各地区各有关部门要结合工作实际，根据本规划纲要要求，制定本地区本部门地方志事业发展规划或实施方案，切实加强分类指导，加大组织推动力度，全面提高地方志工作水平，确保全国地方志事业平稳、有序、健康发展。

军事志事业发展规划由中国人民解放军军事志指导小组制定。

中国地方志指导小组及其办公室要对本规划纲要落实和执行情况进行督促检查。

参考书目

《汉书·地理志》，中华书局二十四史点校本1962年版。

《后汉书·郡国志》，中华书局二十四史点校本1966年版。

《明史》，中华书局2015年版。

《全国地方志第三次工作会议纪要》，《中国地方志》2002年第1期。

《山海经》，见上海古籍出版社1986年《二十二子》本《山海经》。

《诗经》，中华书局1980年《十三经注疏》本《诗经》。

《史记》，中华书局二十四史点校本2013年版。

《四库全书总目提要》，中华书局影印浙刻本1965年版。

《宋史》，中华书局1977年版。

《隋书》，中华书局二十四史点校本1973年版。

《唐六典》，陈仲夫点校，中华书局1992年版。

《新唐书》，中华书局1975年版。

《禹贡》，见中华书局1980年《十三经注疏》本《尚书》。

《中共中央文件选集》，中共中央党校出版社1991年版。

《周礼》，见中华书局1980年《十三经注疏》本《周礼》。

巴兆祥：《论明代方志的数量与修志制度》，《中国地方志》2004年第4期。

仓修良：《方志学通论（修订本）》，方志出版社2013年版。

（清）常明修，杨芳灿纂：《嘉靖四川通志》，巴蜀书社1984年版。

参考书目

（东晋）常璩撰：《华阳国志》，齐鲁书社2010年版。

（宋）常棠纂：《海盐澉水志》，西泠印社出版社2012年版。

（宋）晁公武：《郡斋读书志》卷8，《长安志》条，上海古籍出版社1990年版。

（宋）陈公亮：《淳熙严州图经》，《宋元方志丛刊》，中华书局2006年版。

（清）陈伦炯：《海国闻见录》，中州古籍出版社1984年校注本。

陈寅恪：《金明馆丛稿二编》，生活·读书·新知三联书店2001年版。

（元）戴良：《重修琴川志·序》，《宋元方志丛刊》，中华书局1990年版。

邓广铭：《宋代文化的高度发展与宋王朝的文化政策》，《历史研究》1990年第1期。

邓广铭：《宋史·职官志考证》，商务印书馆2021年版。

邓小南：《宋代历史再认识》，《河北学刊》2006年第5期。

邓之诚：《省志今例发凡》，《地学杂志》1917年第9卷第1—6期。

（清）鄂尔泰：《云南通志》，云南人民出版社2007年版。

（宋）范成大纂：《吴郡志》，江苏古籍出版社1999年版。

（元）冯福京修，郭荐纂：《大德昌国州图志》，《宋元方志丛刊》，中华书局1990年版。

（清）傅应奎修：《乾隆韩城县志》，世界图书出版公司2018年版。

傅振伦：《方志之性质》，《禹贡》1934年第1卷第10期。

傅振伦：《中国方志学通论》，商务印书馆1935年版。

傅振伦等：《河北通志例目》，《河北》第1卷第1期。

甘鹏云撰：《方志商》，《方志学两种》，岳麓书社1984年版。

（宋）高似孙纂：《剡录》，清同治九年（1870年）重刊本。

顾宏义：《金元方志考》，上海古籍出版社2012年版。

（元）郭晦：《至正嘉禾志》，中华书局1990年版。

（清）郭嵩焘：《〈湘阴县图志〉例言》，光绪六年（1880年）湘阴县志局刻本。

（明）韩邦靖纂：《朝邑县志》，《中国方志丛书》，台湾成文出版社1966年版。

（清）何蕙馨修，吴江纂：《利川县志》，利川市史志办影印本。

洪焕椿：《南宋方志学家的主要成就和方志学的形成》，《史学史研究》1986年第1期。

（清）黄鼎：《四明图经·序》，《宋元方志丛刊》，中华书局1990年版。

（元）黄溍：《东郡志·序》，《黄学士文集》卷16。

（清）黄叔璥：《台海使槎录》，商务印书馆1936年版。

（宋）黄岩孙：《仙溪志》，《宋元方志丛刊》，中华书局1990年版。

（清）嵇曾筠：《浙江通志》，《四库全书》电子版，http：//tk.cepiec.com.cn/ancientc/ancientkm。

（清）蒋毓英纂修：《康熙台湾府志》，国家图书馆出版社2013年版。

来新夏主编：《中国地方志综览（1949—1987）》，黄山书社1988年版。

（宋）乐史：《太平寰宇记》，中华书局2000年版。

黎锦熙：《方志今议》，商务印书馆1940年版。

（宋）李焘：《续资治通鉴长编》，中华书局1979年版。

（唐）李吉甫：《元和郡县图志》，中华书局1983年版。

李泰棻：《方志学》，商务印书馆1935年版。

李铁映：《在全国地方志第二次工作会议上的讲话》，《中国地方志》1999年第21期。

（明）李贤：《明一统志》，巴蜀书社2018年版。

[英]李约瑟：《中国科学技术史》，科学出版社1976年版。

梁启超：《说方志》，《饮冰室合集》第十四册，中华书局1936年版。

梁启超：《中国近三百年学术史》，东方出版社2004年版。

林衍经：《方志学综论》，华东师范大学出版社1988年版。

（明）刘侗、于奕正：《帝京景物略》，上海古籍出版社2001年版。

刘复：《重修山东通志事例商榷》，《山东省立图书馆季刊》1931年第

1卷第1期。

（金）刘祁撰：《归潜志》，中华书局1983年版。

刘延东：《与第五次全国地方志工作会议部分会议代表座谈时的讲话》，《中国地方志》2014年第5期。

（唐）刘知几：《史通》，中华书局2014年版。

（宋）罗愿：《淳熙新安志·序》，光绪十四年（1888年）黟县李氏刻本。

（宋）马光祖修，周应合纂：《景定建康志》，南京出版社2009年版。

（明）马理等纂：《陕西通志》，三秦出版社2006年版。

（南宋）孟元老撰：《东京梦华录》，中州古籍出版社2010年版。

（宋）欧阳忞纂：《舆地广记》，四川大学出版社2003年版。

邱立新、王芳：《中国五、六十年代地方志的编修始末及成果概述》，《中国地方志》2000年第1期。

（清）阮元：《广东通志》，商务印书馆1934年影印本。

（清）沈葆桢、吴坤修纂：《光绪重修安徽通志》，上海古籍出版社1995年版。

沈松平：《方志发展史》，浙江大学出版社2013年版。

寿鹏飞：《方志通义》，1941年线装出版得天庐存稿之一。

（宋）司马光：《增广司马温公全集》，广西师范大学出版社2020年版。

（宋）宋求敏：《长安志》，国家图书馆出版社2012年版。

宋亚丽：《全国地方志法治化建设概况撮谈》，《中国地方志》2016年第7期。

（清）田文镜：《河南通志》，《四库全书》电子版，http：//tk.cepiec.com.cn/ancientc/ancientkm。

（东汉）王充：《论衡·别通篇》，岳麓书社2006年版。

（宋）王存：《元丰九域志》，中华书局1984年版。

（清）王弘撰：《山志》，中华书局1999年版。

（宋）王溥撰：《唐会要》，中华书局1957年版。

（宋）王溥撰：《五代会要》，上海古籍出版社 1978 年版。

（元）王士点撰：《秘书监志》，浙江古籍出版社 1992 年版。

（宋）王象之：《舆地纪胜》，中华书局 1992 年影印本。

（南宋）王象之纂：《舆地纪胜》，中华书局 1992 年版。

王晓岩：《方志演变概论》，辽沈书社 1992 年版。

（宋）王应麟：《地理·祥符州县图经》，江苏古籍出版社 1987 年版。

韦韬、陈小曼编：《茅盾杂文集》，生活·读书·新知三联书店 1996 年版。

（宋）文莹撰：《湘山野录》卷上，中华书局 1984 年版。

（清）吴骞：《愚谷文存》，民国十一年（1922 年）上海博古斋出版吴骞辑《拜经楼丛书》影印本。

（南宋）吴自牧撰：《梦粱录》，浙江人民出版社 1984 年版。

（清）徐松辑：《宋会要辑稿》，中华书局 1957 年版。

（清）许容修纂：《甘肃通志》，兰州大学出版社 2018 年版。

许卫平：《论晚清时期的方志学》，《扬州师范学院学报》2002 年第 6 卷第 1 期。

（元）杨敬德：《赤城元统志·序》，《（雍正）浙江通志》卷 263，文渊阁四库全书本。

（宋）杨潜：《绍熙云间志》，《宋元方志丛刊》，中华书局 2006 年版。

（元）杨维桢：《至正昆山郡志》，《宋元珍稀地方志丛刊》，四川大学出版社 2009 年版。

佚名、罗振玉：《沙州图经》，《敦煌石室遗书》影印本。

（清）于敏中纂：《日下旧闻考》，北京古籍出版社 1981 年版。

（元）俞希鲁纂修：《至顺镇江志》，江苏古籍出版社 1999 年版。

（元）袁桷纂：《延祐四明志》，台湾商务印书馆 1983 年影印本。

（汉）袁康：《越绝书》，中华书局 2020 年版。

（清）岳濬：《山东通志》，线装书局，见 2019 年《山东省历代方志集成》。

曾枣庄、刘琳主编：《全宋文》，巴蜀书社 1992 年版。

参考书目

张国淦：《中国古方志考》，中华书局1962年版。

（清）张祥云修：《（嘉庆）庐州府志》，江苏古籍出版社1998年版。

（清）章学诚：《文史通义》，古籍出版社1956年版。

（清）章学诚：《章学诚遗书》，文物出版社1985年版。

（汉）赵煜：《吴越春秋》，知识出版社2003年版。

郑晓：《今言》，中华书局1984年版。

（宋）郑兴裔：《广陵志·序》，《郑忠肃公奏议遗集》，四部丛刊本。

（清）郑沄修：《（乾隆）杭州府志》，《四库全书》电子版，http://tk.cepiec.com.cn/ancientc/ancientkm。

中国地方志指导小组：《关于地方志编纂工作的规定》，《中国地方志》1998年第1期。

中国地方志指导小组办公室选编：《中国方志文献汇编》，方志出版社1999年版。

（南宋）周淙：《乾道临安志》，浙江人民出版社1983年版。

（清）周中孚：《郑堂读书记补逸》，商务印书馆1940年版。

（南宋）朱弁：《曲洧旧闻》，商务印书馆1936年版。

（宋）朱长文：《吴郡图经续记》，江苏古籍出版社1999年版。

朱敏彦：《论地方文献在社会发展中的资治、教化、存史作用》，《中国地方志》2005年第6期。

朱士嘉：《谈谈地方志中的几个问题》，《中国地方志通讯》1981年第2期。

朱士嘉纂：《中国地方志综录》，商务印书馆1935年版。

诸葛计：《中国方志五十年史事录（一九四九年至二〇〇年）》，方志出版社2002年版。

庄威凤：《中国地方志联合目录的特点及存在问题》，《中国地方志通讯》1984年第2期。

后　记

　　《中国地方志的形成与发展》一书，旨在梳理我国方志发展历史和新编地方志事业的发展成就。方志编修绵延数千年之久，上启春秋战国，下通21世纪的今天，期间经历了发端、定型、兴盛、转型等诸多阶段，现已成为中国特色社会主义文化建设的重要组成部分，是传承中华优秀传统文化的重要途径。客观、真实地记录方志的形成和发展既是对以往方志编修成果和经验的梳理，又是对现今地方志事业发展的阶段性总结，更是为新时代文化建设和方志编修提供坐标，朝着正确方向继续前行。这也是本书编著的初心，即总结历史，立足当下，放眼未来。历史发展是连续性和阶段性的统一。一代人干一代人的事，但没有历史眼光，没有长远眼光，也干不好当下的事。我们这代方志人要传承前代精神，从历史中汲取前行力量；开辟新的思路，以长远眼光发展方志事业。

　　本书是旨在帮助大众了解方志历史、走进方志文化的学术普及读物，强调地方志事业发展的重要性，号召广大方志工作者以习近平新时代中国特色社会主义思想为指引，切实担负起为党立言、为国存史的神圣职责，努力开启新时代地方志事业发展新局面。

　　本书的撰写得到了诸多方志专家的帮助和支持，特别是于伟平、罗保平、和卫国、刘祥宇、王超、崔瑞萍、程方勇等同志的大力支持。在此表示感谢！此书的成稿过程中，查阅了大量书籍和资料，尽可能

后 记

地吸收已有研究成果。但是，限于能力和水平，书中难免存在遗漏与不足之处，在此恳请读者批评指正。

刘玉宏

2023 年 5 月